GROWTH MINDSET
LA ACTITUD MENTAL QUE TE HARÁ CRECER

Categoría: Crecimiento personal
Colección: Autoayuda, coaching, mindfulness y psicología

Título original: *Growth mindset, la actitud mental que te hará crecer*

Primera edición: Febrero 2020
Segunda edición: Septiembre 2021
Tercera edición: Mayo 2022
© 2020 Editorial Kolima, Madrid
www.editorialkolima.com

Autor: Eber Dosil
Dirección editorial: Marta Prieto Asirón
Maquetación de cubierta: Sergio Santos Palmero
Maquetación: Carolina Hernández Alarcón
Imágenes: @Shutterstock

ISBN: 978-84-17566-92-0
Depósito legal: M-3312-2020
Impreso en España

No se permite la reproducción total o parcial de esta obra, ni su incorporación a un sistema informático, ni su transmisión en cualquier forma o por cualquier medio, sea este electrónico, mecánico, por fotocopia, por grabación u otros métodos, el alquiler o cualquier otra forma de cesión de la obra sin la autorización previa y por escrito de los titulares de propiedad intelectual.

Cualquier forma de reproducción, distribución, comunicación pública o transformación de esta obra solo puede ser realizada con la autorización de sus titulares, salvo excepción prevista por la ley. Diríjase a CEDRO (Centro Español de Derechos Reprográficos) si necesita fotocopiar o escanear algún fragmento de esta obra (www.conlicencia.com; 91 702 19 70 / 93 272 04 45).

Para Maite,
por romper la crisálida y hacer que la mariposa salga.

NOTA A LA SEGUNDA EDICIÓN

Cuando Marta, mi editora, me comentó que estábamos a punto de sacar la segunda edición, me dio la opción de cambiar cosas (poquitas porque como ves el libro es una obra de arte de Tetris literario y cada palabra que quitas o pones genera un caos alucinante). Es algo que inicialmente agradecí para, sobre todo, aprovechar la oportunidad de volver a leer mi propio libro.

Si te soy sincero (y la gente que me conoce o me ha tenido de profe sabe que soy casi «sincericida»), he releído el libro un par de veces (recuerda que el libro está escrito en 2019) para ver si merecía la pena corregir alguna de las situaciones, ampliar experiencias, etc. Tengo que decirte que me sigue encantando, que siento que está plasmado casi todo lo que tengo dentro y solamente me gustaría dirigirme a ti para hablarte un poco de la locura que llevamos viviendo justo desde que presentamos la primera edición en Paseo de la Castellana a mediados de febrero de 2020 y qué es lo que he aprendido en el camino por si te puede servir de ayuda y complemento a las lecciones/recordatorios/ideas/paradojas/reflexiones que incluye.

Las líneas que estás a punto de leer son reflexiones sueltas, no siguen un hilo conductor, no tienen *syllabus*, no se puede hacer un caso para estudio sobre ellas, no tienen estructura... Porque la vida carece de todas esas cosas. La vida viene, te pega un tortazo (como Will Smith en los Oscars) y se pira a pegar un tortazo a otro.

Steady, ready, go...

Cuando en el libro veas que hablo de las cosas que no controlamos en la vida (que son más de las que nos gustaría creer, y si me has visto en clase verás que son muchas más de las que pensabas), me refiero a cosas como la situación de confinamiento domiciliario que vivimos durante unos meses en el año 2020. De un día para otro, y sin poder prepararnos para ello, la vida se puso chula y dijo: «Hasta aquí».

Si alguien nos lo hubiera dicho nadie habría creído que nos podían quitar la libertad más básica, como es poder salir de nuestra propia casa. Hemos pasado unos meses de nuestra vida en arresto domiciliario para poder sobrevivir como especie. Nos hemos acostumbrado a cosas que solo salían en las películas, como vivir pegados a una mascarilla y encerrados debido a un virus mundial, la erupción del volcán de La Palma, el asalto al Capitolio por parte de seguidores de Donald Trump o una guerra entre países vecinos (que mientras escribo estas líneas sigue sin resolverse, aunque creo que en breve se solucionará de alguna manera. Espero no equivocarme y que alguno de los líderes mundiales no tenga la mala idea de apretar el botón que no debe pues ya todo carecería de importancia).

El mundo ya es 100 % global. Estamos conectados, nos guste o no. Antes quizás pensábamos que lo que sucedía en otros países no nos afectaba. Craso error. Una persona en la ciudad china de Wuhan se contagia de un coronavirus quw acaba por convertirse en una pandemia mundial que a día de hoy, 29 de marzo de 2022, todavía seguimos arrastrando a pesar de las medidas de contención, vacunas, etc.

Si antes del Covid y la guerra el mundo era VUCA... ¿ahora qué es?: ¿SUPERVUCA?, ¿VUCA SUPERSAYAN?... Bueno, ahora está pegando fuerte otro término que es BANI. Si quieres saber lo que significan búscalo en Google porque no quiero dedicarle un segundo al «nuevo VUCA» y, por favor, queridos profes, formadores, facilitadores, gurús de medio pelo: dejad de decir VUCA, BANI...

Nota para gurús, facilitadores y formadores en general. Los siguientes párrafos son para vosotros. De nada.

Dedicaos a vivir en el mundo y actuad. Ayudad. Desarrollad. Potenciad (no pienso decir empoderad). Estamos todo el día definiéndolo todo sin dar ninguna receta ni solución. Deja de decirme que las cosas son complicadas y dime qué puedo hacer. Y, por favor, no te enfades conmigo, que llevas 25 años con los mismos apuntes de clase, que das las clases *online* igual que lo hacías en presencial, que híbrido para ti es un coche, que sigues sacando ejemplos en pesetas, que sigues dejando alumnos narcotizados en el camino con tu estilo lento y aburrido, así que tienes problemas más importantes que enfadarte conmigo porque te diga que empieces a cambiar, a actuar, a facilitar de verdad y a no ser una churrera que lo único que cambia entre formaciones en empresas es el logo. Lo siento pero el mundo ya no acepta esa clase de cosas... El mundo ha cambiado y tú debes cambiar con él. Como me imagino que tendrás unos cuantos años en tu mochila, esto seguro que te suena: **o te mueves o caducas**.

SPOILER ALERT: querido profe-gurú: tu conocimiento teórico no vale absolutamente nada. Todo lo que sabes de manera teórica tus alumnos también lo saben, lo pueden encontrar en libros, Internet, etc. Habrá gente que te está escuchando que es más lista que tú, que sabe más que tú, que lo ha visto antes que tú... Los alumnos quieren una experiencia, no un torrente de conocimiento teórico que pueden encontrar en cualquier sitio. Así que deja de pensar que eres un profe que sabe más que sus alumnos y céntrate en lo que sabes desde tu experiencia, en contar lo que has aprendido al enseñar a otros...

En 1636, cuando empezaron a llegar alumnos a Harvard, lo normal es que solamente una élite de profesores tuviera acceso a la información que se iba a compartir, y de ahí su valor incalculable. No tengas lo que yo llamo «estilo Harvard 1636», esa clase de profe que te está perdonando la vida mientras te cuenta métodos de descuento de flujos o te habla sobre *lean management*... No sé si has visto la fecha en la que vives pero han pasado casi 400 años... Ahora tienes en ese dispositivo que llevas encima 24 horas toda la información del mundo y con varias fuentes de procedencia.

No seas petardo, por favor, y empieza a aportar valor en tus clases. PUNTO.

Y si eres de los que piensas que controlas tu suerte, que tú haces que las cosas sucedan, que eres tú quien decide,... te recuerdo que a día de hoy un presidente ruso, de cuyo nombre no quiero acordarme, dice que no quiere que la OTAN se acerque a sus fronteras y para ello provoca una guerra que arrasa con miles de civiles que nada tienen que ver con el conflicto, que han perdido su casa, sus recuerdos y acaban de convertirse en refugiados de guerra. Es una auténtica locura.

Tenemos que seguir pensando en estas cosas, tenemos que seguir desarrollando el pensamiento crítico. Solo te pido que te informes de manera neutral (cosa harto complicada hoy en día pese a los medios de que disponemos) sobre las distintas caras de la verdad. Como nos dice Ally en *Cobra Kai* (excelente serie de Netflix donde podemos ver que Daniel LaRusso era el verdadero *buller* de *Karate Kid*, como ya nos advirtió Barney en *Cómo conocí a vuestra madre*), no solo está tu versión de la historia y mi versión de la historia... No. Como mínimo están esas versiones, y después está la verdad.

Las oportunidades en la vida son como tirar un penalti. Tienes que estar entrenado, tienes que tener el talento para poder lanzarlo bien, tienes que trabajar cuerpo, mente y espíritu para poder hacerlo lo mejor posible, aunque, a la hora de la verdad, el factor suerte puede ser el que decante la balanza hacia un lado u otro. Además están el portero (que también se ha preparado como tú); el entorno, en forma de público hostil; el balón, que puede estar menos o más hinchado de lo que para ti es óptimo; el estado del césped, que puede tener un ligero bulto que no has visto... Así que tienes que estar preparado para cuando te llegue la oportunidad (que llega muchas veces aunque no seamos capaces de verlo o no nos atrevamos a hacerlo). Pero, en el último momento, si has puesto todo lo que tienes que poner de tu parte, espera que sucedan las cosas y duerme tranquilo contigo mismo.

Y, como cosa positiva dentro de toda la locura, mi querida Real Sociedad consiguió el título de Copa del Rey muchos años después, y encima ganando a nuestro querido hermano Athletic de Bilbao (espero de corazón que la próxima sea para vosotros, sea cuando sea, aunque muchos de los que me estáis leyendo ahora mismo no me creáis...)

Tenemos que seguir viendo las cosas positivas porque LA VIDA ES INCREÍBLE Y MOLA QUE FLIPAS. Eso no quita para decirte cosas que ya sabes: la vida es dura, cruel, injusta, difícil. Como les digo a mis queridos cadetes del Estudiantes... «LIFE IS UNFAIR». Así que tenemos que poner de nuestra parte para ver las cosas buenas, aprovechar los pequeños grandes placeres de la vida (un paseo, una cerveza, un libro, un rato al sol, hacer deporte, pasar tiempo con gente a la que quieres, dejar de perder el tiempo con gente que no te aporte nada...). Como digo siempre, todas estas cosas cuestan muy poco.

Así que sigue quitándote importancia, sigue despojándote del ego, sigue perdiendo cosas, porque a medida que nos hacemos mayores cada vez perdemos más cosas para ganar algo de experiencia y sabiduría (sí, yo también conozco mucha gente «mayor» que sigue sin aparentar sabiduría; seguro que les llegará en algún momento...)

No creo que todo lo que hemos vivido y estamos viviendo nos vaya a hacer mejores, pese a los aplausos de las 20:00 h y las buenas intenciones que teníamos. Creo que vamos hacia un mundo mucho más egoísta donde solo importa proteger lo mío y llevarme a casa 150 bidones de aceite de girasol por si hay guerra (aunque no hayas usado en tu vida aceite de girasol). Desde aquí aprovecho para recordarte que funcionamos mejor en equipo, así que si te animas a dar (como hablo en el libro de dar sin esperar a recibir), verás que las cosas funcionan mucho mejor, porque quiero que tengas algo presente: somos egoístas por naturaleza pero podemos cambiar ese egoísmo a «egoísmo sano» o «egoísmo altruista», como le escuché decir una vez a Juan Carlos Unzué (no dejes de ver sus reflexiones y escucharle si puedes; es maravilloso, y curiosea sobre la Fundación Luzón, que ayuda a enfermos de ELA para ver qué puedes hacer tú para ayudar a otros). El egoísmo altruista es el que consigue que dos personas busquen su propio beneficio EN COMÚN. El clásico WIN-WIN de las clases de estrategia de las escuelas de negocios. Si yo gano y tú ganas los dos ganamos mucho más. Como decía el bueno de Fran Perea: «Uno más uno son siete». La felicidad es increíble, tanto si es la tuya como la del otro.

Y para cerrar decirte que el otro día escuché una reflexión fantástica: «Una sociedad madura cuando los viejos plantan semillas de árboles en los que saben que nunca van a poder tomar la sombra», y quiero que este sea el broche a este capítulo, donde igual te he dado tanta caña que no quieres seguir leyendo... Lo siento, ya has comprado el libro (porque no creo que hayas leído hasta aquí mientras dudabas entre mi libro y el último de Rhonda Byrne). También te digo que al ser rojo queda guay en las bibliotecas chulas para las sesiones *online*, donde se ven auténticos bodegones de libros de colores y formas que nunca se han leído. Pero es que aquí yo no voy a decirte lo que quieres oír. Para eso existen otros *stickers* «señores maravilla» o unicornios de algodón de azúcar con arcoíris de colores brillantes y osos amorosos de los que, cuando hacen sus necesidades, salen M&Ms de cacahuete.

PD de capítulo: No he recibido ninguna llamada de Pedro Piqueras (al que hago referencia en este libro en la situación 2 Telediario en la parte de Johnny «Trampas» Brain), ni tampoco de sus sucesores en las dramanoticias de T5). ¿Algún día darán una buena?

PD 2 de capítulo: Tampoco hemos tenido ninguna reclamación de gente que haya muerto y vuelto a vivir, así que seguimos tranquilos.

¡QUE TENGAS MUCHA BUENA SUERTE!

ÍNDICE

PRÓLOGO..13

CAPÍTULO 1. WHY...34
    ¿POR QUÉ HACEMOS LAS COSAS QUE HACEMOS?...................35
    ERROR...38
    FOMO..69
    TE PRESENTO A TU CEREBRO: JOHNNY «TRAMPAS» BRAIN..........70
    ¿QUÉ ESTÁS PENSANDO?.....................................85
    MINDFULNESS..86
    CEREBRO LÍMBICO...93
    EL «SEGUNDO CEREBRO»...................................96
    FELICIDAD...98
    GROWTH MINDSET...99

CAPÍTULO 2. WHERE..132
    TÚ, LA TIERRA Y EL UNIVERSO.............................133
    EL MUNDO QUE HEMOS CREADO..............................136
    LA PARTIDA DE PÓKER....................................137
    HOMO SAPIENS, TU ANTEPASADO DE GATILLO FÁCIL...........141
    ENTORNO VUCAA, VUCAH, VUCAD............................145
    REVOLUCIÓN DIGITAL.....................................146

CAPÍTULO 3. WHEN...150
    TIME IN A BOTTLE.......................................151
    PREPÁRATE PARA MORIR...................................153
    VIVIR ES FÁCIL CON LOS OJOS DE CONNOR MCLEOD (HIGHLANDERS)...155
    TODOS NOS VAMOS A MORIR ALGÚN DÍA......................156
    EGO..159
    PREGUNTA CAPCIOSA A LA QUE IGUAL NO QUIERES RESPONDER..164
    LA MUERTE COMO MAESTRA.................................169
    DOLOR Y RESPIRACIÓN....................................173
    CUESTIONA, CUESTIONA, CUESTIONA........................176
    TIERRA-AGUA-FUEGO-AIRE.................................177

CAPÍTULO 4. WHAT FOR 178
    ENCUENTRA TU RAZÓN 179
    NO ESPERES IMPACIENTEMENTE 182
    CARPE DIEM 182
    CÓMO SER UN LÍDER GM 183
    GANANDO PRESENCIA EJECUTIVA GM 184
    ESTRATEGIA DE LIDERAZGO GM 185
    CALENDARIZAR 186

CAPÍTULO 5. WHAT 188
    REVÁLIDA DEL PRIMER CAPÍTULO 189
    FÓRMULA DE LA LONGEVIDAD 192
    HIPOCRESÍA INCOHERENTE 197
    EGOÍSMO EXAGERADO 200
    PERFECCIONISMO PSICÓTICO 202
    VER ERRORES AJENOS COMO UN HALCÓN 206
    FALTA DE VALORES Y ÉTICA. PASOTISMO PASOTA 212
    PROCRASTINACIÓN 212
    GRATIFICACIÓN INMEDIATA 213
    TREPAS Y PERSONAJES QUE NOS RONDAN EN EL TRABAJO 215
    ACTITUD POSITIVA SIEMPRE. THINK POSITIVE 215
    LISTADO SECRETO 216

CAPÍTULO 6. WILL 220
    SI QUIERES ESTÁS EN MEJOR SITUACIÓN PARA PODER CONSEGUIRLO QUE SI NO QUIERES, ASÍ QUE «UP TO YOU» 221
    EL PELIGROSO MUNDO DE LAS PALABRAS 223
    LLEGA EL MOMENTO DE ELEGIR... ¿QUIERES EVOLUCIONAR? 224
    OBJETIVO ANUAL GM 228
    IKIGAI 231
    PROCESO DE SUEÑO Y RUTINA MAÑANERA 235

EPÍLOGO 241

ANEXOS 244
    LISTADO DE PELÍCULAS GM 245
    FRASES DE CINE 246
    FRASES, FRASES, FRASES, FRASES.... 248
    SOLUCIONES A LOS EJERCICIOS PROPUESTOS 250

BIBLIOGRAFÍA 253

«Do or do not. There is no try»[1].
MAESTRO YODA

---

1 Haz o no hagas. No hay intento.

PRÓLOGO

Llamadme Eber*.

Sí, me llamo así, Eber. Es mi nombre real. Como curiosidad te diré que es de origen bíblico ya que mis padres tuvieron la graciosa idea de buscar en la Biblia un nombre «diferente» y encontraron, entre otras opciones todavía más extravagantes, a un posible descendiente de Noé que parece que debió participar en la construcción de la Torre de Babel, así que tampoco parece que hiciera nada especial. Las otras opciones de nombres eran terribles así que al final no voy a quejarme mucho. Quede claro de una vez por todas que Eber no es una cosa que «mola mucho» ni un «mote chulo», porque si te parece divertido o bonito, si te parece *cool* y original, prueba a reservar en un restaurante a ese nombre o simplemente preséntate por teléfono y veamos qué te responden o anotan, Eduardo, Elber, Elmer, Feber, Ever, Guever, Carber, Lever, Sever, Ander, Eder, Ener, y podría seguir hasta acabar el libro. Pero quiero que sepas que el nombre es accidente y no esencia, así que dejémoslo correr reconociendo que apenas lo he sufrido en mis años jóvenes (y no tan jóvenes), con sus interpretaciones y traducciones varias.

Soy un ex empleado de Banco Santander, profesor en varias escuelas de negocios, ex alumno del Instituto de Empresa y del IESE, esponja de conocimiento, profesional curioso, divulgador y contador de historias divertidas. Tengo una Vespa, soy ambidiestro, me encanta mi vida con mi mujer y mis sobrinos, me gustan el baloncesto, el café y la huerta y soy más de playa que de montaña. Ya me conoces casi mejor que mucha gente.

A los veinte años tuve una experiencia demasiado cercana a la muerte para esa edad. Recuerdo que era a principios de octubre, aunque por algún motivo no soy capaz de recordar el día concreto. Solo sé que escuché el silbido de la guadaña muy cerca. Fue cara o cruz. Nos presentaron de pasada pero se fue sin decir adiós. No fue una experiencia en el sentido de estar medio muerto, perder la consciencia, caminar hacia la luz

*Homenaje a *Moby Dick*, uno de los libros que todo el mundo dice haberse leído. Si no te suena el homenaje formas parte del club «*Sí claro, me lo he leído*».

NO LO SÉ

No tengas miedo de decir «no lo sé», porque cada vez que decimos «no lo sé» estamos creando un hábito fundamental de Growth Mindset. «No lo sé» es la primera respuesta que nos llevará a la siguiente etapa, siempre claro está que busquemos la siguiente respuesta y nos preocupemos por aprender durante el proceso. Siempre que tengamos en mente que tenemos que seguir aprendiendo.

*Mi amigo se llamaba Roberto. Éramos compañeros de colegio con un par de clases de distancia. Teníamos muchos amigos comunes y compartíamos partidos de fútbol y noches en la barra del Yaba-daba en San Sebastián. En la Zona, en la calle San Bartolomé. El Cine, el Twicken, el Moro… Todos esos recuerdos se quedaron ahogados entre katxis de cerveza. (La última vez que fui por allí, hace un año, toda aquella zona parecía el escenario de una película de zombies). Y decidió morirse de repente y sin preaviso, sin escenas como las de las películas donde el protagonista antes de morir dice unas palabras chulas y te agarra la mano. Roberto se desplomó a mi derecha mientras caminábamos; yo iba medio paso por delante. De repente escuché un ruido sordo al ver de refilón como caía un peso muerto. La caída fue extraña, a cámara lenta en mi cabeza y mis recuerdos. Murió de un infarto en la calle sin haber cumplido los veinte años. Mi reacción en ese momento fue la normal en esos casos cuando un amigo tuyo se cae al suelo y parece que está fingiendo. «Deja de hacer el tonto», «no tienes gracia»; recuerdo bien que le dije estas dos cosas. Pero la cosa iba en serio. Me agaché a su lado y esperé a que viniera la ambulancia. Llegó rapidísimo y en el Hospital de San Sebastián (allí se la conoce como «la resi») hicieron todo lo posible pero no hubo ninguna opción.

De verdad que iba en serio. Tan en serio que una hora después de desplo-

o hablar con tus abuelos muertos mientras estás en coma ni nada parecido. Tuve la enorme suerte de que un amigo mío se muriera de un infarto fulminante a metro y medio de distancia mientras caminábamos juntos hacia su coche por la calle San Martín de San Sebastián, justo a la altura del pub Molly Malone. Me imagino que habrás vuelto a leer lo anterior. Sí, he puesto suerte. Después de mucho reflexionar sobre lo ocurrido lo tengo claro: sin quererlo él me hizo el regalo más preciado que alguien le puede hacer a otra persona: me regaló su tiempo en la Tierra haciendo que el mío fuera mucho más consciente y valioso desde entonces. Me abrió los ojos a la vida de golpe. Vida y muerte unidas desde el principio. Me enseñó que todos vamos a morir.

Claro que al principio fue un regalo envenenado hasta el tuétano. Me angustié, lloré y sufrí muchísimo debido a la pérdida, las dudas, la incomprensión, la fragilidad, lo absurdo de la vida y la aparición de una sensación desconocida llamada hipocondría, angustia vital o miedo a la muerte, que me acompañó durante demasiado tiempo apareciendo en cualquier momento y en cualquier situación. Era muy limitante; tenía mucho que digerir y no tenía las herramientas adecuadas. Todavía.

No fue hasta hace unos años que fui capaz de darme cuenta de la suerte que tuve y poder estar en paz con mi pasado para agradecerle ese regalo. Estaba equivocado al sentir rabia y enfado por que mi amigo se hubiera muerto. Simplemente no quería reconocer que no sabía lo que estaba pasando, que tenía dudas y que no controlaba la situación. El día de la muerte de Roberto* empecé a desarrollar mi mentalidad de Growth Mindset sin saberlo. En alguna parte inconsciente de mi cabeza se comenzaron a gestar estas líneas.

Muchas veces pienso que la muerte tiró una moneda al aire y a él le tocó la cruz. Entiendo que yo también jugué sin quererlo y saqué cara porque en el momento de su muerte íbamos directos hacia su coche. Si el infarto le hubiera llegado cuatro minutos más tarde mientras conducía, quizás ahora yo también estaría muerto. Nunca lo sabré. Lo que sí sé es que mi cabeza comenzó a rumiar la vivencia necesaria que hasta ahora no me había sentido preparado para escribir. Me faltaban conocimiento, experiencias, madurez, valor, vida. Sentía que tenía que aprender muchísimas cosas antes de contarte las que

Growth Mindset

creo que son más importantes. Sentía que llegaría el momento a su debido tiempo, que entonces sabría qué hacer y que hasta entonces tendría que prepararme a conciencia para expresar lo que quería contar, sin saber que ya me estaba preparando para ello desde el mismo momento en que mi amigo cayó al suelo.

Desde hace unos años soy profesor en el Instituto de Empresa, una de las mejores escuelas de negocios del mundo según los *rankings,* y cuento muchas de las cosas que vas a leer aquí en mi asignatura «*Growth mindset y apertura al crecimiento, conocimiento de uno mismo*». Pero hasta hace unos meses estas líneas no tenían sentido porque en mi fuero interno sabía que tendría que esperar a vivir el tiempo necesario para poder contarte que he interiorizado una cosa fundamental en la que se basan toda mi experiencia, mensaje y conocimiento adquirido y transmitido:

Tal como yo, tú también te vas a morir.

En este libro parto de la base, no soy ningún gurú, un sabio teórico que te habla desde su atalaya de conocimiento, y mucho menos quiero colocarle a nadie mis ideas para cambiar su mente y el mundo. No. Soy una persona como tú. Una persona a la que muchas veces le preguntan ¿y tú, qué sabes de *mindset*? o ¿por qué enseñas esas cosas en tus clases? Mi respuesta siempre es la misma: soy una persona normal, como lo son la inmensa mayoría de las que te rodean. Soy un proyecto en constante desarrollo. Y me permito escribir estas reflexiones porque he sufrido mucho, he vivido mucho y he estudiado mucho sobre mentalidad de apertura al cambio, crecimiento personal, autoconocimiento, la vida, la muerte y el desarrollo personal con herramientas que ayuden de verdad, sin circos ni paripés. He reflexionado sobre el fin y el comienzo de las cosas encajándolas en un círculo que no tiene huecos.

Simplemente soy una persona que ha escuchado muchas ideas y desarrollado conceptos que pueden ayudarte a vivir de manera más plena contigo mismo. Alguien que maneja herramientas y técnicas prácticas, útiles y sencillas para que las personas mejoren. Soy un profesor emocionado por expresar a sus alumnos todo lo que creo que es importante, para que ellos mismos cojan lo que quieran y desechen lo que no les guste, no

---

marse, yo estaba esperando a la salida de Urgencias a que mi padre viniera en coche a buscarme.

Teníamos toda la noche por delante para avisar de lo sucedido a alguien de una familia a la que apenas conocíamos. (Recuerda que hace veinte años no había móviles, así que todo era más complicado que hoy en día, hasta la cosa más simple como contactar con una persona. Tampoco había Google y no era fácil localizar a nadie). Fue una noche dura que colapsó mi cabeza, abrumada con pensamientos y emociones desconocidos. Al final encontramos a un tío suyo que avisó al resto de su familia. Recuerdo que llegamos a casa pasadas las cinco de la mañana. Los pensamientos y el sufrimiento en forma de «me voy a morir de infarto yo también» que vinieron después te los contaré en el libro, pero básicamente sentí un miedo atroz por lo fácil que resultaba eso de morirse. Había visto morir a mis abuelos, pero entonces piensas, de manera lógica, que eran mayores y les tocaba; la famosa «ley de vida» que dicen algunos. También había pasado muchas veces por las esquelas mientras leía el periódico a diario, pero eran rostros desconocidos que no me decían nada (aparte de sus edades, que no solían coincidir con las de las fotos que había allí). Pero esta muerte era distinta. Era un amigo de mi edad e íbamos juntos caminando hacia su coche cuando sucedió. Lo viví todo en primera persona. Y lo viví solo.

Cualquier cambio debe empezar de dentro a fuera.

Debe partir de tu interior con la generación de una chispa que lo incendie todo. Un incendio que puede abrasar para reconstruir lo que haga falta. Un incendio que tú mismo apagues cuando quieras. Pero siempre resurgiendo de las cenizas como el Ave Fénix.

les encaje, o directamente no crean que es como yo lo cuento. La pasión que transmito en mis clases (son una especie de obra de teatro donde me divierto mucho y enseño con un vuelco de mi alma cada vez que conecto el micrófono) quiero que aparezca en estas líneas pese a la dificultad de la distancia que nos separa. Voy a tratar de escribir como lo cuento; no quiero hacer un sesudo ensayo de filosofía esotérica. Espero conseguirlo.

Quiero que me veas como una catapulta, una palanca, un pilar, un fertilizante para tu desarrollo, como el pastelero que te acompaña paso a paso en la receta y prueba el postre contigo, te dice dónde te has equivocado y qué puedes hacer para mejorar y crear tu propia receta. No quiero adoctrinarte, enseñarte o llevarte de la mano. Creo que así lo único que conseguiría es que me escucharas pero no tuvieras la sensación de tener que esforzarte. Lo que quiero es que te obligues a replantearte cosas, que aceptes que puedes cambiar, que todo en tu interior está llamado al cambio transformacional cada segundo que vives.

Lo único que quiero es provocarte, enfadarte, que entres en Internet para desmentir lo que yo te diga o corroborarlo, que preguntes a la gente que sabe más que nosotros, que amplíes las cosas que te parezcan interesantes, y despertar tu curiosidad y tu sentido crítico. Para mí es el único camino para que pienses por ti mismo. Quiero que dudes de todo lo que te voy a contar para que encuentres tu verdad. Quiero que desafíes, retes, cuestiones. Quiero que seas tú. Porque solo desde dentro, solo desde uno mismo pueden llegar el cambio y el crecimiento.

Piensa en las veces que has creado algún hábito en tu vida, aunque fuera un hábito perjudicial. Lo has construido desde dentro, desde una convicción, encontrando un cómo cuando tuviste un porqué. Si eres ex fumador, habrás dejado de fumar cuando tú y solo tú estabas convencido y motivado para ello. Si has dejado esa relación tóxica que llevaba mucho tiempo quitándote la vida, no lo habrás hecho hasta que dentro de ti tuvieras el convencimiento y hubieras encontrado tu razón, por mucho que tu círculo cercano lo viera claro antes que tú. Porque es tu vida y tu vida la manejas tú. Pero, por favor, manéjala de verdad con actos y no solo con palabras. No te quedes en las intenciones porque solo las intenciones no cambian nada.

Growth Mindset

> Este libro quiere que desarrolles, aumentes, multipliques y potencies al máximo tu mentalidad de crecimiento, tu capacidad de desarrollo, con especial hincapié en la visión espacial, el esfuerzo, la disciplina y el pensamiento lateral para que maximices tu potencial.

Quiero que aprendas a adaptarte a los entornos, que fluyas con la experiencia y que tengas herramientas para poder manejarte mejor en el mundo que te rodea. Quiero enseñarte que no solo hay extremos, que la mayoría de las cosas no son binarias. El mundo está lleno de grises pese a que nos enseñen a ver solo los blancos y negros.

En definitiva, quiero enseñarte (aunque tú ya lo sabes) que la vida consiste en aprender, mejorar y seguir avanzando, sabiendo en todo momento que el final puede estar esperándote a la vuelta de la esquina, en la siguiente rotonda, cuando entres al supermercado o te acuestes a dormir con la esperanza de despertarte como siempre.

Es un ejercicio intenso porque nos enfrenta a una realidad que evitamos contemplar: nuestra propia desaparición. Así que recuerda que el tiempo que se te regala cada vez que abres los ojos al despertarte no lo controlas, ya que la vida no sigue los mismos cronogramas que los proyectos de tu empresa. El tiempo es un regalo del que no puedes pedir más unidades o que no puedes comprar en Amazon. El tiempo maneja sus propias fechas y ritmos. Hay que aprender a bailar con el ritmo de la incertidumbre aunque la música que suene no nos guste.

> Growth Mindset, el autoconocimiento y todas las ideas, ejercicios, errores y lecciones que encontrarás aquí quieren sacar la mejor versión posible de ti mismo en este momento, y si dentro de un año vuelves a trabajar sobre lo que estamos explicando aquí, que vuelvas a poder sacar otra nueva mejor versión de nuevo.

EJERCICIO SIEMPRE ME DESPERTARÉ...

Cuando estamos profundamente dormidos nos sumergimos en un estado que se asemeja bastante a la muerte.

Te invito a realizar el siguiente ejercicio sencillo: la próxima vez que te metas en la cama a dormir (si te metes en la cama para otra cosa diferente no hagas el ejercicio), piensa unos segundos antes de dormir en la sensación que tendrías si, por algún fallo, cardíaco, un fallo en la circulación de tu cerebro, o cualquier otra causa inesperada, no volvieras a despertar nunca más. Experimenta las sensaciones que te abrazan, siente si te arrepentirías de algo, si estás en paz o cómo te sentirás el resto de la eternidad viviendo en un estado de no existencia.

Anótalo todo por favor. Sensaciones. Emociones. Angustias. Alegrías. Todo y en papel. Es un buen momento para que te compres un cuaderno. (Pronto sabrás por qué es bueno para ti escribir a mano).

Me gustaría que cuando despiertes después de realizar el ejercicio (en el caso en que no te despiertes, todo esto que sigue no aplica para ti, lo siento) vuelvas a la sensación que has tenido en algún momento intermedio de tu sueño, donde no eras consciente de nada de lo que ocurría a tu alrededor.

> Ahora quiero que te aferres a esa sensación de vacío existencial y la proyectes hacia adelante en el tiempo, mil, diez mil o cien mil años, y veas que durante ese tiempo futuro no podrás hacer nada más que seguir en ese humo suave de tu sueño infinito.
>
> Cuando se te pase el momento angustioso, por favor, quiero que valores que no estás muerto, que todavía tienes tiempo para poder hacer todas las cosas que quieres hacer.

*Una creencia es una declaración sobre tu manera de ver el mundo. Por ejemplo: «es mejor tener muchos amigos que pocos por si estos me fallan», «los chinos son gente poco amable», «en España todos los políticos roban», «los zurdos son más listos que los diestros». Y las creencias pueden ser limitantes o potenciadoras, así que cuidado con ellas.

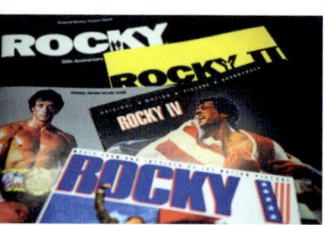

¡Qué grande es Rocky!

Siempre en constante movimiento. Siempre en constante crecimiento de aprendizaje. Ya lo decía Rocky, uno de los mejores profesores de *management* que nos ha dado el cine. Si esto de Rocky te ha sonado raro, quiero que empieces a quitarte creencias*, prejuicios y conceptos instalados en tu mente y te hagas con la colección completa de películas de Rocky. De verdad. Al final del libro tendrás un listado de películas para afianzar conocimientos y seguir trabajando. Buenos deberes ver películas, ¿no? El cine es una de las mejores escuelas para la vida y los negocios; está lleno de frases magníficas llenas de emoción que se pegarán a tu corazón, cerebro y estómago para siempre. Como esta maravilla:

«Keep moving forward»[1]

Para que puedas aprovechar al máximo este libro solamente te voy a pedir lo mismo que les pido a mis alumnos antes de comenzar las clases. Son tres cosas a cambio de mucho aprendizaje y un cambio de mentalidad que te hará mejor. Las tres cosas son gratis, fáciles, y todas ellas dependen de ti mismo. No te van a ocupar apenas tiempo y son un regalo para ti:

1. Tienes que querer cambiar, crecer, mejorar, seguir aprendiendo. Si no, nada de esto tiene sentido. El cambio implica un paso más en el aprendizaje y la mejora constantes. Y el cambio es bueno siempre que tenga un propósito.

2. Tienes que comprometerte con el cambio para poder crear un hábito. Casi todo el trabajo lo vas a tener que hacer tú. Va a requerir esfuerzo por tu parte y quizás no estés del todo acostumbrado a tener que esforzarte.

3. Tienes que emprender pequeñas acciones para conseguir ese cambio. El movimiento se demuestra

---

1 Sigue moviéndote hacia delante. Aparece en la película *Rocky Balboa* (*Rocky VI*). La filosofía de Rocky merecería un capítulo aparte porque contiene la mayoría de las enseñanzas necesarias para alcanzar tu mejor versión. *Rocky, primera parte* es la mejor película de toda la saga pero en todas ellas encontrarás acción, emoción, enseñanzas para la vida y un modelo a seguir de no rendirse, no bajar los brazos, volver a levantarse cueste lo que cueste.

andando, aunque sean únicamente dos pequeños pasos. Pequeñas metas, grandes recompensas. Aquí no vamos a escalar el Everest sin oxígeno. Vamos a ver cómo preparanos para aprender a escalar, ponernos en forma, llegar a Nepal, luego al campo base, al campo 1, y así hasta hacer cola a escasos metros de los sherpas, millonarios e impacientes que quieren hacerse la foto en la cima sin haber andado el camino.

Vamos a empezar con dos buenas frases[2] sobre la vida, el libre albedrío, los cambios repentinos y nuestra sensación de control sobre las cosas y esos autores a los que se les atribuyen.

Con estas dos frases quiero ilustrar el primero de los conceptos que pueden aplicarse a una mentalidad Growth Mindset: el control sobre las cosas que nos pasan. Existen personas que creen que sus resultados están dentro de su control, y que estos vienen determinados por su trabajo y sus decisiones, mientras que otras piensan que sus resultados están fuera de su control, y que estos vienen determinados por el «destino», «la suerte», y son totalmente independientes de su trabajo o decisiones. Yo creo que es un equilibrio entre ambas, como siempre.

Quiero que analices si crees que todo en la vida depende de lo que tú hagas, en clara alusión al concepto «acción-reacción», o crees que estamos gobernados por fuerzas invisibles contra las que no podemos luchar y todo lo que nos pasa es fruto de la mala suerte, el destino o una mano negra que quiere que fracasemos. Aquí quiero llamar al estrado al clásico y conocido «todos contra _____». (En la línea continua puedes poner tu nombre y repetirlo en alto.

> «Si quieres hacer reír a Dios, cuéntale tus planes».
> **WOODY ALLEN**

> «La vida es lo que te pasa mientras haces planes».
> **JOHN LENNON**[1]

---

[2] Como ya te he dicho, este libro se apoya mucho en la repetición, el esfuerzo individual, el ejemplo de otros y el espejo como medio para mejorar. Quiero dedicar justo al final un capítulo entero a la moda de poner frases impactantes, atribuírselas a una personalidad relevante y que te cambien la vida solo por leerlas. Quiero que sepas que esa moda de las frases chulas viene de hace muchísimos años. Tampoco es materialmente posible que se hayan dicho tantas frases en tantos momentos y que siempre haya alguien para escucharlas y difundirlas. Por ejemplo, se sabe que Sócrates no escribió una sola línea en toda su vida y no hacemos más que decir que esta o aquella reflexión viene directamente de su boca. Claro que fue una figura importante en el mundo, pero seguro que no dijo todo lo que se le atribuye. Es cierto que utilizar frases unidas a personalidades relevantes es una forma útil de conseguir fijar el concepto y provocar su posible aplicación. Pero me gustaría que fuéramos cautos a la hora de las atribuciones porque podemos pensar que solo determinadas personas son capaces de producir ese tipo de frases magistrales.

[1] Como puedes imaginar, si te dijera que estas dos siguientes frases las ha pronunciado tu vecino del quinto o la persona con la que no puedes cruzar ni dos palabras en el despacho, quizás te impactarían algo, posiblemente de manera negativa, pero el resto de la humanidad que no conoce a tu vecino se quedaría igual que antes, así que Lennon y Woody molan mucho más.

Hay mucha gente que tiene esta frase como mantra en su día a día y es una verdadera pena).

Para comenzar con nuestro aprendizaje Growth Mindset (GM), vamos a arrancar con el primer concepto chulo, a ver qué es eso del «locus de control».

EQUILIBRIO

El equilibrio es un término al que no le damos suficiente importancia y creo que es clave en la vida y en la mentalidad de crecimiento.

El psicólogo Julian B. Rotter acuñó el término «locus de control» allá por los años cincuenta. En su estudio analizó el nivel de control que las personas creen tener sobre los acontecimientos de su vida. Según sus conclusiones, las personas pueden tener un «locus de control interno», conforme al cual creen que están en control total sobre su vida. Sus resultados son fruto de sus esfuerzos, elecciones y decisiones. El otro grupo de personas que apareció en sus resultados tenía un «locus de control externo», pues creían que la vida está dominada por fuerzas misteriosas y extrañas sobre las que nadie puede influir, y por tanto hay que resignarse a lo que a uno le pasa porque «está escrito» o «es el destino».

Como podrás imaginar, potenciar el locus de control interno tiene muchas ventajas. Si pensamos que todo cuanto hacemos empieza por estar en nuestra mano, no nos arrepentimos, no buscamos culpables fuera y no pensamos en lo «que hubiera pasado si...». Somos conscientes de nuestras fortalezas y debilidades y actuamos para que pasen cosas, esforzándonos y «agarrando el toro por los cuernos».

En el libro *The Locus of Control: Five Reminders That You are the Boss*, David J. Jensen identifica cinco áreas para conseguir poner en el centro de tu vida el locus de control interno y olvidarte del externo. No creo que haya que olvidarse del locus externo porque siempre hay factores que escapan a nuestro control, pero no debemos basarnos en ellos para justificar lo que nos sucede. Tenemos que encontrar un equilibrio donde el locus interno tenga más peso que el externo.

Growth Mindset

Para poder sacarle rendimiento a este concepto necesito que te posiciones en alguno de los dos escenarios: locus interno o locus externo. Tú decides el rumbo de tu vida o lo hace la mano negra que mueve los hilos sin que tú puedas hacer nada para cambiarlo... ¿Ya lo tienes? Bien hecho. No me digas cuál has elegido.

Enhorabuena por elegir potenciar el locus interno. Si no lo has hecho, vuelve a la casilla de salida del libro y empieza de nuevo. Como siempre en la vida, debemos tener una palanca para hacer fuerza, y la palanca se mueve haciendo todo lo que esté en nuestra mano para que las cosas sucedan. Como el famoso eslogan *Make it happen* (Haz que suceda). Una vez que hemos puesto todo lo que teníamos al empujar la palanca centrándonos en hacer que pase, únicamente deberemos esperar con paciencia a que pase, o no. Con la palanca del locus interno tenemos muchas más probabilidades de que lo que queremos suceda; habremos comprado muchos más boletos para esa lotería, aunque siempre, siempre, habrá cosas que no controlemos. Así que si no ocurre analiza por qué. La mayoría de las veces no habremos aplicado suficiente fuerza a la palanca para que las cosas sucedan. Lo siento, pero es así. No nos habremos esforzado lo suficiente, no estaremos lo suficientemente comprometidos.

MODELO DE LAS 5CS

Jensen, como todo experto que se precie en materia de *management*, utiliza un acrónimo fácil de recordar pero que puede ser aplicado para cualquier cosa, innovación, locus, negociación o la receta del pollo asado. Su modelo lo componen las 5Cs y son:

1. Clock
2. Contactos
3. Comunicación
4. Compromisos
5. Causas

* Sobre todo lo que quiero es que pases un rato divertido, que la vida ahí fuera ya es demasiado seria como para que nos pongamos en modo *serious-working* hasta para leer libros que se supone que nos hablan de cómo vivir mejor y ser más felices. No te des tanta importancia, y si crees que vas a sobrevivir durante generaciones con un legado espectacular me gustaría que me dijeras cómo se llama tu bisabuelo o en qué trabajaba tu abuelo. Cosas tan simples como esas han quedado en el olvido para la mayoría de nosotros. Nosotros correremos el mismo camino cuando las últimas personas que nos hayan conocido mueran, salvo que la huella profunda y duradera que hayamos dejado en ellas sea fuerte y dé un ejemplo como para que otros nos tomen como referencia en sus vidas.

21

ESTO NO TIENE NINGÚN SENTIDO

¿Que no tiene sentido para ti? Pues entonces dale un sentido a lo que hayas leído. Es igual que la vida, a la que hay que darle sentido quizás porque no lo tiene. Al darle sentido es más fácil que le encuentres el sentido. Pero te aviso que lo del sentido de la vida no es tan fácil. El Universo tal y como lo conocemos lleva unos 14.000 millones de años de eventos aleatorios, decisiones trascendentes, cambios de dirección de millones de seres vivos como para que vengas tú a encontrar un sentido a todo eso.

Para poder disfrutar de este libro te pido lo mismo que les pido a mis alumnos: quiero una mentalidad de Bob Esponja, el personaje de dibujos animados que siempre está contento, una esponja de mar siempre curiosa ante todo lo que le pasa y no piensa mal a cada segundo. Es maravilloso como fábula para la vida.

Como ves, este libro te va a contar muchas cosas que sabes, y espero que alguna otra que no. Muchas son muy conocidas y otras no tanto. Algunos conceptos son muy potentes y otros te parecerán simple sentido común. Muchos no los querrás aplicar y lo dejarás todo para adoptar otros. Como la vida misma. La diferencia de este el libro con otro que acabas de dejar en la estantería hace un minuto es que, aparte de hacerte aprender algo, reflexionar bastante, pensar un poco, ejercitar tu mente, criticarlo todo y dudar mucho, te aseguro que te reirás con la mayoría de las cosas que escribo. Porque esto del Growth Mindset va también de reírse*. Quítate importancia, por favor. Deja de una vez esa voz engolada de sabio trasnochado para cuando estés solo y nadie pueda escucharte. Es ridículo. Ríete por favor. Porque la vida es mucho más risa que llanto, más ligereza que pesadumbre, más Hermanos Marx o ese chiste malo que te acaban de contar que Schopenhauer o Milan Kundera, pese a que *La insoportable levedad del ser* estuviera entre mis libros favoritos de adolescencia, por mucho que le cueste creerlo a mi mujer. (Y, no era ninguna técnica para conseguir que saliera conmigo).

Piensa en las casualidades que se han dado para que estés aquí sentado hoy. Primero piensa en las cosas que tuvieron que pasar para que tus padres se conocieran, y que sus padres se conocieran, sus abuelos, etc., una casualidad increíble llena de decisiones, errores, aciertos, esfuerzos completos y pasotismo máximo. No solo tú eres responsable de tus fracasos aunque tampoco lo eres del 100% de tus éxitos, y eso es algo que le pasa a todo el mundo. Empatizar con esa idea alivia bastante y te permite centrarte en lo único que puedes manejar al 100%: lo que depende de ti y solo de ti. Así que esfuérzate, da lo mejor de ti, sé honesto, disciplinado y constante, y piensa que en el último momento la moneda caerá en la cara o la cruz. Lo único importante es levantarse a recoger la moneda y seguir lanzándola hasta que salga lo que tú quieras.

Levántate siempre y no dejes de lanzar la moneda las veces que haga falta.

Growth Mindset

Es otra de las claves del GM[3].

Este es un libro de ejercicios, cuestionarse cosas, trabajar, perseverar, esforzarse. Las típicas cosas que creemos que solo hacen las personas con poco talento o no demasiada inteligencia. Pues esta es una mentalidad contraria al Growth Mindset, una mentalidad fija donde todo es inamovible. Yo era una de esas personas, así que te hablo desde la experiencia. Estamos demasiado acostumbrados a valorar a las personas por su talento o por su inteligencia sin tener en cuenta la cantidad de esfuerzo, aprendizaje, crecimiento y desarrollo que hay que poner en la ecuación para que nuestros dones se desarrollen[4].

Este libro es un espacio psicológicamente seguro donde todo lo que pienses, digas en voz alta o leas queda para ti. Puedes decir, hacer y pensar lo que quieras. Libertad total... eso ya es algo muy difícil de conseguir en tu día a día. Nadie sabrá nada de lo que pase por tu mente, más o menos lo mismo que pasa siempre. Fuera vergüenzas, por favor.

También te pido que no pierdas la concentración.

¡No toques el teléfono![5] hasta que sigas leyendo un rato más. No lo consultes. No mires el Instagram.

¿Lo has mirado verdad?... Claro, eso es porque el cerebro no entiende la palabra «no», que necesita de otra para adoptar un significado que a veces sigue siendo ambiguo y complejo. Un «no» es una negación que no es fácil de visualizar para la mente. Puede ser una señal de prohibido, una mano gesticulando,

---

3   Tú eres la persona que se tiene que agachar a por la moneda. La pelota para que le saques todo el jugo a estas líneas está en tu tejado. La persona que se tiene que levantar cuando se caiga eres tú y yo no estaré ahí para levantarte. Las monedas salen de tu bolsillo, el tejado es tuyo y depende de ti que quieras levantarte del suelo, porque en el suelo estás muy a gusto, ¿no?

4   Recuerdo siendo pequeño que me reía de las personas que se esforzaban para conseguir sus metas. Recuerdo cómo valoraba mi inteligencia y mi rapidez innata para las cosas y despreciaba el esfuerzo. Muchas veces me reía de mi hermana, a la que le costaba muchas horas sacar un notable mientras yo sin apenas esfuerzo aprobaba. El problema estaba en que yo no me atrevía a hacerme la pregunta: ¿qué pasaría si tú estudias las mismas horas y no sacas tan buenas notas? No estaba dispuesto a conocer esa respuesta y no quería exponerme al error. Qué equivocado estaba...

5   Vivimos tiempos complicados, un mundo de entornos digitales anónimos, hologramas que representan una realidad de silicio y donde nos escondemos tras la pantalla. Y es precisamente por eso que existe un hambre insaciable, una necesidad vital de piel, de tocar, y un apetito enorme de conectar directamente y de forma personal. Así que quiero que conectes conmigo, quiero que compartamos, que difundas lo que aprendas en este libro, que lo ensucies, que lo arrugues, que me toques.

¡¡¡BOOM!!!

Acaba de explotar la primera bomba. ¿Es demasiado? Pues vete poco a poco digiriendo todas estas líneas, aunque tranquilo porque en este libro vamos a empezar de modo suave para ir avanzando cada vez más deprisa en las siguientes páginas.

De momento, y a modo de aperitivo, quiero que pienses en las infinitas casualidades, decisiones, errores, aciertos y actos que se han dado en el Universo para que estemos hablando en este momento a través de estas páginas. Tú con el libro en tus manos ahora y yo escribiéndolo en mi casa desde hace bastante tiempo. ¿Cuántas cosas han tenido que pasar para que estemos así ahora?, ¿cuántas decisiones de miles de millones de personas a lo largo de la Historia para encontrarnos aquí y ahora?... La vida es una enorme conexión cósmica, es el resultado de trillones de decisiones y eventos mezclados, es azar, suerte, destino, fe, pasión, decisión, acción o llámale providencia, casualidad, serendipia, destino. Haz lo que quieras. Eres libre.

Hace unos días me preguntaron en una de mis clases qué tenía que ver este libro con llegar a ser un buen líder y tener una actitud mental de crecimiento. La verdad es que no tuve que pensar mucho la respuesta. La parte fundamental del ser humano es conocerse y aprender, mejorar y crecer siempre. Los líderes se conocen, o por lo menos se preocupan por conocerse. Si te pregunto si te conoces dirás que te conoces bastante bien... Este libro va a intentar hacerte dudar sobre lo que crees, das por supuesto, tienes establecido de manera cultural, social o profesional. No tengo ninguna intención de convencerte de nada; simplemente te voy a contar lo que yo he aprendido y experimentado. Voy a tratar de comunicarte mis ideas, que son las mías, extraídas de mis experiencias, lecturas y aprendizajes[1]. No tienes que estar de acuerdo, no tienes que creer en lo que te digo. Espero que alguna de las cosas que te cuento te parezca chula, pero por lo menos me gustaría que esto te sirviera de entrenamiento para cuestionarte las cosas. Para romper tus creencias, para que dudes de todo, cambies de opinión, para que vuelvas a fallar al cambiar de opinión y vuelvas a dudar de nuevo.

---

[1] He dado bastantes veces una charla que se llama «*Después de leerme 1000 libros esto es lo que he aprendido*». Sí, he tenido una crianza con bastantes libros como compañía y eso me ha convertido también en parte de lo que soy.

una persona que se aparta de nosotros, alguien que nos impide hacer algo, una caja vacía que contiene el no... Es mucho más ambigüo que «toques» y «teléfono», así que tu mente solo ha visualizado lo de «toques teléfono», sin tener en cuenta el no. Este es uno de los motivos por el que los niños tocan algo cuando pone un cartel de NO TOCAR. Y si tu atención sigue conmigo y no has mirado el teléfono es realmente milagroso y te felicito.

Supongo que muchos de vosotros habréis visto las charlas TED. Son charlas cortas de gente súper relevante en multitud de campos del conocimiento y la mayoría de ellas suelen ser muy interesantes. Estas charlas duran como máximo 18 minutos. Fue Paul King quien calculó el tiempo máximo que el cerebro humano puede estar atendiendo de manera continua sin desconectar. Así que si lees más de 20 minutos seguidos se supone que no te enterarás de nada a partir de ese tiempo porque habrás desconectado. Espero que no desconectes, pero en todo caso haz lo que quieras. Solo quería que supieras que nuestra mente divaga, que tenemos cientos de miles de estímulos a nuestro alrededor, apetecibles tentaciones para que dejemos lo que estamos haciendo y cambiemos para no aburrirnos. Vivimos en un mundo en el que no tenemos tiempo para hacernos regalos a nosotros mismos, así que quiero que este rato que estás compartiendo conmigo sea un regalo que te haces. Nos quedan muchas líneas por delante y por tanto te animo a que saborees todas las palabras porque no hay nada de relleno, todo es importante. Distracciones, vida diaria, estrés... lo tenemos difícil para no perder la concentración, pero me encantan los desafíos. Lo único que te pido es que trates de disfrutar cada segundo de lectura y reflexión, en este libro y en la vida.

> Este libro es un camino al Growth Mindset, no tiene por objetivo que consigas una mentalidad Growth Mindset como un fin en sí mismo. Quiero que valores y saborees la experiencia de leerlo todo, igual que yo he aprendido y disfrutado en el camino de escribirlo. Ya lo decía Machado, «caminante no hay camino».

> Tenemos que disfrutar del camino que vamos recorriendo porque este libro, como muchas de las cosas que hacemos en la vida, no tiene una finalidad concreta aunque sí tiene un final. Igual que nosotros, que también tenemos final; no quería dejar de recordártelo. Es la muerte, por cierto.

☞ Entre otras muchas cosas hablaremos sobre los tipos de cerebro que tenemos y cómo conocer sus trampas, sesgos y creencias. Cerebros que nos han mantenido con vida hasta este momento pero que ahora viven en una delgada línea entre lo analógico, lo primitivo y lo digital. Nuestro antepasado de las cavernas (hace unos minutos en versión universal) no tenía móvil, usaba sus manos y no se sentaba en sillas incómodamente cómodas como las nuestras.

☞ Vamos a dedicar tiempo a escuchar nuestro cuerpo, porque nos habla constantemente pero no le escuchamos. Ahora está tomando fuerza una corriente que da más peso a la interacción entre cuerpo y cerebro. Se está abandonando el «cerebrocentrismo».

☞ Aprenderemos muchas cosas curiosas como esta y tendremos un plan de acción para pasar del Fixed Mindset al Growth Mindset (actitud fija vs. actitud abierta al crecimiento).

Casi todo lo que vas a leer, los juegos que vas a hacer y las frases que vas a leer probablemente los conozcas de sobra. Recuerda que hace más de dos mil años estaban ya pensando a tope sobre el ser humano Aristóteles, Pitágoras, Platón, Hiparquia, Areta de Cirene, Hispasia, Sócrates, Marco Aurelio... Después aparecieron San Agustín, Galileo, Bacon, Leonardo Da Vinci, Voltaire, Rousseau, Kant, Descartes, Newton... Más tarde nacieron Nietzsche, Sartre, María Zambrano, Simone de Beauvoir, Einstein, Unamuno, Ortega y Gasset...* ¿Y qué tenemos hoy? Quitando los pocos pensadores con criterio y vocación real de ayudar y mejorar el mundo, hoy en día estamos rodeados de empresarios con fórmulas magistrales de trabajo, como el dueño de AliBaba por ejemplo y su formula 996. ¿Ah,

*Este libro contiene muchas frases, referencias, apuntes, escritos y notas, algunas mías y otras de otros. Porque a estas alturas del partido ya esta todo dicho. Todo. Alguien más sabio que nosotros ya escribió esa ocurrencia que acabas de tener en alguna de sus memorias, ensayos o novelas. O simplemente otro lo dijo en el parque de un pueblo de veinte habitantes y nuestras abuelas lo escucharon y lo transmitieron mientras hacían croquetas. No es importante encontrar la novedad en lo que cuento. Lo importante para el aprendizaje es que te lo recuerden de la mejor manera posible o con el mayor impacto para que salgas de la quietud en la que vives, generes ganas de pensar y empieces a hacer.

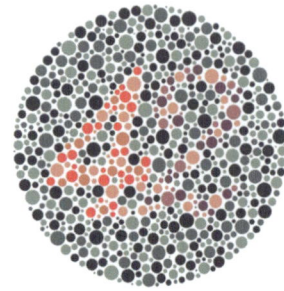

Respuesta al sentido de la vida según el autoestopista galáctico.

A modo de curiosidad, una de las famosas hormonas de la felicidad llamada serotonina, muy de moda, y que buscamos en alimentos, cambios vitales radicales y mucho trabajo mental, resulta que se produce en un 90% en el colon, donde conviven millones de bacterias en una agrupación llamada microbiota o flora intestinal. Así que parte de nuestra felicidad podría estar en el estómago.

que no la conoces? Pues es de traca, es su receta para el éxito... Consiste en trabajar en la oficina de 9 de la mañana a 9 de la noche seis días a la semana. Me parece un poco *too much*. Estamos rodeados de sabios de teletienda que lanzan mensajes al espacio en YouTube sin ninguna base científica, neurocientíficos ilustres mezclados con tertulianos de La Sexta y Telecinco, y muchas criaturas de ese perfil, que tampoco quiero enfadarme, así que mejor paro y respiro un poco antes de continuar.

¿Has pensado alguna vez que la vida no tiene una finalidad? Yo también. No te voy a preguntar otra vez por el sentido de la vida porque ni los Monty Phyton lo descubrieron en sus maravillosas películas. Al final parece que en la vida no hay una finalidad concreta que alcanzar pero sí muchas metas a las que llegarás, quieras o no; así es la vida, y este libro también. Pequeñas metas volantes que te proporcionarán alegría, tristeza, indiferencia. Grandes metas importantes que te golpearán con fuerza si no las alcanzas, y si las alcanzas seguramente también. Disfruta del camino que vas a tomar; no sé si será el menos transitado, como decía Robert Frost, pero te aseguro que la persona que empiece ese camino será distinta de la persona que irá dando los siguientes pasos. Solo te pido una cosa: no te tomes muy en serio todo lo que vas a leer, o tómatelo. Nada importa demasiado. Eres totalmente libre en un sistema gigantesco de eventos aleatorios y sin rumbo que colisionan a cada segundo integrándose con cada una de tus decisiones, conscientes e inconscientes, haciéndote estar en el momento en el que te encuentras ahora mismo. Pero no te voy a mentir:

Estás a punto de empezar una gran aventura y tu vida va a cambiar por completo.

Quizás te sigas preguntando qué vas a encontrar entre tantas letras juntas a lo largo de sus páginas. Buena pregunta porque, como te he dicho, habrá un poco de todo. Sé que hay que especializarse, centrarse en un tema concreto y desentrañarlo hasta el final. La vida hoy en día nos obliga a ser expertos. El problema es que la parte de la solución te la tienes que buscar tú mismo, porque el experto, que lleva toda su vida con ese único tema en concreto, no la sabe. Pues vaya gracia. Pues aquí te prometo que no pasará eso. Estoy convencido de que

Growth Mindset

habrá mejores libros sobre la vida, la muerte, el aprendizaje, el cambio de mentalidad, *Growth Mindset*, las enseñanzas que podemos sacar de las situaciones, las frases, las técnicas. Habrá libros más graciosos, más interesantes, más de todo lo que se te ocurra, porque somos expertos en ver lo que no tenemos y descubrir lo que el otro hace mal. Pero estoy seguro de una cosa: ninguno de esos libros los he escrito yo. Nadie es igual que nadie. Siempre hay algo que contar que nadie podrá contar como tú. Por si no lo sabías, estás de suerte y por eso estamos aquí. Para que empieces a desaprender desde ya todas las creencias que tenías grabadas a fuego desde que empezaste a ponerte de pie cuando solo eras un bebé.

> ¿Sabías que todos y cada uno de los habitantes del planeta Tierra, todos incluido tu jefe al que consideras un inepto, hacemos algo genial, algo de manera increíble, algo que nos vuelve locos, que nos apasiona y nos encanta enseñar a otros?

Seguro que estás pensando en ti mismo o en gente que conoces. Quizás sea cocinar, escribir, amar, jugar a la petanca o a la PlayStation, fastidiarle la vida a la gente, sacar de quicio a alguien, montar muebles, cuidar mascotas, tocar el ukelele o hablar de la teoría de supercuerdas. ¿Ya sabes cuál es tu talento? Si no lo sabes no te preocupes. Estás en el lugar adecuado para tratar de descubrirlo. Date cuenta de que tu talento puede ser inservible y poco útil para la sociedad. En ese caso seguiremos buscando algo que mejore tu entorno, aunque solo sea un poquito y sirva para construir un mundo mejor. Este libro va de dar y recibir.

Para recibir tenemos que estar siempre dispuestos a dar sin esperar nada a cambio.

En el libro hablaremos del Universo y de tu posición en él para aprender a relativizar. Pero ya te adelanto que eres una mota insignificante respecto al tiempo y el espacio. Te hablaré de las trampas e ilusiones cognitivas que llenan el entorno en el que nos movemos. Hablaremos de flexibilidad y adaptación. De cambio de mentalidad. De cambios generales que aparecen sin

EL EFECTO MARIPOSA

Básicamente es la conexión que tenemos todos los seres vivos que habitamos este planeta (y que alguno se empeña en destruir con sus decisiones psicóticas). Es posible que acabes de coger este libro de la tienda de un aeropuerto. O quizás lo hayas comprado en Amazon por una cantidad de dinero que ya has olvidado. Quién sabe si lo has dejado abandonado en un banco al leer el primer párrafo. Quizás un amigo ha podido recomendártelo. O te has confundido de título. Podría ser que me hubieras escuchado en alguna charla, en un taller en tu empresa o asistido a alguna de mis clases, *who knows*. Lo que quiero que te des cuenta es de que la vida está llena de casualidades y cosas que no controlamos en absoluto. Todas las decisiones que has adoptado en tu vida te han llevado al momento presente. Todas. Probablemente en la mayoría de los casos hayas tomado tú la decisión, así que eres el responsable de donde estás.

Estamos rodeados de un mundo en el que interactúan millones de personas creando caminos que confluyen con el nuestro sin saberlo. Y caminando por la vida (como decía Melendi) es como vamos diseñando el siguiente paso. Sin un objetivo a largo plazo espectacular, ambicioso e impresionante. No hace falta. Lo único real es el presente porque el pasado no se puede cambiar y el futuro no existe.

Ningún futuro existe porque cuando lo estés viviendo ya se habrá transformado en presente.

Me encanta la visión de múltiples escenarios o universos, la cantidad de universos alternativos que generamos con cada decisión que tomamos, por minúscula que esta sea. Por ejemplo, esta mañana has tomado café en lugar de té. Pues has generado un evento diferente dado que tu cuerpo no estará igual, tu mente no estará igual, tu actitud ante el día de hoy no estará igual y cualquiera de esas situaciones estará generando situaciones alternativas. Es alucinante.

ser invitados a la fiesta. De sentido y sinsentido. De lo estocástico y lo determinista. Del mundo empresarial y de lo que podríamos mejorar para hacer del trabajo un lugar más agradable y que nos aporte una mayor dosis de felicidad. Del reparto no equitativo, de las desigualdades y de cómo vivir con conciencia plena. Hablaremos de tu foto fija que tendrás que mover para poder encajar en ella o volver a sacarte otra segundos después. Es importante saber situarnos en el planeta ya que en unos años pasaremos a desaparecer para siempre. Simplemente nos estaremos adelantando a lo que tiene planeado el sol (que no es otra cosa que explotar dentro de unos años y arrasar con el sistema solar tal y como lo conocemos en plan película de Roland Emmerich). Hablaremos de la muerte y sus enseñanzas para ponerte en situación sobre todas las cosas que te rodean. Pero no quiero hacerte *spoiler*. Tendrás que tener paciencia. Vamos a adentrarnos a hablar de la vida, de a qué dedicas tu tiempo, de lo que hiciste ayer y lo que harás mañana. Pero siempre después de haber sido conscientes de tu finitud para que quites o pongas grados de importancia a las cosas.

El objetivo es que seas una persona más consciente con cada página.

Veremos que en la vida tenemos problemas, aciertos, fallos y soluciones. Y cisnes negros que nadie pensaba que existían hasta que aparecen. Hablaremos también de cosas como el Ikagai japonés, el *mindfulness*, la apertura al crecimiento como mentalidad para la vida, la sincronicidad, la humanidad compartida, las creencias, los hechos frente a las opiniones, la gratitud, el perfeccionismo, el ego, la falta de empatía y la ausencia de compasión que nos ahoga como una tenaza, y miles de cosas más que meteremos como si de una caja de herramientas se tratase para que las puedas utilizar cuando lo necesites. Haremos ejercicios y aprenderemos con juegos divertidos que podrás utilizar donde quieras para expandir tu conocimiento y ganar alguna que otra apuesta a tus amigos y familiares. Porque la mejor forma de aprender es enseñar. Algo fundamental para entender nuestra relación circular con la muerte, el espacio y la vida. Y, sobre todo, vamos a ver cómo convertir nuestra mente al Growth Mindset, una mentalidad de apertura al cambio y al crecimiento personal.

El camino, el objetivo, la meta, mi voluntad, mi anhelo y deseo para estas páginas es cambiar tu forma de pensar.

Desarrollar tu pensamiento crítico. No quiero que pienses como yo, solo quiero que pienses. Vale, son dos objetivos, pero si lo relees bien es uno solo. Porque el cambio es bueno, es posible y afecta a todas las áreas de tu vida, en especial a tu mentalidad. Por culpa de la inevitabilidad del cambio, la gente se aferra a lo conocido y no se enfrenta a nuevos desafíos con la típica táctica de la cochinilla, que se hace bola para que nadie pueda hacerle daño. Una técnica mejor es imaginar cómo afectaría el cambio para suavizar su efecto inicial. La creatividad surge en momentos en que la gente crea conexiones inesperadas en temas inconexos. (Así que igual tampoco es mala idea perder tiempo viendo vídeos de gatos en YouTube o pasar horas mirando por la ventana con melancolía).

> La gente no quiere cambiar por el esfuerzo que supone cambiar, el trabajo extra, la imagen pública de «esta veleta no sabe lo que está haciendo».

Dilts plantea que para cambiar un nivel en concreto debemos atacar el nivel superior. Vale, genial, pero ¿cómo lo hago? La diferencia es que aquí veremos cómo activar mecanismos y sostenerlos en el tiempo. Lo podemos llamar las 6W[6]. ¿Qué son las 6W?

PARA OBTENER UNA MENTALIDAD GROWTH MINDSET:

- Debemos ser conscientes de nuestras habilidades, talentos y aptitudes y usar nuestros recursos para maximizarlos (neuroplasticidad).
- Debemos combinar excelencia profesional con realización personal y espiritual.
- Aprenderemos que las personas están dispuestas a aceptar el cambio, pero para ello debemos darles buenas herramientas.
- Conoceremos que no solo consiste en hacer un programa de entrenamiento; se trata de crear una cultura de aprendizaje constante en Growth Mindset.

Alguien que cambiaba cada pocos minutos era Steve Jobs, una persona fuerte. Él quería y podía cambiar, y de hecho cambió mucho a lo largo de su vida. Ed Catmull de Pixar, que trabajó con él más de veinte años, dice que fue evolucionando a lo largo de su vida, cambiando de dirección sin miedo a tomar la siguiente curva.

---

6 No olvides que soy profe en una escuela de negocios internacional y ahí les flipan los acrónimos, las reglas numéricas y los términos en inglés. Disculpa de antemano pero es así y no seré yo quien lo cambie.

Estás en el lugar apropiado para empezar a esforzarte y lograr el cambio. Esforzarte viene de esfuerzo. Esfuerzo supone sacrificio, ver las recompensas de seguir con paciencia, constancia, un camino largo, lento y doloroso. No te voy a mentir: es más cómodo estar en el sofá comiendo Cheetos que estar encima de la elíptica, ayudando a una persona o sentado en el despacho trabajando. Pero en el sofá la mayoría de las veces estamos perdiendo un tiempo precioso que realmente no volverá. Perder el tiempo, aburrirse, no hacer nada, dedicarse simplemente a saber que no estás haciendo nada productivo es muy bueno de vez en cuando, lo mismo que comer *fast food* de vez en cuando, remolonear, beber un gin-tonic… pero de vez en cuando. Es buenísimo, todo en su justa medida aporta cosas buenas. Aunque la mayoría de las veces nos dejamos arrastrar por nuestro canal de televisión favorito y este nos lleva a lugares conocidos a los que les entregamos nuestro tiempo para formar parte de los datos de audiencia al ver sus anuncios sobre vitaminas, jabones o seguros de coche. ¿No debería ser al revés? ¿No debería pagarnos la televisión por ver sus anuncios? ¿No deberíamos estar en nómina al entregar nuestro tiempo de ocio para ver cómo nos dice un famoso que tenemos que comprar una cama, un champú o una crema anti hemorroides?

El orden de este libro sigue la lógica de mis clases presenciales y desembocará en una terapia cognitiva de auto-conocimiento y comprensión mayores. La referencia es la Pirámide de Robert Dilts sobre los niveles lógicos del pensamiento.

Capítulo 1. Why

Por qué hacemos las cosas. Es la parte donde nos conoceremos y desaprenderemos lo que no deberíamos haber aprendido. Te contaré errores que he cometido para que aprendamos juntos.

Capítulo 2. Where

Dónde estamos en estos momentos. Cuál es mi relación con el entorno y cómo puedo adaptarme de la mejor manera posible.

Capítulo 3. When

En qué momento estamos leyendo este libro, ayer, hoy y mañana. Cuál es el momento más importante. Para qué nos sirven los recuerdos y la planificación.

Capítulo 4. What for

Ya sabes dónde fallas. Ya sabes dónde estás y sabes en qué momento te encuentras. Genial. ¿Y ahora qué hago y, sobre todo, para qué lo hago?

Capítulo 5. What

Qué es lo que vamos a hacer. Cuáles son las motivaciones que nos empujarán a nuestros actos. En qué vamos a cambiar. Aquí queremos tocar, sentir, experimentar. Cerraremos el círculo del primer capítulo y entenderemos para qué hacemos las cosas.

Capítulo 6. Will

Querer es poder, y para ello necesitamos un plan de acción concreto y definido. Vamos a hablar de pasos concretos, de creación de hábitos y aterrizaremos el avión para descargar todo su material.

Growth Mindset

¿Estás dispuesto a trabajar sobre el posible cambio que puedes darle a tu vida desde ya? ¿Por qué no empiezas ahora mismo a disfrutar de los días que te quedan por vivir? ¿Por qué no hacer un mundo un poco mejor, aunque sea solamente en tu pequeñísimo radio de acción? Aquí me viene una anécdota a la cabeza sobre la enseñanza de una historia que seguro has escuchado más de una vez.

El lanzador de estrellas de mar

En una playa de arena blanca, miles de estrellas de mar yacían a escasos centímetros del romper de las olas sin conseguir llegar al mar. El día no era especialmente bueno,  así que apenas había paseantes por la playa. Las estrellas se agolpaban por miles en la orilla. A lo lejos se avistaba un solo hombre que se encargaba de recogerlas una a una y ayudarlas en su camino lanzándolas al mar sorteando las pequeñas olas que las devolvían irremediablemente. Un joven que caminaba con la música aislando sus pensamientos se le acercó y, viendo la dificultad de su empresa, le preguntó por la cantidad de estrellas que se quedarían sin llegar al mar pese a que estuviera todo el día lanzándolas por encima de las olas. El lanzador de estrellas le miró con ojos comprensivos, ya que él también había pensado lo mismo hacía muchos años, quizás a la misma edad que la que aparentaba el joven. Se agachó, cogió una estrella y la lanzó por encima de la ola que acababa de romper. Esperó unos segundos y respondió: «A esta estrella le acabo de cambiar la vida para siempre».

¡Toma metáfora sobre lo que podemos y lo que no podemos hacer a nuestro alrededor! Por cierto, si tu cerebro, al leer este precioso cuento (adaptado a mis palabras y escrito de mi puño y letra), se ha activado de alguna de estas maneras, me alegro mucho de que estemos juntos en estas páginas:

Por si no quieres hacerme caso y saltas de un capítulo a otro, casi todo está diseñado para poder ser leído de forma independiente, más o menos. Todo es Growth Mindset. Todo está dicho y por decir. Todo es importante, nada es importante. Porque, me hagas caso o no me lo hagas, nada tiene demasiada importancia si eres consciente de tu fragilidad y de que tú y solo tú tienes los mandos de tu cerebro en todo momento y nadie más puede saber qué hay dentro de él, por mucho que ahora la neurociencia diga que es capaz de predecir tus decisiones o utilizar la inteligencia artificial con sus algoritmos y patrones basados en Big Data para saber qué vas a comer mañana. Solo tú eres capaz de hacer que tu mente vaya en la dirección que quieres.

Este libro está especialmente pensado para aquellas personas que están hartas de repetir frases como: «soy tonto», «no tengo buena memoria», «nunca he conseguido hacerlo bien», «esto no es para mí», «a mí esto no se me da bien», «no soy creativo»… Vivimos en una época en la que intercambiamos tiempo por anuncios. **Toma las riendas de tu vida por favor y que todo lo que hagas sea porque tú quieres hacerlo.** Y no vas a tener el pelo de Sara Carbonero porque uses su champú.

- Las estrellas de mar forman parte de un mundo que a mí no me afecta, el mundo «océano y estrellas de mar». Me da igual lo que les pase. Es su problema.
- Las olas rompen y siempre devolverán las estrellas, haga lo que haga yo.
- Las estrellas sufren cuando las lanzas por encima de las olas. Eres un insensible por lanzarlas.
- No sé qué música estaba escuchando el joven y es importante para que yo empatice con la historia.
- Yo no tocaría una estrella de mar ni loco.
- La historia tiene fallos claros de guion, no tiene pasión y le falla el *track record*.
- No soy nadie para cambiar el destino de las estrellas de mar, ¡qué presión!, bastante tengo con mis propios problemas.
- No entiendo las metáforas… ¿Yo soy la estrella, el lanzador, el chico o el océano?
- Qué chorrada acabo de leer… Me he equivocado de libro sin duda. Me parece que, si no lo arrugo mucho, se lo envuelvo a mi suegra y le cae como regalo de amigo invisible, que siempre me toca ella y así se fastidia al leer este rollo.

Pon aquí la que se te haya pasado por la mente (sí, coge un lápiz y escribe porque es divertido plasmar tus pensamientos en papel, no tengas miedo):

Si te has sentido identificado con alguno de los puntos, que sepas que este libro es perfecto para ti. Lo irás descubriendo poco a poco. Si no te has identificado con ninguno de ellos, quizás no has leído la historia con toda la concentración que requería porque es muy profunda.

Te felicito por la suerte que has tenido, por todas las decisiones que has tomado para llegar aquí, por leer este libro, por todas las preguntas que vas a hacerte y por poder buscar las respuestas y no tener que esperar a que llegue el cáncer, el ictus, el accidente o el infarto para tener una epifanía, un momento clave para preguntarte quién eres, para darte cuenta del tiempo desperdiciado, para conocer qué lugar ocupas en el mundo, qué es lo que estás haciendo con tu tiempo, si dedicas más tiempo al trabajo que a la familia, para analizar tu soledad, para ver si merece la pena lo que detestas hacer... Si no tienes prisa, este libro funciona como un tortazo para que reacciones sin tener que llegar a morirte por leerlo.

Y si por algún motivo, médico o de edad avanzada, ya estás en los últimos segundos del partido, espero poder ayudarte a aprobar el examen final de tu vida, aunque sea con chuletas y copiando al empollón de la clase.

¿El último día de nuestra existencia valoraremos como positivo el camino andado?

Anticípate a eso y comienza a dar pasos en la dirección que quieres andar sintiendo plenamente cada paso.

¡Bienvenido al viaje de tu vida; agárrate fuerte que nos vamos!

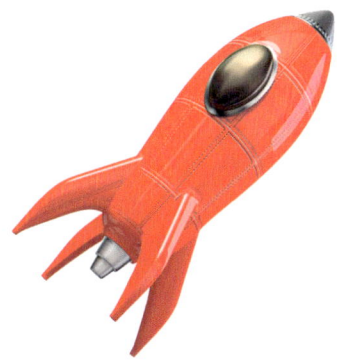

CAPÍTULO 1. WHY

NO ENTIENDO ABSOLUTAMENTE NADA DE MI COMPORTAMIENTO

En este capítulo encontrarás:

- ¿POR QUÉ HACEMOS LAS COSAS QUE HACEMOS?
- ERROR
- FOMO
- TE PRESENTO A TU CEREBRO: JOHNNY «TRAMPAS» BRAIN
- ¿QUÉ ESTÁS PENSANDO?
- MINDFULNESS
- CEREBRO LÍMBICO
- EL «SEGUNDO CEREBRO»
- FELICIDAD
- GROWTH MINDSET
- OBSESIÓN POR EL RESULTADO

Growth Mindset

¿POR QUÉ HACEMOS LAS COSAS QUE HACEMOS?

A diferencia de muchos «gurús» que andan por ahí diciendo que te van a solucionar tus problemas vendiéndote que «puedes hacerlo siempre que lo desees con fuerza», o el clásico «si yo puedo, tú puedes», yo no creo que porque lo desees con todas tus fuerzas sea seguro que lo vayas a conseguir. No creo que debas liberar ninguna abundancia que llevas dentro ni romper bloqueos con el dinero de tus padres o tus amigos, o cualquier frase barata de galleta de la fortuna que estás harto de escuchar. Todos somos diferentes.

Cada persona tiene sus propias circunstancias, genética, capacidades, motivaciones, y todas las personas pueden crear su mejor versión, no una versión común general mejorada.

Aquí vamos a hablar de mejora constante, esfuerzo, sacrificio, disciplina, de no rendirte, seguir levantándote cada vez que te caigas, poner toda la carne en el asador. Entonces, y solo entonces, habrás hecho todo lo que está en tu mano para conseguir aquello que te propusiste y solo tendrás que esperar, estar orgulloso de ti mismo y contemplar lo que pase con paciencia.

Con GM puedes crecer, cambiar, mejorar, aprender... pero si nunca has jugado al tenis y tienes más de cuarenta años, no me parece bien decirte que en Roland Garros ganarás a Rafa Nadal en tres sets. Lo siento. Él sí puede y tú no. Nadal puede ganar veinte veces Roland Garros pero lo más probable es que tú no puedas hacerlo aunque te lo propongas con todas tus fuerzas[7].

Quizás hoy en día se haya perdido un poco el foco y estemos demasiado rodeados de charlas, eventos y talleres de gente que «teniéndolo todo» lo perdió en un segundo por culpa del alcohol, un accidente grave, una enfermedad repentina, las drogas o el cáncer. Los llamados «supervivientes de la tragedia» han superado, con un mérito increíble, algo impresionante y están en su derecho de contarlo. Pero parece que nos hacen sentir que no podemos avanzar sin habernos destruido por completo primero. Para brillar no necesitas primero arder por completo; también puedes brillar desde tu estado actual.

Nadie duda de que lo que hicieron los supervivientes de la tragedia de Los Andes fuera espectacular, pero no debemos quedarnos solo en sentir empatía: debemos aprender de ellos y de sus enseñanzas de verdad.

---

7 Si tienes catorce años y estás leyendo este párrafo a ti no te aplica; tú estás a tiempo pese a que no hayas tocado una raqueta nunca. Eso sí, empieza ya mismo a ver cómo va el *drive*, el revés y la volea. Pero si peinas canas, has pasado los cuarenta, tienes la rodilla destrozada como yo y tu *drive* es más bien normalito... lo siento pero Roland Garros solo por televisión.

Hablando de Nadal, me gustaría que vieras el número de horas, la cantidad de esfuerzo y los peldaños subidos que lleva en su carrera para que pienses en lo que tienes que empezar a hacer para tener una actitud GM como él, una persona que gana y pierde y nunca se rinde. La revisión de este libro coincide con la final del Campeonato de Roma donde acaba de ganar (cuando escribo estas líneas) a Nole Djokovic en tres sets. Hasta aquí nada raro. Es tierra batida, es el mejor jugador de la historia en tierra batida y ha ganado a Djokovic muchas veces. La parte GM más alucinante es que la semana pasada perdió en las semifinales de Madrid con Tsitsipas (un jugador con pintaza de número uno mundial en breve). Eliminado por muchos de sus compatriotas y algún que otro francés con miedo a que vuelva a ganar Roland Garros, le dieron por muerto. «Retirada, lo has hecho bien pero no das para más». «Gracias, Rafa», fueron algunas de las frases que se oyeron. Yo no sé si Nadal se para a escucharlas y le sirven de motivación extra. Yo no sé si las ignora para que no le hagan daño. Lo único que sé es que el verdugo de Nadal, Tsitsipas, perdió la final de Madrid con Djokovic y este perdió en Roma a manos de Rafa.

No quiero que compremos el discurso del valor y el empoderamiento (palabra horrorosa donde las haya, por cierto) de una sociedad que alimenta la ficción de que el éxito o el fracaso dependen única y exclusivamente de los méritos propios. Tenemos que poner todo de nuestra parte sabiendo que existen miles de eventos aleatorios que no podemos controlar. Hazlo lo mejor posible y espera paciente. Pero lo mejor posible es algo enorme, un dragón gigante que echa fuego… es lo MEJOR, no algo a medias. Lo MEJOR. Piensa cuántas veces lo has hecho lo MEJOR posible. Deja de pensar porque no vamos a poder avanzar.

Aquí queremos responder a los «por qués» sin buscar excusas. El fundador de Toyota, Sakichi Toyoda, siempre responde cinco veces a la pregunta **why?** hasta encontrar la solución. Porque los problemas muchas veces son síntomas, no problemas. La clave esta en el *why*, el por qué.

Somos personas que se quedan a menudo en la reflexión, la pregunta, el intento. El miedo al resultado nos paraliza porque mientras no decidimos todo es posible. Somos personas conscientes de nuestra finitud que tenemos miedo a no ser suficientes, a que la vida se nos escape entre las manos como si fuera arena. Personas que quieren vivir sin arriesgar, ganar sin poner en juego todo lo que tienen. Quizás pueda ayudarte esta reflexión paradójica que me encanta:

«Vive tu vida como si fueras a vivir para siempre sabiendo que se puede acabar en los próximos segundos».

Esta semana le preguntaban a Rafa Nadal por su trabajo mental y lo que dice es digno de ser repetido aquí de manera literal, así que lo reproduzco palabra por palabra:

«Trabajas a nivel mental cuando saltas a jugar a la pista cada día y no te quejas cuando lo haces mal, cuando tienes problemas o cuando te duele algo. Pones la actitud y la cara correcta y no te sientes negativo con todos los problemas que están ocurriendo. Si estoy jugando mal, si tengo problemas físicos, no son excusa. Yo salto a la pista cada día con pasión por seguir entrenando. Ese es mi trabajo mental. Es algo que he hecho a lo largo de mi carrera. No frustrarme cuando las cosas no salen bien. No siendo demasiado negativo y por eso siempre soy capaz de tener la oportunidad de volver una y otra vez. Estoy en este momento con un título importante y es el momento de seguir trabajando».

Gracias Rafa, no te vayas nunca.

Como ves, el éxito no es flor de un día ni mucho menos. Es meter más talento, trabajo, suerte, constancia, disciplina que el rival que tenemos enfrente. Nada más y nada menos.

La forma en la que te hables a ti mismo, la forma en la que dialogues con tu cerebro, la forma en la que tu yo consciente hable con el inconsciente es fundamental para establecer las bases de cualquier cosa que quieras hacer en la vida. Voy a decirte algo que quizás no sepas: **El cerebro trabaja para ti, no eres tú quien trabajas para él,** pese a que lo parezca por la cantidad de veces que seguimos nuestras creencias y pensamientos como si fueran una verdad suprema que aceptamos sin pensar si la realidad es realmente como la estamos viendo. Porque el mundo es como es, pero para cada uno de nosotros es diferente y por tanto el mundo es como lo vemos cada uno. Esta diferencia –que en algunas ocasiones es grande, otras infinita y en algunos casos no existe– se convierte en la fuente principal de nuestro sufrimiento.

Pero antes de hablar de creencias, de cerebros trabajadores (en momentos de angustia y estrés siempre me imagino que mi cerebro es como el operario al que interpreta Charles Chaplin en *Tiempos modernos*[8], llegando a todos los sitios con la lengua fuera y sin saber realmente lo que está haciendo en cada momento), de pensamientos y cosas más avanzadas, quiero que empecemos por el principio.

En este libro vamos a ir al principio, a la raíz de todo, al núcleo. Vamos a tratar un tema tabú que compartimos como seres humanos pero en el que nunca tenemos tiempo de profundizar. Vamos a hablar de los errores.

> «Rafa está SIEMPRE dispuesto a hacer TODO lo necesario».
>
> **Toni Nadal**

Te pido que la leas un par de veces porque la frase tiene mucha miga. SIEMPRE (en mayúsculas) es siempre, cuando estás cansado, incluso cuando no tienes ganas. TODO es todo, absolutamente todo lo que esté en tu mano (sé honesto porque todo es mucho todo), lo necesario en cada ocasión… Y ahora pregúntate si tú SIEMPRE estás dispuesto a hacer TODO lo necesario para conseguir el ascenso que llevas tiempo esperando, una cita con el hombre que te gusta, entrar en el equipo de natación, estudiar Derecho en Harvard, dejar de fumar de una vez por todas, llegar a tu cifra objetivo de facturación, bajar esos diez kilos que cogiste al cumplir los cuarenta, conseguir el papel protagonista para esa obra de teatro, tocar el piano como un virtuoso… Y así puedes poner cualquier cosa que suponga un reto para ti o se haya convertido en tu meta, tu sueño, tu ilusión o una frustración.

---

8 Si no has visto esta película, ya estás tardando… Maravilla sobre la locura industrial que nos rodea. Es en blanco y negro, no te asustes, y hablan bastante poco…

Las dos palabras clave son **SIEMPRE** y **TODO**. Las quiero poner en mayúsculas y negrita porque son la parte importante. Siempre es siempre. En todos los momentos. Los fines de semana, los días de vacaciones, los lunes cuando la pereza se adueña de los mandos de tu cuerpo. Todo es todo. Dejar la comida basura hasta alcanzar el peso que te ha marcado el médico, entrenar las horas necesarias para hacer la media maratón en el tiempo que te ha marcado tu entrenador. Así que cuando la pereza tome los mandos, quítaselos de inmediato, cuando la procrastinación se adueñe de tu cerebro debes expulsarla sin miramientos (en un capítulo posterior puedes ver cómo hacerlo con una técnica espectacular. Si no puedes esperar vete a la página 208). Es seguir entrenando cuando acabas de ganar el primer Roland Garros pero quieres ganar más y convertirte en una leyenda.

Si cumples esta ley al 100%, entonces podrás hacer casi cualquier cosa que te propongas. (Más adelante hablaremos de las únicas limitaciones que podemos encontrarnos en determinados momentos de la vida).

ERROR

Odiamos la palabra y la espantamos como esa mosca que nos agobia en una tarde fresca de verano. Vamos a empezar hablando de los errores que cometemos todos y cada uno de nosotros y que generan muchos de nuestros problemas. Vamos a dejar de martirizarnos con todos esos momentos antes de emprender el camino de los errores comunes y de los que muchas veces no habrás sido consciente. Pero antes prepárate con un ejercicio práctico que te pondrá en situación:

> **¡ESO NO ES FRACASAR!**
>
> Escribe una vez al mes, durante 10 minutos, una situación reciente donde hayas fracasado, errado, fallado o tomado una mala decisión. Si puedes, que coincidan situación y escritura al mismo tiempo para poder analizar la situación desde muchos puntos de vista. Repite el ejercicio en días alternos para ver si han cambiado las sensaciones, las repercusiones y lo que en realidad ha sucedido como consecuencia de ese fallo. Analiza sus consecuencias y aprende de ello.

El listado que viene a continuación nace después de muchos errores, filtros, asociaciones, experiencias propias y compartidas. No es la piedra Rosseta, no es la pierda filosofal de Harry Potter, no es un tratado de vida. Son errores. Simple y llanamente errores. No contiene ninguna de las claves para dejar de caer en ellos porque seguiremos cometiéndolos, pero este listado me parece algo básico; se lo tendrían que pegar a los recién nacidos en sus cunas, a los niños en clase y a las empresas en sus paredes. Cada uno puede añadir en los márgenes de las páginas los errores que considere que he omitido; también puedes tachar los que consideres repetidos o el clásico «a mí eso no me pasa», «yo eso no lo hago», «sí hombre, a mí me va a pasar eso», aunque esto sería un error en sí mismo; solo quiero que te des cuenta.

Growth Mindset

EJERCICIO: LO SÉ TODO Y ENCIMA SIN DUDAR

Este ejercicio es muy útil para darnos cuenta de que alguna vez estamos equivocados pero pensamos que nuestra versión es la correcta. Pensamos que estamos en posesión de la verdad suprema. Este ejercicio te permite fallar en una zona de seguridad controlada ya que en este libro no pasa nada por fallar, pero el siguiente fallo puede suceder en una reunión de trabajo, en una discusión con tu pareja o en una charla con tus hijos donde no das tu brazo a torcer hasta que ya es demasiado tarde. La próxima vez que tengas certeza al 100% sobre algo, piensa en este ejercicio por favor y escucha lo que los demás tengan que decirte. Lo siento, pero es muy probable que estés equivocado. Este ejercicio nos ayuda a no seguir empeñados en dejar de escuchar a la gente para imponer nuestra sapiencia.

Simplemente tienes que anotar la respuesta que creas cierta e indicar el grado de confianza que tienes en la misma. Es un momento para que no te hagas trampas al solitario y comiences a googlear las preguntas por favor. Esto es para ti. No tengas miedo. Nadie lo va a leer. Es únicamente para tu desarrollo. Estás solo frente al espejo. No tengas miedo de descubrir la verdad. Es parte de tu camino al Growth Mindset. Tienes las soluciones al final del libro.

Si quieres leer más de Rafa Nadal para entender que el éxito no solo es de talento sino de esfuerzo, puedes hacerlo descargándote el contenido de este bidi:

Estas «lecciones» (hay veces que me gusta llamarlas errores, experiencias, consejos, inspiraciones, ideas…), quiero que las leas con atención; son fruto del paso de los años, de mis lecturas, de compartir experiencias, del sufrimiento de los errores cometidos y no aprendidos y que me encantaría que leyeras con atención. Sé que eres una persona que ha vivido mucho, que ha leído mucho, que se ha preocupado por tener un grado de cultura general suficiente para arrasar en sus cenas de empresa con su vasto conocimiento. Eres impresionante. Pero, ya que sabes tanto, que siempre tienes la respuesta para todo, te propongo un ejercicio con el que empiezo muchas de mis clases y seminarios y que espero que te sorprenda.

PREGUNTAS

1. ¿La ciudad de París es la capital de Francia?
   Sí ☐   No ☐   _____%
2. ¿Sidney es la capital de Australia?
   Sí ☐   No ☐   _____%
3. ¿Los cascos de los guerreros vikingos tenían cuernos?
   Sí ☐   No ☐   _____%
4. ¿El camello solo tiene una joroba?
   Sí ☐   No ☐   _____%
5. ¿El hipopótamo es el mamífero más agresivo?
   Sí ☐   No ☐   _____%
6. ¿Un lustro + una década suman 15 años?
   Sí ☐   No ☐   _____%
7. ¿Napoleón tenía una estatura más bien baja?
   Sí ☐   No ☐   _____%
8. ¿Meryl Streep tiene más Oscars que Katherine Hepburn?
   Sí ☐   No ☐   _____%

¡¡NO FALLES!!

Desde edad muy temprana se nos ha inculcado que el error es malo, que fallar es malo. El fallo significa que no te sabías la lección, que no habías estudiado lo suficiente, que eras un vago, despistado o poco inteligente. Estamos rodeados de personas que evitan y se avergüenzan del fallo, que se resisten a él y lo rechazan porque el fallo les hace sentir incómodos. Los fallos deben ser abordados para que sirvan como aprendizajes. Los errores son la simple consecuencia de hacer algo de manera equivocada.

El error es una circunstancia adversa. Quiero distinguirlo de una mala decisión, ya que esta conlleva que no has trabajado lo suficiente en el proceso de análisis, definición de escenarios y toma de decisión y en aplicarlo con rigor.

El secreto de una vida longeva y dichosa es la permanente búsqueda del aprendizaje, la mejora constante y el crecimiento, aunque sea a pequeñísimos pasos. Esto es tener una mentalidad abierta al crecimiento y al desarrollo.

Nota: Lo interesante aquí es ver qué es lo primero que nos viene a la cabeza. Puedes anotarlo junto a tu respuesta; prefiero que falles a que aciertes para que aprendas.

¿En que país se queman más banderas americanas?
_____   _____%

¿Como murió Atila, el «Azote de Dios»?
_____   _____%

* Si en alguna respuesta has puesto 50% después de haber puesto sí o no es que en realidad no «quieres» fallar, y por eso pones 50% para cubrir tu apuesta. No tengas miedo a tomar riesgos. No tengas miedo a fallar. No creas que errar es signo de debilidad. No es malo. Olvida los 50% y toma riesgos.

¿Te ha gustado? Espero que hayas podido captar la esencia del ejercicio porque nos enseña mucho acerca de nosotros mismos.

Quiero que no cometas los mismos errores que he cometido yo, sigo cometiendo y cometeré. Si ya los has cometido, quiero que seas capaz de darte cuenta de ello para tratar de no volver a caer en los mismos errores una y otra vez. Cuando estamos en el suelo (hay veces que creemos que estamos de pie pero seguimos besando la lona) es el momento de plantearse cómo nos vamos a levantar. Cuando nos demos cuenta es cuando podremos empezar a aprender. Y cuando aprendemos podemos empezar a pensar en mejorar.

Los errores son parte del aprendizaje y configuran nuestra relación con el entorno definiendo nuestra personalidad.

Muchas veces el error aparece incluso tras un buen análisis y una buena aplicación de nuestro proceso de toma de decisiones. Es algo inevitable.

Uno de los principales errores que no figura en mi listado, que compartimos todos los seres humanos, es que asumimos que siempre aprendemos de los errores. La sabiduría popular ya lo avisa cuando dice que el burro y el hombre tropiezan siempre en la misma piedra. Porque si aprendiéramos de verdad de nuestros errores, eso indicaría que somos animales racionales, cuando todos sabemos que en la práctica somos irracionales, emotivos, intuitivos, emocionales, incomprensiblemente ilógicos...

Para poder aprender del error debemos seguir los siguientes puntos basados en algo poco común, el sentido común:

1. Reconocer el error una vez se haya producido. Podemos revisar el proceso seguido de toma de decisiones y estar atentos a posibles sesgos en que hayamos podido caer (los veremos más adelante). Si creemos que nos vamos a equivocar y no queremos convertir el posible error en una mala decisión, simplemente nos equivocaremos rápido y al menor coste posible.
2. Análisis del error. Debemos repasarlo todo para detectar cuál ha sido el problema. Debemos conocer si el error ha estado en la toma de decisiones, en el proceso de análisis, la situación del entorno o haber elegido el momento equivocado. Esta es la forma en la que podremos aprender del error.
3. Recordar lo aprendido para no volver a caer en lo mismo. Esta es la parte más difícil, salvo que el error haya supuesto algo realmente importante para nosotros. En ese caso se habrá creado una emoción asociada a ese momento, y nuestra capacidad de recordar se basa en emociones.

Es muy difícil aprender de los errores porque no nos gusta fallar. A nadie le gusta fallar. No conozco a ningún masoquista al que le encante fallar, que se regodee en seguir fallando porque es lo que le hace feliz. Y como en la vida tenemos dos polos de atracción, placer y dolor, lo único que hacemos es alejarnos de uno para acercarnos al otro. El error nos produce dolor y no nos detenemos a aprender de él. Salimos corriendo en busca del placer.

Errar implica que tenemos que esforzarnos en aprender de las cosas que menos nos gusta hacer.

Todos hemos conocido en algún momento de nuestras vidas a personas que aprendieron muy poco de sus errores. Probablemente seamos una de esas personas y quizás no nos hayamos dado cuenta todavía. Este es el momento de recuperar la lucidez.

Todos los errores que vas a leer aquí ya los conoces, alguien ha hablado de ellos alguna vez, los has leído en algún sitio o simplemente te parecen de sentido común. Genial. Solamente quiero volver a recordarte que aprendemos por repetición, aprendizaje hebbiano. Así que vamos a repetir. De hecho, las lecciones que leerás a continuación se desarrollarán en los siguientes capítulos y volverás a leer referencias sobre situaciones parecidas. Darle varias vueltas al calcetín te ayudará en tu proceso de autoconocimiento.

Y sí, hoy me apetece mucho llamarlos lecciones porque así parece que tienen el componente de aprendizaje incluido en su propia definición. Pero ya te he dicho antes que si tú quieres llamarlos errores, aciertos, ideas, reflexiones, cagadas, consejos... hazlo. Pero hazlo, no lo dejes.

Aprender de los errores no es automático, requiere reflexión, pensamiento y consciencia. Podríamos meter disciplina y constancia, pero no quiero que pienses que es demasiado duro y abandones.

Tú o tu empresa no tendréis una buena aceptación del error cuando la gente calle y se reprima a sí misma, se pregunte de quién es la culpa o se castigue el fallo. En el Ejército de aviación israelí tienen 24 horas para reconocer el error y en ese caso el mismo no tiene consecuencias. Si pasa más tiempo es entonces cuando hay represalias. Creo que es una buena técnica para superar la aversión al error. No tengas miedo de expresar estos errores y prepárate para el día en que cometas un gran error, porque ese día llegará. Dedica tiempo al autoanálisis, permanece alerta y busca señales que te indiquen dónde aparecerá ese error. Buscar en lo oculto y comprender lo que sucede es un buen punto de partida.

John Dewey dijo: «la persona que piensa aprende de sus fracasos y de sus éxitos».

Lección 1. No pienses que lo sabes todo
Lección 2. No culpes a los demás por tus limitaciones, errores o fracasos
Lección 3. No pierdas el tiempo con personas LCV (Loser Caloría Vacía)
Lección 4. No tienes tanto tiempo como crees
Lección 5. No dejes de seguir aprendiendo
Lección 6. No dejes fijos tus estándares
Lección 7. Pierde el miedo a la soledad
Lección 8. No pienses que las pequeñas decisiones no tienen importancia
Lección 9. Ten presente que tu cerebro es un tramposo
Lección 10. No dejes de valorar lo que tienes
Lección 11. Maravíllate con las cosas simples
Lección 12. Mira siempre el vaso lo más lleno posible
Lección 13. Recuerda ser un poco espartano
Lección 14. Busca inspiración e inspira a los demás
Lección 15. Libera a tu niño interior
Lección 16. Recuerda el «mens sana in corpore sano»
Lección 17. Practica el da, da, da (del verbo «dar», ¿te suena?)
Lección 18. No permitas que tu ego profesional se ahogue en su estanque
Lección 19. Permítete seguir cometiendo estos errores y otros nuevos

Lección 1. No pienses que lo sabes todo

Deja de pensar que eres un gurú sabio con un conocimiento instalado por defecto en tu sistema operativo. No creas que nadie te puede enseñar. Escucha a todo el mundo, incluso a esa persona a la que nunca has escuchado. Y no hables tanto, por favor. Es cansadísimo tener que escucharte para darte validación y que así te sientas útil. Eres muy listo, sí, ya lo sabemos. Eres más listo que los demás. Eres mejor que los demás. Por favor, este es un momento perfecto para que pienses en ello sin vergüenza, sin que nadie tenga que saber que eres un sabelotodo que en realidad no sabe nada y al que se le ven las costuras. Quizás nadie te lo haya dicho pero es así. Lo siento.

Es fundamental que recuerdes que cada persona sabe algo que tú no sabes (garantizado al 100% y validado por las mejores universidades del mundo). Cuando te cruces con alguien, deberías haber aprendido de él eso que tú no sabes. Para ello es básico escuchar (saldrá muchas veces en este libro. Escúchame. No te asustes). Cuando nos concentramos en escuchar permitimos compartir conocimiento y su desarrollo. Es un acto egoísta ya que conseguimos matar muchos pájaros del mismo tiro: la persona se siente escuchada, se desarrolla a nuestro lado, nos enseña y aprende gracias a ello, nosotros aprendemos, sentimos que un ser humano comparte algo con nosotros. Es alucinante. ¿Por qué no escuchamos más? ¿Me estás escuchando?

El que piensa que lo sabe todo tiene un nombre: ignorante. Cada día estamos rodeados de muchos ignorantes. Los reconozco a la primera porque yo era uno de esos ignorantes sabios. Yo era como un quesito del Trivial[9] humano. Pedante y pesado. Un oráculo al que hacían preguntas y respondía desde la montaña cuando le apetecía. Un gilipollas, vamos. Y como para toda situación hay una frase ingeniosa que la define, yo la escuché hace mucho tiempo: «Si eres la persona más inteligente de la habitación, estás en la habitación equivocada». La vida no va de impresionar a los demás. No vayas coleccionando medallas de sabiduría. Deja al ego con su propio ego. El conocimiento es compartir, colaborar, ayudar. Si no estás de acuerdo y crees que a ti no te afecta, no te preocupes, que la vida ya se encargará de demostrártelo en algún momento.

Recuerdo algo que decía mi abuela, que no hablaba mucho por cierto, y me parece una cosa muy sabia, para que lo metas en tu almacén de humildad: «Si tenemos una boca y dos orejas significa que tenemos que escuchar dos veces y hablar solo una».

Lección 2. No culpes a los demás por tus limitaciones, errores o fracasos

Eres el único responsable de tus actos. No busques la mano negra que quiere que fracases a toda costa porque no existe. Al Universo le importas entre poco y muy poco. Acepta tus limita-

Voy a darte una sorpresa desagradable... No eres tan especial como crees. Eres único, diferente al resto, capaz de hacer cosas alucinantes, pero siempre habrá alguien mejor en algún terreno, más fresco, más joven, más listo, más guapo, más hábil, más todo[1].

Nos han dicho tantas veces que somos especiales que al preguntar a la gente es habitual que esta se considere por encima de la media en bastantes aspectos de la vida. Y eso es algo técnicamente imposible. No podemos estar todos por encima de la media porque entonces dejaría de ser una media. Compárate con otros solo para mejorar; si crecéis los dos es mejor que crecer uno solo, y fíjate en ti mismo y en lo que puedes cambiar. Solo puedes actuar sobre ti mismo. Podrás tratar de influir o persuadir a los demás pero al final ellos decidirán, de la misma manera que lo haces tú.

---

1   Te libero a partir de aquí de esta lección si por casualidad te llamas Leo Messi, Bill Gates, Warren Buffet, JK Rowling, Amancio Ortega o Abraham Lincoln, por ejemplo. Aunque todos ellos saben que a su alrededor hay gente espectacular que es mejor que ellos en diversas materias y muchos de los que acabo de nombrar cometieron errores, se rodearon de personas increíbles, aprendieron y perseveraron.

---

9   Antes jugábamos a un juego de mesa que consistía en acertar preguntas de cultura general. Cuando llegabas al círculo exterior y acertabas ganabas un quesito físico. Después hicieron la versión digital pero en ella no puedes poner el quesito cuando aciertas y eso es lo que más molaba del juego.

¿Cuál es tu excusa favorita? Las dos mías son «no me ha dado tiempo porque me lo han enviado demasiado tarde» y «no sabía que había que hacerlo así». Seguramente no lo dijo Benjamin Franklin pero a él se le ha endosado la invención de la frase perfecta para las excusas: «El que es bueno con las excusas no es bueno en nada más».

LIBRO DE EXCUSAS

Crea tu propio libro de excusas. Cada vez que pongas una excusa ve al libro y anótala. Al final de la semana, con las miles de excusas que tendrás, elige una para desterrarla para siempre de tu vida. Repítelo durante un par de meses y verás el resultado. No te quedes sin excusas...

ciones y tu responsabilidad. Es muy fácil buscar culpables a los que responsabilizar de tus resultados empresariales, personales, etc. Por ejemplo en el trabajo, en ese ascenso que no llega año tras año porque tu superior, que es un torpe profesional, no es capaz de ver tu valía, tus números maravillosos, tu esfuerzo, tu dedicación... Pero, ¿realmente estás siendo el mejor en tu puesto de trabajo?, ¿estás haciendo todo lo posible por ser el mejor en tu trabajo?, ¿te mereces ese ascenso? Permíteme que lo dude por lo menos.

Deja que te cuente la anécdota de Raúl (nombre inventado para proteger la identidad real de la persona en cuestión), un operario de un taller que conocí en uno de mis cursos justo al comienzo de mi carrera profesional. Ambos éramos bastante jóvenes y conectamos. Este operario tenía un trabajo rutinario y monótono en una línea de taller. Había estudiado una formación profesional porque quería ponerse a trabajar al terminar el colegio y no seguir «en la rueda». Pero en su trabajo, a diferencia de sus compañeros de taller, nunca se quejaba. Llevaba un par de años en los que únicamente se dedicaba a ser el mejor en lo que hacía. Realizaba la parte que le correspondía en el menor tiempo posible y con la máxima eficiencia y calidad. El cambio surgió en él por casualidad. Todo comenzó para no aburrirse en su trabajo, que le resultaba monótono y físicamente agotador. Decidió que se cronometraría para hacerlo más rápidamente y así tener un objetivo a batir. Cuando su velocidad hubo aumentado exponencialmente dedicó su empeño a mantenerla y superar los estándares mínimos que debía cumplir en materia de calidad. Esto lo hizo todos los días a lo largo de su jornada laboral.

Su desempeño hablaba por él; no tenía que decir nada ya que destacaba mucho sobre el resto. Pero el ascenso no llegaba. Jamás se quejó. Siguió con sus tiempos y sus estándares de calidad sin importar lo que le dijeran sus compañeros, que no entendían el motivo de un esfuerzo que nadie parecía apreciar. No le importaba; él seguía haciendo su trabajo de la mejor manera posible. El problema llegó cuando se dio cuenta de que estaba cerca de alcanzar el umbral de su propia perfección. Tenía que llegar en algún momento ya que se trataba de un trabajo puramente mecánico y sin posibilidad de innovación. ¿Cuál fue su actitud? Se apuntó al curso de acceso a la universidad para mayores de 25 años y de ahí saltó a la Universidad a Distancia para obtener, con mucho esfuerzo, su licenciatura en Ingeniería Mecánica. A su ritmo, sin prisas pero con una única idea en la cabeza: ser ingeniero cuatro plantas más arriba de donde desarrollaba su tarea como operario.

«Yo soy el único responsable de mi desarrollo profesional y el esfuerzo corre de mi cuenta» era la frase que tenía grabada a fuego en su mente. Mantuvimos el contacto a lo largo de los años ya que me pareció una historia inspiradora.

Al cabo de los cinco años llegó el esperado ascenso.

Pero no fue un ascenso a jefe de sección en el taller sino a la cuarta planta, como integrante de la oficina de diseño técnico de piezas, donde su currículum profesional, su desempeño por encima de lo esperado en el taller año tras año, la relación con sus compañeros y superiores sin una sola queja o mala cara a lo largo de los años y sus recién adquiridas competencias universitarias en ingeniería le convirtieron en un profesional completo, que conocía la empresa y estaba 100% comprometido.

La próxima vez que pienses que el ascenso es culpa de tu jefe acuérdate de lo que hizo Raúl.

Cada uno tenemos nuestro propio libro de excusas que esgrimimos a la menor ocasión. Y lo más sorprendente es que siempre hay una excusa que encaja con el problema, pero misteriosamente esa excusa nunca es capaz de solucionarlo.

Lección 3. No pierdas el tiempo con personas LCV (Losers Caloría Vacía)

El tercero de los errores es no poner a los roba tiempo y energía en su sitio, pues hay que pedirles que te dejen seguir con tu vida y se busquen otro al que molestar.

Seguro que alguna vez has conocido a alguien que misteriosamente siempre tiene mala suerte; todo le sale mal, es un cenizo y un pelmazo, cuando en realidad lo que le sucede es que es igual que una caloría vacía: te aporta energía mientras te engorda con cero nutrientes. Estas personas son como las golosinas que nunca cogerías en la tienda. Se te adhieren a los michelines y ahí las tienes hasta el infinito. Revolotean a tu alrededor sin parar de moverse, poniéndote nervioso con sus

> El vampiro emocional se disfraza muchas veces de ladrón de tiempo, el tiempo valioso que tenemos y que es parte de nosotros. Si has leído *Momo*, el clásico de Michael Ende, sabrás de qué estamos hablando. Si no has tenido la oportunidad de leerlo te lo voy a resumir. Los ladrones de tiempo se llamaban los hombres grises y su única función era robarte tu tiempo. Así de simple y de duro. Para pasarlo a mi experiencia y ayudarte a visualizarlos, imagina el clásico empleado de banca. Un tío gris, aburrido, esperando durante treinta años la prejubilación, apuntado al sindicato mayoritario de la entidad, con ojeras y sin capacidad para sonreír. ¿Lo tienes? Siempre vistiendo de gris, gris marengo para el traje, gris ceniza para el pelo y gris plomizo para el cerebro. Ante semejante paleta de grises, no queda otra que llamarles «hombres grises Momo». Ten cuidado con ellos; cuando menos te lo esperes te habrán quitado esos preciosos minutos para poder estar con tu hijo, hacer deporte o ir al teatro con tu pareja. Habrán organizado una reunión de última hora para no tener que ir a sus grises casas y estarán alimentándose de tus valiosos segundos. Cuidado…

> Los LCV son expertos en robar tu energía. Son vampiros emocionales. Si has visto la nueva versión de la serie *Lo que hacemos en las sombras* podrás ponerle cara y nombre a uno de estos vampiros. Esta serie, muy divertida por cierto, narra la vida de tres vampiros que viven en Staten Island para tratar de conquistar el mundo desde ahí. Está rodada en formato de falso documental y tiene un punto gracioso. Existe un cuarto vampiro llamado Calvin que en realidad es el más poderoso de todos. Es un vampiro emocional y se alimenta del tiempo y la energía de otras personas. Su *look* lo dice todo. Anodino, pereza, pesado, chaleco gris, roba energía… Siempre se le ve en su oficina interactuando con otras personas y robándoles la energía en situaciones cotidianas en las que te verás reflejado. Te ayudará a detectar a los Calvin de tu alrededor y mantenerles alejados al máximo. Aleja a los Calvin.

> Tienes tiempo de buscar tu pasión, no tengas prisa. Estás a tiempo de buscarla, tengas la edad que tengas.

preocupaciones sin aportar absolutamente nada. Bueno, algo sí que aportan. Cargan de piedras la mochila de tu vida para que vayas más lento. Y les llamo *losers* porque siempre pierden y quieren que tú también pierdas para que seas de su equipo de perdedores. Siempre tienen una mano negra detrás para justificar todo lo mal que les va en la vida. Se alimentan de tu decepción y te ayudarán a buscar una excusa porque son personas que tienen la lección anterior como un mantra, con un libro de excusas más gordo que el libro de Petete[10]. Son excusadores profesionales.

Existe una gran posibilidad de que las personas de tu entorno no piensen como tú, no compartan las mismas metas, no quieran o no luchen por lo mismo que tú. Perfecto. Pero no deben pasar a tus dominios. Debes dejar que se queden fuera del jardín porque arrasarán con todo lo que tienes. Tratarán de decirte que no puedes pero sin argumentarlo, te dirán que eres como ellos y que no estás llamado a eso que estás haciendo. Son Fixed Mindset, ya que siempre creen que las personas no cambian y que no se puede cambiar. Piensan que la inteligencia y el talento vienen de serie y son inamovibles.

Hay personas que quieren vivir una vida tímida, viendo la televisión, criticando a otros y haciendo ver que ellos no fueron capaces de hacer lo que tú haces. Personas que no quieren nada de la vida.

No les regales tu tiempo a personas que, hagas lo que hagas, siempre te van a criticar o van a dudar de tus capacidades. Escucha a las personas adecuadas. Aprende a ver a las personas que construirán contigo el camino hacia tu crecimiento.

No permitas que la gente que no lo pudo hacer consiga que tú no lo hagas. No les des tu energía y tu tiempo. Es demasiado valioso.

Pregúntate cuál es tu estrategia para luchar con ellos, cuál es tu estrategia para el tiempo de vida, para el trabajo, para tus relaciones… ¿Estás gastando bien tu único recurso limitado, carísimo e insustituible?

---

10 Entra en Internet para ver el tipo de conocimiento al que aspirábamos cuando éramos pequeños…

Growth Mindset

Lección 4. No tienes tanto tiempo como crees

Cuando eres joven no imaginas que el tiempo puede llegar a terminarse. Hasta que te topas de bruces con la muerte y de repente te das cuenta de que estás escribiendo un libro sobre cambiar tu mentalidad y hablas de la finitud del tiempo, la muerte y lo rápido que pasa todo. Desgraciadamente el tiempo que tenemos son matemáticas y estas no mienten. El tiempo nunca se detiene a esperarte aunque se lo pidas de rodillas.

El tiempo es un elemento que hemos creado de lo más curioso. Digo «hemos creado» porque existe desde el momento en que lo cuantificamos a través de los relojes, convirtiéndonos en sus esclavos[11]. Es curiosa la importancia que les damos a los relojes ya que en cualquier dispositivo que esté a la altura de tus ojos, y son millones y sobre todo con el teléfono móvil, eres capaz de saber la hora que es de manera exacta.

No tienes tanto tiempo como crees.

Para ser honestos debo decirte que esta afirmación es un poco trampa ya que siempre estamos a tiempo de darle un giro radical a nuestras vidas[12].

El tiempo como ves es relativo. La duración de las horas, los minutos y los segundos de todo un día es relativa. Y si no lo crees, prueba a sujetar una taza de té hirviendo. Cada segundo que pase te parecerá un año. O mira el reloj en la oficina cuando sientas que llevas dos horas de trabajo, levantas la cabeza y ves como la aguja solo ha avanzado siete minutos. Al contrario sucede lo mismo. Una cena con tu pareja, un rato con amigos, una reunión con tu familia, una película donde apenas respiras, los últimos minutos cuando tu equipo va perdiendo; el tiempo parece pasar volando.

El Coronel Sanders, el creador de Kentucky Fried Chicken, antes de ser empresario de comida rápida fue vendedor de seguros, bombero, marino mercante, granjero y cocinero. En 1929 desarrolló su famosa receta secreta de pollo frito con 11 especias, que patentó en 1940 y franquició por primera vez en 1950 a los 60 años. Estás a tiempo de ser como el Coronel Sanders…

El actor Samuel L. Jackson, hasta 1994, con la película *Pulp Fiction*, no tuvo su primer papel protagonista. Con una vida personal marcada por las drogas y un estilo de vida «poco recomendado», fue actor secundario de muchas películas desconocidas y otras míticas como *Godfellas* o *Jurassic Park*. Fue la exitosa película de Quentin Tarantino la que puso la primera piedra para convertirlo en la súper estrella de Hollywood que es hoy en día. En su primer papel importante tenía 45 años.

---

11 A modo de curiosidad, te diré que yo no llevo reloj desde la primera comunión, cuando me regalaron un reloj calculadora que me pareció algo terrible. ¿Para que quería yo un reloj con una calculadora? La curiosidad viene en este caso de mi capacidad de saber la hora que es en todo momento con diez minutos de error. Es como si el cuerpo hubiera activado un reloj biológico interno que me mantiene en todo momento conectado al resto de la humanidad pero sin la tiranía de las horas.

12 Recuerda, un giro de 180 grados, porque si lo das de 360 grados, tal y como lo escucho yo demasiadas veces a mi alrededor, te vas a quedar tal y como estás pues es un giro completo para volver a la misma posición.

El tiempo pasa, y pasa muy rápido, así que es tu deber aprovecharlo. Recuerda que quizás un día no te despiertes nunca más y entonces nada importará, pero no volverás a vivir esta maravillosa, loca, efímera y sorprendente vida que nos ha tocado vivir.

Dorothy Steel es una mujer nacida en Detroit en 1926. Treinta años después de jubilarse como agente federal del gobierno[1] empezó en el mundo de la actuación por casualidad hace diez años cuando tenía 82 años en el centro de mayores al que acudía regularmente. Hace tres años empezó a aparecer en anuncios y series de televisión. Inicialmente rechazó el papel que le ofrecían y que le ha cambiado la vida convirtiéndola en una celebridad. Para ese papel se preparó con vídeos de Nelson Mandela para perfeccionar el acento africano que le exigía el guion. En marzo de 2017 se enfrentó a doce horas seguidas de rodaje y una hora de maquillaje diario para el rodaje de la superproducción de Marvel. Su mentalidad no puede ser más GM. Estas son sus palabras cuando le preguntan por su secreto:

«Todo lo que debes hacer es dar el paso e intentarlo. Y si no lo logras al primer intento, sal de nuevo y encontrarás algo en lo que puedas destacar. Pero no te sientes y descanses. La vida no es sobre quedarse atrás. La vida va sobre ir hacia adelante».

¡Qué suerte tenemos de estar vivos!

Lección 5. No dejes de seguir aprendiendo

Conviértete en el eterno aprendiz. Es una de las claves para que mantengas tu cabeza activa y con ganas de buscar alimento cerebral todos los días de tu vida. Interésate por todo. Apréndelo todo. No dejes de aprender. Cuestiona. Pregunta. Duda. Reconoce que no sabes.

El proceso de aprendizaje no es realizar las doce pruebas de Hércules[13]. No es una tarea titánica e imposible. Es mucho más sencillo y debe ser algo que hagas de manera consciente, voluntaria y entusiasta.

Busca maestros en los que inspirarte. Pueden ser personalidades del mundo de la cultura, la empresa, el arte, la filantropía o el deporte. También debes ser consciente de la cantidad de maestros anónimos que te rodean. En tu barrio, en tu trabajo o en tu familia existen personas que te inspirarán con su lucha diaria, su historia de superación, los logros conseguidos y las metas alcanzadas. Todos ellos habrán superado obstáculos que más tarde tú seguro que encontrarás en tu camino. Para poder encontrar a estos maestros debes aprender a escuchar, perder el miedo a preguntar e interesarte por las personas.

Aprende todos los días. Mejora todos los días. Desarróllate todos los días hasta el último de tus días. La vida es una sucesión de momentos de todos los días.

---

[1] Si no sabes quién es, escribe su nombre en Google y verás que es una de las ancianas de la película *Black Panther*, basada en un cómic de Marvel y éxito de taquilla y crítica.

[13] En penitencia por matar a su mujer e hijos, la sibila del Oráculo de Delfos le dijo a Hércules que tenía que llevar a cabo los doce trabajos que le mandara Euristeo. Entre ellos matar al león de Nemea, a la hidra de Lerna, limpiar los establos de Augías, capturar al toro de Creta, sacar a Cerbero de los infiernos... Vamos, una locura.

Lección 6. No dejes tus estándares fijos

El error número seis aparece cuando te relajas demasiado, cuando estás donde debes estar y comienzas a sentir complacencia y ganas de parar y regodearte.

Has alcanzado el éxito. Has superado tus creencias limitantes, tus límites imaginarios, tus miedos saboteadores y las suposiciones falsas. Enhorabuena. Ya estás en la cima… pero no eres feliz. ¿Y ahora qué hacemos?

Recuerda que la vida no te da lo que quieres sino lo que necesitas.

Sigue buscando lo que quieres y simplemente eleva tus estándares un poco cada día. Es la única forma de seguir mejorando y alcanzar el potencial que te hará llegar a la felicidad.

Uno de los problemas de dejar fijos tus estándares es la probable aparición de un error, una mala decisión o un fallo en alguno de los ámbitos de tu vida. Ese competidor que te ha quitado un cliente, ese amigo que ya no te llama con tanta frecuencia, esos compañeros de clase que no te consultan dudas como antes, ese partido de pádel semanal donde has empezado a perder semana tras semana cuando antes siempre ganabas. Pueden ser situaciones sin importancia o eventos que muevan la rueda en la dirección equivocada.

Si ya dominas una tarea o hábito en concreto, prueba a elevar el listón unos centímetros. Desafíate. Estamos hablando de tu vida y tus estándares. Solo tú los conoces y sabes que puedes elevarlos para seguir creciendo. Paso a paso, poco a poco.

Dejar fijos tus estándares tiene varias vertientes. Existe la confianza del que lo hace bien y cree que el resto no va a dar más pasos para alcanzarle. Otros no salen de lo que mejor hacen para no acercarse a las líneas rojas del error sin saber que es la única zona donde realmente mejoramos y crecemos. La mayoría tiene la teoría de no hacer más de lo que le piden porque «total, para qué…». Pues para que crezcas y hagas crecer a los que te rodean.

Cuando ya domines una tarea como el mejor de los expertos, cambia de tarea y empieza de cero para poder tener nuevos estándares que superar.

¡LA CURIOSIDAD DEL APRENDIZAJE!

Prueba durante dos semanas a realizar el siguiente ejercicio. Que una de las primeras cosas que hagas cuando te levantes sea preguntarte: ¿qué voy a aprender hoy? Al final del día anota en un cuaderno cuál ha sido el aprendizaje, las personas implicadas y la situación. Y no te acuestes sin haber completado esta tarea. Anota los resultados tras las dos semanas y decide si quieres prolongar este ejercicio a lo largo de todo el año. Tú decides. Tu misión es salir a la búsqueda del aprendizaje. Permanece con los ojos bien abiertos porque la oportunidad está delante de ti esperando a que la abraces. Que tu meta sea crecer y evolucionar a través del aprendizaje constante. Cada día te darás cuenta de tu potencial y esa es la única manera en la que podrás seguir llevándolo al siguiente nivel.

SUBE UN PELDAÑO

Jan Oblak, portero del Atlético de Madrid y uno de los mejores guardametas del mundo, comentó recientemente en una entrevista que no había ningún aspecto de su juego en el que no pudiera mejorar. Michael Jordan se propuso ser mejor defensor y lo consiguió cuando sus rivales comenzaron a criticarle por «solo atacar y no saber defender». Paco García Paramés, uno de los inversores con mejores resultados en España, siempre vuelve a la fórmula de trabajar más cuando comete un error por caer en la complacencia. Si sientes que estás llegando a tu límite, sube un peldaño.

Quiero que sepas que el secreto es seguir aprendiendo, seguir siendo curioso, seguir dominando una tarea hasta que llegue la siguiente. ¡Hay tanto por aprender, tanto por descubrir y tan poco tiempo!

Innova, mejora, busca, desafía, persigue... Hacer cosas difíciles siempre es más placentero y desafiante. Y no olvides que cuesta lo mismo hacer las cosas bien que hacerlas mal.

Lección 7. Pierde el miedo a la soledad

El séptimo de los errores es pensar que siempre tienes que estar acompañado, que no puedes hacer nada solo.

No sabemos estar solos. Solos con nuestros pensamientos. Solos con nuestras emociones. Solos en nuestro aburrimiento. Solos en nuestra vida.

Por supuesto que siempre que la compañía mejore la soledad, cosa que a veces no sucede, estaremos mejor acompañados. No necesitamos de otras personas para poder vivir. Necesitas saber vivir contigo mismo. Solo desde ahí podrás crecer y ayudar a otros. Solo desde ahí podrás desarrollar una mentalidad de apertura al cambio y al desarrollo.

Somos seres sociales y necesitamos de los demás para desarrollarnos, protegernos y reproducirnos. Ha sido así desde la época del descubrimiento del fuego. Juntos como tribu teníamos muchas más opciones de sobrevivir y dejar descendencia. Cuando se crearon los primeros vínculos aprendimos que nos complementamos, que nos gusta estar con otras personas, que nos sentimos seguros en manada. Todos tenían clara su función dentro del grupo y la interacción era constante y directa. ¿Qué es lo que sucede ahora? Personas que mueren en su domicilio y nadie se entera hasta meses después. Gente joven que tiene cuatrocientos mil amigos en Facebook y ninguno para hablar o tomar una cerveza. Personas que no saben qué hacer si se quedan solas. Personas que siguen en relaciones tóxicas que les restan porque no saben estar solas. Personas a las que la soledad les da más miedo que los peligros reales.

Estamos conectados, es lo que da sentido a la vida y el motor de todo. Pero por si en algún momento la vida te lleva por el camino de la soledad, aprende a estar solo. Disfruta de tu soledad. Conócete. Cuando pasas tiempo solo, tienes tiempo de estar más tiempo contigo mismo y ver quién eres. Cuando siempre estás con otros puedes acabar convirtiéndote en un producto suyo, de sus ilusiones, sus sueños y sus expectativas.

Lección 8. No pienses que las pequeñas decisiones no tienen importancia

El aleteo de una mariposa en Murcia puede crear un maremoto en Tokio. La frase la habrás oído mil veces con distintas ciudades y efectos meteorológicos. Hay gente que la cree a pies juntillas (me encanta esta expresión) y grupos de personas que la odian. Es el llamado «Efecto mariposa» o, dicho de manera más científica, la «dependencia sensitiva de las condiciones iniciales». Se le adjudica al matemático Edward Lorenz, que realizaba un modelo matemático de predicciones climáticas. Se dio cuenta de que cualquier pequeña perturbación en la entrada de datos producía una gran alteración en el resultado obtenido. Porque la vida solo puede ser estocástica o determinista. La estocástica dice que todo es aleatorio. Desde su definición matemática, el determinismo por el contrario nos habla de suceso y resultado. Las mismas variables de entrada generan las mismas variables de salida siempre, sin posibilidad de azar o incertidumbre. En los seres humanos, cuando se introduce una variable esta pasa a formar parte del organismo generando un resultado totalmente impredecible. El determinista cree que siempre pasará lo mismo, así que mejor no hace nada y no malgasta energía en balde.

Yo creo que la vida es estocástica pero que tenemos mucho que ver en ese «azar» que se genera, ya que con nuestros actos hacemos que comience a volar la mariposa. Lo que está claro es que nada te va a pasar si te quedas en casa, esperando a que las hadas y los duendes confabulen para que te sucedan cosas maravillosas. Sal a la calle y decide si ir a derecha o izquierda, si cuidarte o engordar, si llamas a tu amigo o esperas a que te llame él.

EL TODO ES MAYOR QUE LA SUMA DE LAS PARTES

El ser humano es un ser social que vive en comunidad desde hace muchísimo tiempo. El único problema es que somos islas formando un archipiélago. Somos una comunidad social de individuos que tienen que lidiar con problemas, dudas y soluciones individuales. Es importante conocerse a uno mismo ya que la fuerza de un equipo estará limitada por su eslabón más débil, así que tu equipo nunca será mejor que tú. Tú pones el nivel al que llegaréis y, por supuesto, juntos somos más fuertes; es lo que nos ha hecho llegar hasta este momento. Soy un fiel defensor del holismo y estoy seguro de que avanzamos más lejos si vamos acompañados. Como dicen en Golden State Warriors, el equipo campeón de la NBA, *Strength in numbers* (juntos somos más fuertes). La única dificultad en esta complicada empresa que es vivir en sociedad es aprender a estar solos para poder aportar lo máximo al grupo.

«No vemos el mundo como es, vemos el mundo como somos».

TALMUD

Cuando los británicos introdujeron el golf en India se toparon con muchas dificultades. El problema fundamental al que se enfrentaron los jugadores del Royal Calcuta Golf Club fueron los monos, que sentían una atracción por las pequeñas bolas blancas que aparecían bajo sus arboles. Las recogían y las depositaban en cualquier lugar una vez se habían aburrido de ellas. No funcionó nada contra ellos. Vallas, sonidos para ahuyentarlos. Lo único que funcionó fue la adopción de una nueva regla: «*Juega tu bola donde la deje el mono*».

Tu vida es el resultado de pequeñas decisiones: salir de casa unos minutos más tarde y evitar ese accidente mortal que te estaba esperando a la vuelta de la esquina o llegar antes al trabajo y darte de bruces con la muerte en forma de maceta que cae de un balcón en ese momento sobre tu cabeza. Cualquier pequeña decisión que tomes en el desayuno, al mandar un *email*, al rechazar un proyecto o aceptarlo, está marcando los siguientes pasos de tu vida.

- Pequeñas decisiones, grandes resultados
- Pequeños actos cotidianos cambiarán tu vida para siempre
- Pequeñas frases adoptarán significados diferentes para cada una de las personas que las lean

Somos conscientes de la existencia del azar pero no terminamos de entenderlo. El cerebro crea pautas basándose en la experiencia, pautas que casi nunca se cumplen ya que la vida incluye azar y este no se puede predecir. Podemos sacar conclusiones equivocadas en nuestras predicciones porque ignoramos cosas que suceden y que no podemos ver. Buscamos la complejidad cuando a veces no hace falta. Siempre vamos a lo más rebuscado cuando la realidad se mezcla con la aleatoriedad. Existen miles de opciones que al final no sucedieron que no han influido en el evento en cuestión, pero nadie sabe qué sucederá la próxima vez.

La Navaja de Ockham es conocida gracias a Guillermo de Ockham, franciscano, filósofo y pensador de la escuela lógica escolástica del siglo XIV, nacido en Ockham, Reino Unido. Guillermo de Ockham formuló este principio aplicando el símil de una navaja para eliminar los supuestos innecesarios de una teoría, algo que en nuestros días se antoja imprescindible ante la cantidad de información y Big data ruidoso que llena nuestras horas. Cuánto ruido para tomar decisiones cuando lo que necesitamos es silencio.

«*Pluralitas non est ponenda sine neccesitate*».[14]

Si para explicar un fenómeno determinado tenemos dos o más hipótesis, lo más razonable es aceptar la más simple o la que presenta menos supuestos no probados. Por tanto, cuando dos o más explicaciones están en igualdad de condiciones, no se debe tener en cuenta una explicación complicada si existe una más simple.

14   La pluralidad no se debe postular sin necesidad.

El problema ahora es que la aplicación de herramientas sencillas a modelos complejos no me parece una idea con visos de terminar bien. Debemos tener en cuenta que todas las situaciones influyen en la complejidad del evento que acaba de ocurrir y no teníamos previsto. Como decía mi socio, *life is stocastic*.

Pero no pienses solo que hablamos de grandes pequeñas decisiones, como por ejemplo decir sí o no a una oferta de empleo a 1.500 kilómetros de tu país. La decisión también es pequeña y simple; se puede tratar de decir sí o no. Las consecuencias cambiarán sin duda tu vida y tus siguientes años. Aquí me refiero también a decisiones banales como ir a una charla de ese tema que te da pereza, reunirte con tus compañeros de promoción, comer brócoli en lugar de ese grasiento plato que te encanta, coger el metro en lugar del autobús, ir por el camino habitual al trabajo o coger una ruta alternativa…

Lección 9. Ten presente que tu cerebro es un tramposo

Uno de los errores clave y menos conocido: no te das cuenta de que tienes un cerebro primitivo y cavernícola en un mundo digital y acelerado.

Es un tío curioso el cerebro. Un mecanismo de control, una especie de ordenador central con un *bluetooth* permanentemente conectado al resto de tu cuerpo. Tienes un ordenador de máxima potencia y capacidad y está a tu servicio. Vive por y para ti. Y el cerebro quiere que sigas con vida porque es la única forma de seguir enchufado, por lo que solo está pensando en sobrevivir, creando planes y haciéndose películas que la mayoría de las veces no llegan a convertirse en realidad.

Sabiendo que es un tramposo debemos aprender a reconocer las cosas que pasan en la realidad y distinguirlas de las cosas que solo pasan en tu mente. El mundo es como es. Esto es indiscutible y es un hecho. Una casa es una casa, el agua es agua y si no te alimentas al final mueres. Pero lo importante es darse cuenta de que para cada uno de nosotros el mundo es tal y como lo vemos con nuestros ojos. Nuestra realidad es lo que sucede en nuestra mente, así que tenemos que estar atentos a las trampas. Para el ojo experto, una posible avería eléctrica

ACUÉRDATE DE GLENN CLOSE

Habrá ocasiones en las que tendrá tentaciones para engañar a tu pareja, profesionales para traicionar a tu empresa o traicionar a otros… Una vez escuché el razonamiento de un amigo para poder lidiar con estas situaciones y creo que podría funcionarte.

El ejercicio consiste en imaginarte con la persona que te ha tentado (en lo personal o en lo profesional, ahora no es importante), 10 días después de tomar la decisión de haber abandonado lo que tienes por la nueva promesa. Revisa cómo te sientes, cómo estás y si crees que estarías mejor que como estás ahora.

Después haz lo mismo con 10 meses. Han pasado diez meses desde que tomaste la decisión de cambiar. Observa cómo te sientes, qué tienes a tu alrededor, qué has ganado, qué has perdido por el camino y si estás contento con la decisión tomada.

La última de las fases del ejercicio es imaginarte a los 10 años de haber tomado la decisión, con el consiguiente cambio vital que ha supuesto, ya que los caminos y las decisiones que has ido tomando habrán conformado un nuevo tú.

Creo que es un buen punto para ver si te compensa el cambio que te ofrecen, si debes sucumbir a la tentación, si priman más tus sentimientos hacia la persona o empresa en la que estás que lo que se te ofrece.

puede deberse a un importante fallo general mientras que para el resto de los mortales pasa desapercibida. Para el paladar de un experimentado chef tres estrellas Michelin, un alimento puede sugerir cientos de combinaciones de sabores y emociones mientras que para cualquiera de nosotros simplemente «está salado» o «pica». Hay estudios que demuestran que los esquimales pueden distinguir más de treinta tipos de blanco, así que imagina cómo podemos ser engañados.

Más adelante trataremos en profundidad en las trampas que emplea el cerebro para sobrevivir. Ahora quiero únicamente que te quedes con el dato que te servirá para sacarle partido al ordenador que llevas en la cabeza durante el resto de tu vida. El cerebro solo quiere sobrevivir y para ello necesita de la estructura que lo alimenta, que le da protección... o sea tú. Así que decidió hace mucho tiempo que su única vocación era trabajar a las órdenes de ese huesudo esqueleto que le acompaña a todas partes.

El cerebro trabaja para ti. Solo tienes que saber cómo hablarle, qué decirle y qué transmitirle.

Lo vemos fácil con un ejemplo rápido.

Imagina que tienes una presentación importante (que luego nunca es tan importante, pero eso ahora no importa). Estás muerto de miedo, te empiezan a sudar las manos, sabes que te va a temblar la voz y sientes que no estás preparado. Te miras la camisa y tus axilas se acuerdan de Camacho en el Mundial de fútbol. Hay mucha gente esperando para ver cómo te equivocas; de hecho, es lo mismo que haces tú cada vez que alguien presenta algo. Eres la persona que siempre está preparada para encontrar el error lo más rápido posible y hacer sentirse mal a la persona que está exponiendo. No ves el error como algo para poder crecer y avanzar. Ves el error para dejar a la gente en ridículo y demostrar su falta de profesionalidad y tu capacidad de análisis alucinante. Así que toda esa gente, sedienta de sangre, hará lo mismo contigo. ¡*Fucking karma*!

Quedan un par de minutos y tus únicas frases a ti mismo suenan igual: «no puedo hacerlo», «fracaso garantizado», «despido procedente». Así que el cerebro se pone a trabajar

---

Y, como regalo extra, mi consejo y recomendación, en caso de que aparezcan en ti las ganas de serle infiel a tu pareja: busca la película *Atracción Fatal* de Glenn Close y Michael Douglas. Creo que se te quitarán las ganas de tener una relación fuera de tu pareja.

La sinceridad es fundamental en el camino del GM, así que si no quieres estar con una persona, pese a que lleves años con ella, si no quieres estar en el trabajo donde estás, bien considerado pero no encuentras tu camino, no lo dudes. Sé sincero, no hagas daño y toma una decisión, pero no juegues a dos bandas ni te guardes ases bajo la manga.

Siempre empiezo el primer día de mis clases diciéndoles a mis alumnos que cuando no sepan qué hacer en la vida, cuando se enfrenten a grandes crisis trascendentales, decisiones de las que parece depender el destino de la humanidad, simplemente hagan algo y vean qué pasa. La estrategia que tengamos a largo plazo se verá afectada por las pequeñas decisiones tácticas que acometamos e irá cambiando sin que nos demos cuenta. Puedes cambiar el paso con un pequeño gesto; ten por seguro que significará mucho.

para aliviar tu sufrimiento. Recuerda que trabaja para ti. Él toma los mandos y comienza a producir cortisol (hormona del estrés) en cantidades industriales. Sudor en las manos como si fuera una charca, piel blanca como si fueras protagonista de *Crepúsculo*[15] y parálisis aguda en todo el cuerpo. Estás a punto del desmayo por el ataque de pánico nivel Defcon 1[16] que te acaba de producir tu amigo cerebro. Dale las gracias porque ya no tendrás que enfrentarte a aquello que te aterraba. Se acabó. Presentación anulada y fin del problema. Y encima el tío está satisfecho. El cerebro acaba de cumplir con su misión perfectamente. Tenías miedo de hacer la presentación y al final no la has hecho. Listo. Siguiente desafío.

Lección 10. No dejes de valorar lo que tienes

El error número diez sucede cuando damos por sentadas las cosas importantes de la vida por el mero hecho de tenerlas.

Mientras escribo estas líneas voy en el autobús Premium de Alsa de Madrid a San Sebastián a ver a mis sobrinos. Delante mío viaja un hombre de mediana edad, calvo y bastante enfadado con el mundo. Su problema es que le mandan del trabajo de Madrid a un lugar lejano, por una ruta económica, haciendo escala en París donde llega hoy a las cuatro de la tarde y donde tiene que pasar la noche para volar mañana a las 9 de la mañana rumbo a Asia.

Ya empezando el viaje en autobús ha perdido mucho tiempo de su vida en quejarse a todo el mundo en ocho llamadas, no ha descansado, no ha aprovechado esas horas para leer, formarse, respirar, meditar, no ha visto una sola película, no ha tomado ni un refresco[17] de los que ofrecen a bordo del autobús. Realmente, ¿dónde está el problema? Si tienes que dormir en París una noche pues aprovechas y conoces la ciudad porque tienes toda la tarde libre, y como no tienes otra opción

¡¡GRACIAS!!
Tienes suerte de tener lo que tienes. Tienes una suerte que alucinas. Piensa en otras personas en tu misma ciudad, tu mismo barrio o tu oficina. Seguro que hay personas que creen no tener nada y en realidad lo tienen todo. Solo hay que querer verlo, agradecerlo y disfrutarlo.

---

15 Película que arrancó una saga cuya primera entrega puede tener un pase pero las siguientes son un pelín forzadas. Vampiros, hombres-lobo y hormonas adolescentes.

16 Que es el más alto de todos. Cuando estamos en Defcon 5 no hay apenas peligro, lo escucharás al revés en tu día a día.

17 El viaje premium de Alsa es magnífico, cómodo, con servicio de bebidas y aperitivo a bordo, entretenimiento... nada de lo que quejarse.

DIARIO DE GRATITUD

El ejercicio que te propongo hacer aquí es un diario de gratitud donde cada noche escribas las cosas por las que estás agradecido. Si no te viene ninguna a la mente, te ayudo a empezar desde lo más básico; estás tan acostumbrado a todo lo que tienes que solo eres capaz de ver lo que no tienes. Tienes agua potable siempre que quieres, tanto para tu higiene personal como para beber, cosa básica y sin la cual te morirías en pocos días. Hay gente que no tiene agua y tiene que desplazarse kilómetros para conseguirla. En España, hasta no hace muchos años no funcionaba el sistema de depuración de agua fantástico del que ahora disfrutas sin valorarlo. Las personas tenían que llenar cubos de agua, limpiar la ropa en el río, bañarse en pantanos o arrojar el agua sucia por la ventana… ¡Agua va!

Tienes comida. Sí, ya sé que quizás no es la comida que más te gusta. Quizás tengas solo para comer carne, pescado, pollo, verduras, fruta, embutidos, pasta, legumbres, arroz, patatas….

Tienes una casa donde poder refugiarte del mal tiempo, donde poder descansar, encontrar cobijo en los malos momentos. Seguro que tienes algún tipo de servicio de televisión en *streaming* (Netflix, HBO, Movistar…). Prácticamente seguro. Así que agradece que puedes elegir qué ver en tu televisor y recuerda que hace unos años no existía este servicio. Ya van cuatro y casi sin pensarlas.

porque tienes que hacerlo, pues adáptate y deja de quejarte. Me recuerda a los futbolistas a los que el árbitro amonesta con tarjeta amarilla y siguen protestando airadamente hasta que consiguen la expulsión. En toda mi vida no he visto como le quitaban una amarilla a alguien, pero lo siguen haciendo. Por lo menos es curioso que no se den cuenta.

Este hombre enfadado tendrá un trabajo que seguramente no esté mal pagado, tiene tiempo para conocer mundo, tiene tiempo para sí mismo en los viajes, tiene salud, porque la mala gaita que se gasta tiene que ser síntoma de buena salud y energía, y no para de quejarse. Que piense cuánta gente se cambiaría por él con los ojos cerrados y sacrificando todavía más cosas. Por favor, vamos a relativizar.

> Tenemos muchísima suerte de tener todo lo que tenemos. Debemos cuidar nuestra cabeza, que quizás es nuestra posesión más valiosa, para poder ver las cosas que tenemos y no las que nunca tendremos. Deja de pelearte contra molinos.

Lección 11. Maravíllate con las cosas simples

Esta lección sirve de refuerzo a las anteriores porque me parece fundamental empezar desde abajo. Para ello vamos a apoyarnos en la pirámide de Maslow[18]. Este psicólogo hablaba de las necesidades del ser humano desde el prisma fisiológico (respirar, comer, dormir, homeostasis). Una vez cubiertas esas necesidades, el ser humano aspira al siguiente nivel, la seguridad (física, de empleo, de recursos, de salud). El siguiente paso serían las necesidades sociales (amistad, afecto, intimidad). El penúltimo nivel son las necesidades de reconocimiento (éxito, respeto y confianza). Terminamos con la autorrealización (aceptación de hechos, moralidad, falta de prejuicios).

La pirámide simplemente es una referencia que manejamos para poner un orden. Una vez cubiertas las necesidades básicas fisiológicas «automáticas» parece que nos olvidamos de las maravillas del día a día y pasamos directamente a la seguridad (tengo dinero, tengo salud, tengo trabajo). A mí me

---

18   Necesidades básicas del ser humano.

falta un nivel en la pirámide entre estas dos. Porque ya hemos visto que tenemos suerte de tener lo básico. Mucha suerte. Pues ahora falta otra cosa por agradecer. Te falta maravillarte por las cosas simples que nos rodean y que damos por sentado.

No voy a exagerar diciendo que deberías agradecer cada respiración o cada latido de corazón, porque son regalos maravillosos. No. Voy a quedarme en términos que no te cubre la pirámide de seguridad pero que son tan espectaculares que deberíamos pararnos más a menudo a detectarlos. Y encima la mayoría son baratos, muy baratos o gratis.

Está fenomenal el viaje a Maldivas de ocho días a razón de 5.000 euros por persona que harás en diciembre. Es increíble. Enhorabuena. ¿Pero has pensado que tienes cerca cosas que cuestan mil veces menos y no te dan mil veces menos de buenos momentos?

Un café recién hecho en el bar al lado de tu casa con dos minutos de conversación con el mismo camarero que lleva sirviéndote el mismo café durante los últimos años. Una buena película en el cine (el día del espectador, que cuesta poco más que un desayuno). Un buen libro que te atrapa y cambia por completo tu forma de pensar (cogido en la biblioteca municipal a precio de café). Una cerveza fría sentado en un taburete después de un paseo a ritmo olímpico mientras te da el sol de media tarde. Una hora de ejercicio y la maravillosa ducha de después. Una brisa fresca cuando sales del Metro una parada antes y caminas 200 metros hasta tu oficina. La luz que te deslumbra en los ojos cuando miras hacia arriba. Un chocolate con churros en domingo. Jugar con tu perro en la playa. El abrazo de un amigo al que hacía tiempo que no veías antes de brindar con una copa de vino. El paisaje de montaña que ves en tu pueblo. El baño en la playa en un día caluroso. Pedalear junto a tus amigos por el monte y después comerte un bocadillo de chorizo.

No vayas por la vida dejando pasar por simples las cosas más simples. Simplemente creo que son las más importantes.

> La quinta podría ser tu familia. Seguro que tienes algún padre, madre, hermano, tío, abuelo al que llamar y sentir el contacto del amor familiar. Si no sientes ese amor es un buen momento para empezar a trabajar sobre ello. Recuerda que la vida es muy corta y no merece la pena pasarla enfadado y rencoroso. No dan premios a los enfadados, a las personas que mantienen el orgullo durante más tiempo y aguantan sin pedir perdón. Yo no he visto esas ceremonias de premios, ¿y tú?
>
> Este ejercicio hazlo durante cuatro semanas. Te llevará unos minutos escribir y creará en ti un hábito de agradecimiento que luego se extrapolará al resto de tu existencia. Y, una última petición, escribe a mano. Más adelante te contaré un secreto de las personas que escribimos a mano.

Agradece las pequeñas cosas por las que merece la pena vivir. Actos cotidianos que no dejamos que nos maravillen por su sencillez o porque no tenemos que ahorrar durante cuatro meses para conseguirlos.

Lección 12. Mira siempre el vaso lo más lleno posible

Vamos a empezar a hablar claro. No quiero preguntar si somos pesimistas, optimistas o intermedios. Déjate de preguntas ridículas. Déjate de ver el vaso medio lleno o medio vacío. Si el

**TRABAJAR.
TRABAJAR.
TRABAJAR**

Trabajar supone un esfuerzo tremendo; deberás manejar correctamente las expectativas, liberarte de la presión del resultado, aceptar la derrota en el ámbito de la vida en el que te muevas, reconocer que siempre hay un componente de azar (teoría del caos, casualidad, estar en el momento apropiado en el lugar apropiado…) que puede decidirlo todo.

Si estás dispuesto a aceptar todas estas situaciones, si sabes que las cosas podrán salir mal y no te apegas al resultado, si reconoces que deberás trascenderte a ti mismo y pones todo de tu parte para que las cosas salgan como tú quieres, entonces estarás en disposición de ver el vaso lleno al completo porque tendrás la tranquilidad de haberlo dado todo.

vaso está vacío, está vacío y tendrás que llenarlo. Pero si tiene algo de líquido, aunque sea poco, saca el máximo rendimiento a ese líquido y entonces todo habrá cambiado. Ya hemos hablado de las cosas pequeñas y de su importancia, así que a tope con el vaso.

Ahora me dirás que la vida es dura, que hay situaciones muy complicadas y que las cosas suelen salir mal cuando pueden salir mal. Y no se te ocurra nombrar la ley del mayor cenizo y que más daño le ha hecho a la Humanidad desde tiempos inmemoriales. No me saques a Murphy y su famosa ley o «si se cae la tostada siempre se caerá por la lado de la mantequilla». Vete a freír espárragos, Murphy, por favor. Déjanos en paz de una vez con la mantequilla, la maldad y la mala suerte. Tenemos excedente de cenizos como tú, así que fuera.

Recuerda lo que has leído hace un rato. El mundo es el que es. El mundo que ves tú es distinto al mundo que veo yo y al mundo que ve el resto de la Humanidad. Así que empieza a decirle a tu cerebro que el vaso está lleno, que las cosas van bien. Y si no está lleno, si las cosas no están bien, si no crees que estás viviendo como deberías vivir, ¡¡sorpresa!! La mayoría de las cosas dependen de ti. Si pones toda la carne en el asador, si lo das todo nadie podrá reprocharte nada, y curiosamente en estos casos la vida siempre te sonreirá. Así que dedícate a trabajar y déjate de chorradas. Ya lo tienes. Ahí está para ti. Es la fórmula de la Coca-Cola. Es el Santo Grial.

Lección 13. Recuerda ser un poco espartano

Como ves, las lecciones se unen de una manera sutil. De una mentalidad de ver el vaso lleno lo máximo posible pasamos a hablar de trabajo y esfuerzo.

Para conseguir llegar al máximo potencial de esa mentalidad, una de las características principales, si no la principal, es la disciplina. Va muy ligada a trabajo, pero quiero darle la importancia que se merece. Cuando escucho disciplina, escucho mucho más. Está incluido el esfuerzo para mantenerla, la constancia para prolongarla y la propia disciplina en sí misma: esfuerzo, constancia y disciplina. Tres cualidades olvidadas hoy en día en la era de la inmediatez, de la gratificación instantánea, del «lo quiero todo hoy para ayer». Creo firmemente que tenemos que volver a instaurar una cultura de disciplina, respeto y esfuerzo.

Volver a ser un poco espartanos, volver a los valores estoicos de aguantar cuando vienen «mal dadas» (situación propicia para entrenar nuestra capacidad de adaptación al medio) o el tan manido hoy ser más «resiliente». Es importante conocer que la resiliencia es la capacidad de un material de volver a la situación original tras haber sufrido los efectos de la manipulación anterior, es decir, volver a nuestro centro pero con una cicatriz. Así podremos analizar la situación, aprender de lo ocurrido y seguir hacia adelante con esfuerzo.

Ahora mismo puede que estés pensando en el esfuerzo, en la repetición como solución magistral de todos los males y quieras ponerlo en práctica porque da la casualidad de que conoces la historia de las 10.000 horas de Malcolm Gladwell[19] o, lo que es lo mismo, que si haces 10.000 horas de algo te conviertes en maestro.

Pero quiero que veas la otra cara de la moneda del esfuerzo por el esfuerzo, pues las universidades de Rice, Princeton y Michigan dicen que esto afecta al éxito solo en un pequeño porcentaje. Los datos son aproximados pero quiero que lo pienses y lo tengas en cuenta. La vida está llena de cosas ocultas que escapan a nuestro control. Debemos aceptar que no comprendemos todas las partes de un entorno complejo y dinámico y que la bola siempre puede caer a cualquier lado de la red. El esfuerzo y la repetición son obligatorios pero no únicos. El esfuerzo de las 10.000 horas supone un pequeño porcentaje que debemos contemplar y trabajar de manera conjunta para manejar las expectativas, superar los obstáculos y evitar la frustración.

«Espartano» es sinónimo de esfuerzo fútil y sacrificio en vano. «Constancia» parece que solo aplica a los torpes que fallan si pierden el foco. «Disciplina» parece que quiere decir que tienes que aguantar el chaparrón sin quejarte y aceptando lo que te pasa. «Aceptación», qué palabra más denostada. «Aceptación» es entendido por muchos como resignación o inacción. La aceptación supone esfuerzo. La aceptación conlleva cambios. La aceptación transmite sensación de liberación y ausencia de dolor. La aceptación es mucho más complicada que la queja. Cuando experimentas la libertad de la aceptación empiezas a entender que la vida no te da lo que quieres sino lo que necesitas. La vida cambia a través de tus actos.

Si algo no te gusta, cámbialo. Si sientes que no quieres seguir aguantando algo, acéptalo y toma otro camino. Quizás sea más sencillo cambiarte a ti mismo que cambiar las circunstancias que te rodean.

---

19   Personalmente tengo mis reservas respecto a Malcolm, a quien le profeso un respeto enorme por sus pensamientos y manera de divulgar, pero creo que se me queda corta la idea de pico y pala, pico y pala, pico y pala y todo saldrá bien. 10.000 horas haciendo algo ocho horas al día son aproximadamente cinco años realizando una actividad. Y es mucho tiempo, así que por supuesto que tu rango de maestría será elevado, y sobre todo si la actividad es repetitiva y no excesivamente compleja. Es verdad que es mejor invertir ese tiempo a un esfuerzo que a no hacer nada.

Existen multitud de factores para conseguir el éxito, la maestría, el dominio de una actividad.

Otros factores	5%
Inteligencia	5%
Horas	20%
Entorno	20%
Genética, talento	20%
Suerte, azar	30%

VISUALIZACIÓN

Hay una técnica llamada visualización que fue desarrollada por Dale Carneggie y puesta de moda por Tony Robbins y la PNL, que nos da pistas para poder emular a las personas que nos inspiran. Simplemente debemos ver qué es lo que ha hecho la persona en cuestión a lo largo de su vida y replicar sus actuaciones para conseguir lo mismo. En mi opinión es un punto de vista demasiado determinista y que simplifica la vida a la ecuación A+B=C. Y en la vida cada una de las variables está condicionada por miles de causas y elementos distintos unos de otros. Lo que le ha funcionado a una persona puede ser que nos falle a nosotros o viceversa. Yo lo tomaría únicamente como un punto de partida, unas líneas maestras de actuación para tener una hoja de ruta donde apoyarnos en caso de duda.

Lección 14. Busca inspiración e inspira a los demás

Una lección con un doble sentido. Vuélvela a leer por favor. Sí. Estamos hablando de respirar. Normalmente no tenemos tiempo de pararnos a respirar. No tenemos tiempo de ver si estamos respirando (agradece que sea un proceso automático porque si no nos ahogaríamos todos). En la inspiración comienza todo. Es inspirando donde aprendemos a controlar la situación.

Inspirar nos sitúa en el momento presente, el único real por cierto.

La segunda parte del título dice «inspirar a otros». Seguramente has olvidado cómo empezaste a interesarte por el deporte que practicas, las matemáticas, la Historia, escuchar a las personas o pintar cuadros. Tuviste algún tipo de modelo en el que mirarte. Una figura inspiradora que te guio en el camino. Si no la tuviste no te preocupes, la encontrarás. Puedes elegir a personalidades del mundo del arte, las ciencias, la filantropía, el emprendimiento, la empresa, el deporte. Busca el área que más te interese y encontrarás a personas que te servirán de ejemplo para que tus metas y objetivos se cumplan.

Hay dos ejemplos inspiradores: Elon Musk era un albóndigo[20] en la universidad, calvo y feo; Jeff Bezos también era calvo y tenía una página web donde vendía cosas sin más.

Ahora son referentes y viven de inspirar a otros. Ambos son *rol model* de emprendedores. Ellos inspiran a otros enseñando, ya que es en la enseñanza donde más se aprende, así que enseñando a otros el camino a seguir seguirás aprendiendo en tu propio beneficio.

No te estoy pidiendo que inventes un coche eléctrico, quieras mandar cohetes al espacio o crees la mayor empresa *retail* del mundo. Es mucho más simple que todo eso. Inspira con tus actos cotidianos, inspira con tu esfuerzo, inspira con tu resistencia y resiliencia, inspira con tu compasión hacia los débiles. Así que no pierdas tiempo: inspira y conviértete en el ejemplo de alguien.

---

20   Así llamo yo al típico inadaptado sin círculo social al que todos le cuelan goles.

Growth Mindset

Lección 15. Libera a tu niño interior

Ya llegamos al final de los errores y este se presenta siempre que somos demasiado serios, que no nos reímos de nosotros mismos, que no le quitamos hierro a la situación. Porque como me gusta decir y recordar a la menor ocasión, **casi nada es importante.** Una frase que es un mantra para mí y que no tiene que ver con la falta de ambición, el pasotismo generalizado en el que estamos instalados o la falta de rigor. Nada más lejos de la realidad. «Nada es importante» implica que hay cosas mucho más grandes y que trascienden a lo que nos pasa porque dentro de unos años nadie se acordará de nosotros[21].

Resta importancia, relativiza y ríete. Vamos a reírnos más por favor. ¿Recuerdas cuándo fue la última vez que te reíste de verdad? Me refiero a esa risa casi ridícula con la que lloras, no puedes respirar y sientes que te ahogas. Risa completa, risa sin miedo a enseñar los dientes, risa sin vergüenza que hace ese ruido raro tipo Loreto Valverde,[22] o la risa ridícula que tenía George McFly, el padre de Marty de *Regreso al Futuro*[23]. Llevamos mucho tiempo con nuestro niño interior enterrado por obligaciones, deudas, corrección social, pensar en el qué dirán. Desentiérralo porque lo vas a agradecer.

Esta parte va de olvidarse de disfrutar sin vergüenza, de empezar a creer en las hadas madrinas, de volver a sonreír y potenciar la imaginación, porque las cosas no son tan serias. Deja volar la imaginación, el catalizador clarísimo de la creatividad y parte fundamental del cambio de mentalidad al que queremos llegar. La imaginación nos lleva a otros mundos, nos permite soñar, nos permite visualizar cosas inimaginables. La imaginación distingue al genio del talentoso. La persona con talento es capaz de acertar en la diana en malas condiciones, sin apenas poder ver y con las peores herramientas.

¿Recuerdas la escena del piano de la película «Big»? Pues de eso estamos hablando. Para los niños la escala de importancia es muy distinta. En la película *Big* la escena es maravillosa y (si no la has visto, ahí están tus deberes para hoy). Tom Hanks es un niño que pide el deseo de ser mayor y que ha crecido hasta la edad adulta en una noche gracias a la magia de la máquina de Zoltan. Entra a trabajar en una empresa de juguetes con mentalidad de niño, de disfrutar, y se cruza con el dueño frente a un piano gigante donde ambos crean una melodía genial. El dueño de la empresa recupera su niño interior en menos de dos minutos gracias a un niño que no sabe que tiene que comportarse como un adulto serio y responsable.

Cuando tenemos un momento malo, una dificultad atascada que está generando sufrimiento, tarde o temprano esta también pasará y volverá a salir el sol.

---

21   En realidad la frase «nada es importante» suelo intercambiarla con «también esto pasará». Así es como le damos sentido completo a la importancia de la no importancia. Imagina que estás en un buen momento, un momento de esos que quieres que se queden fijos en tu memoria, que desearías que nunca se marchara. Pues también eso pasará en algún momento, se terminará.

22   Momento *remember*. Si eres tan joven que no sabes de qué estoy hablando, busca en Internet «Loreto Valverde riéndose».

23   Si no has visto la trilogía *Regreso al futuro*, ya estás tardando. Cine de antes, de aventura, imaginación, emoción, risas, comedia fácil, malos graciosos, buenos buenísimos. Creación de Robert Zemeckis y Steven Spielberg. Ecuación mágica.

MENS SANA IN CORPORE SANO

En estos momentos parece que el consenso general indica que la dieta más completa es la dieta mediterránea. Pero la dieta mediterránea de verdad, la de nuestros abuelos: verdura, fruta fresca, pescado, frutos secos, beber abundante agua, algo de carne, algo de vino tinto, legumbres… nada que no sepamos[1].

En caso de no encontrarnos de manera óptima a nivel nutricional, sentido común de nuevo, que para eso están los médicos que pueden dictaminar cuáles son los alimentos que favorecen tu cuerpo y mejoran tu mente.

La dieta debemos acompañarla de ejercicio físico regular en función de nuestra capacidad, edad y condición[2].

Ejercicio en la medida de tus necesidades y posibilidades pero ejercicio regular, constante y con esfuerzo. Otra vez el maldito esfuerzo; lo siento, pero la sensación de bienestar que tendrás después de hacer deporte con su ducha correspondiente no es fácil que la encuentres en otra actividad.

---

[1] Aquí no voy a entrar al resto de dietas (paleo, Atkins, la de la zona, la de Terelu Campos, la de la alcachofa, la de los ayunos constantes, la vegetariana, la crudivegetariana, la vegana…) porque creo que en el equilibrio está la virtud. Un poco de todo está bien. Sin tonterías, sin excesos y sin carencias.

[2] Aquí, como en la dieta o en cualquier cosa que tenga que ver con nuestra salud física, consultaremos con un especialista en la materia.

El genio acierta en la diana en la que nadie sabía que había que acertar.

Lección 16. Recuerda el «mens sana in corpore sano»

El error lo verás aparecer en verano cuando creas que entrarás en el bañador del año pasado pero hace meses que no haces deporte y eres cliente VIP de tu restaurante de *fast food* favorito.

Ya lo decían los antiguos: haz deporte. ¿Sabías que los amigos de Sócrates, Aristóteles, Platón y compañía ya sabían que tenían que cuidar cuerpo y mente? *Back to the basics, please*. Vamos a volver a las enseñanzas de las fábulas, los cuentos populares y la filosofía clásica. No te enredes en cosas más esotéricas, que todo es muy sencillo. Cuida el cuerpo para poder tener una mente sana. Cuerpo y mente están unidos de maneras que no conocemos. La neurociencia lo está demostrando. Una mentalidad abierta al crecimiento necesita de nutrientes para poder ser activada y para ello es básico un cuerpo sano y fuerte. Más adelante aprenderemos a definir un plan para poder acometer los «debos» en lugar de los «debería».

Si no puedo, debo, y ya que debo, puedo.

El cuerpo que te sostiene es único, no tenemos otro de reserva. Es nuestro deber cuidarlo, honrarlo, respetarlo. Por supuesto que podemos cometer excesos; no estoy hablando de convertirnos en seres perfectos que solo sobrevivan con brócoli, agua y deporte diario. Tenemos que tener un equilibrio y usar el sentido común con respecto a recipiente lleno de órganos y agua.

Lección 17. Practica el da, da, da (del verbo «dar», ¿te suena?)

Tu cerebro solo está pensando en sobrevivir, creando planes y haciéndose películas. Eso ya lo sabemos. Pero somos criaturas extrañas, ya que vivimos rodeados de otros seres humanos, en apariencia iguales a nosotros pero diferentes. Seres que quieren lo mismo que tú, que están esperando lo mismo que tú, que les des, que les des tu tiempo, tu amor. Así que tenemos que empezar a dar.

Growth Mindset

Tenemos que dar para poder recibir.

Pero esto no es un dar desinteresado que simplemente cae de un lado de la balanza. Esto es un equilibrio. Tenemos que dar para poder recibir, pero recibiendo en algún momento. Debes ser consciente de lo que vales para poder colocarte en posición de dar y más tarde recibir.

Esperar a recibir no debe ser el motivador que nos coloque en la disposición a dar. No es un contrato mercantil. Es un ejercicio de egoísmo compartido. Yo te doy porque sé que estás esperando que alguien te dé, como estoy esperando yo a que alguien me dé a mí. ¿Recuerdas la película *Cadena de favores*?[24] Es básicamente de dar. ¿Te has planteado alguna vez si serías capaz de hacer lo que proponía el niño protagonista? Por si no te acuerdas, te lo recuerdo: realizar tres buenas acciones a tres personas desconocidas. Estas personas debían hacer lo mismo para poder recibir nuestra ayuda. Así, estos tres desconocidos a los que acabamos de ayudar replicarían nuestras buenas acciones y la onda expansiva sería infinita. Las buenas acciones debían ser cosas realmente importantes, no limosnas. Como dice Alejandro Sanz, «dar lo que te sobra nunca fue compartir sino dar limosna».

Lección 18. No permitas que tu ego profesional se ahogue en su estanque

En este caso me voy a quedar con el ego profesional porque al personal le doy un hueco más adelante. Sobrevuela en mi cabeza el daño que nos hace el ego en nuestra profesión, sobre lo buenos que somos, lo importantes que somos y el dinero que ganamos. ¿Te has fijado que la primera pregunta que nos hacemos cuando nos vemos con alguien es «qué tal te van los proyectos»? ¿Realmente eso es lo importante?

Imagina la escena. Es un martes cualquiera del mes de junio. Te cruzas con el consejero delegado de una gran compañía cotizada paseando por el Retiro en Madrid a las 11 de la mañana y le paras para preguntarle acerca de su paseo un día

---

24 Ya sé que aparece Kevin Spacey y ya no se le puede ni nombrar, pero la película tiene una moraleja muy buena sobre humanidad compartida.

> **MIRA EL MUNDO CON SUS OJOS**
>
> Te propongo un ejercicio que a mí me encanta. Es un poco raro y te dejará una sensación extraña pero tiene sentido para comprender que, pese a ser únicos, compartimos los mismos rasgos, preocupaciones y sensaciones. Que cada persona tiene un mundo interior igual que el tuyo y quiere compartirlo.
>
> Mira a tu alrededor a las personas que te rodean. Lo ideal es poder tener conexión visual con ellas durante unos minutos. Quiero que te concentres en la primera persona que te llame la atención por cualquier motivo. Su físico, algún rasgo característico, su ropa, lo que esté haciendo. Ahora quiero que veas el mundo a través de sus ojos. Quiero que veas lo que esa persona está viendo y lo que puede pensar. En el viaje visual que te propongo también quiero que te veas a ti mismo a través de los ojos de esa persona elegida. Piensa en lo que puede estar pensando, hazte una historia sobre su trabajo, su vida, sus relaciones, qué es lo que está haciendo y dónde irá cuando dejes de verla. Repite este ejercicio de ver el mundo con otros ojos por lo menos con otras tres personas.
>
> El ejercicio tiene que provocarte una sensación de magnitud desmesurada al comprobar la cantidad de personas que nos rodean con los mismos problemas y alegrías, personas a las que quizás podemos ayudar si nos acercamos a ellas. Personas como nosotros.
>
> No estás solo en el mundo.

NARCISO

Seguramente conocerás las historia de Narciso, básicamente un hombre en la mitología griega tan guapo y hermoso que enamoraba por igual a hombres y mujeres. Al rechazar a la ninfa Eco y como castigo a su manera de ser, engreída y ególatra, Némesis, la diosa de la venganza, no tuvo mejor idea que obligarle a acercarse a un lago cristalino de agua absolutamente transparente. Némesis hizo que se enamorara de su propio reflejo y Narciso se acercó tanto al agua que terminó ahogado al no poder separarse de sí mismo. Fin de Narciso.

¿Qué es lo que querrías hacer si te quedara una hora de vida? Seguro que nadie te dice: «quiero contarte mi último proyecto profesional». Todo el mundo querrá salir corriendo a estar con sus seres queridos.

laborable por el Retiro. Quizás piensas, como haríamos todos, que va a cruzarlo para llegar a una reunión súper importante. Su respuesta te deja de piedra. Te dice que está paseando, que se ha tomado un par de días de vacaciones para pensar, para respirar el aire un poco húmedo y fresco al lado de las barcas donde iba de pequeño con sus padres. Te devuelve una sonrisa y sigue su camino.

Tu cerebro echa humo. Definitivamente ha perdido el juicio. Estás a punto de entrar en la aplicación de tu banco y vender todas las acciones de su empresa. Sería mucho mejor que te hubiera dicho que estaba estresado y que quería atajar por el parque para llegar a dos reuniones. O que estaba esperando un Uber que lo trasladase al aeropuerto para llegar a una cumbre internacional al otro lado del mundo. Entonces y solo entonces sería un directivo respetable que solo piensa en la empresa y en los accionistas, como debe ser. Un directivo que entrega su vida a cumplir el plan estratégico 2018-2021. ¿Estamos locos o no?

¿Has pensado qué pasaría si nadie hablara de sus importantes trabajos por un día? ¿Qué pasaría si todo se parase? ¿Qué haríamos si utilizásemos un día al año para parar y reflexionar?

Aunque quizás es peor la versión de preguntar a las personas que nos rodean ¿qué tal?, sin que nunca nadie espere la respuesta y sin querer que el otro nos cuente sus miserias, no vaya a ser que perdamos el tiempo que no tenemos en tonterías que no nos aportan nada ni nos incumben.

¿Por qué tenemos que estar siempre hablando de trabajo cuando lo que realmente queremos es decir lo buenos que somos, lo importante que es nuestra ocupación? Queremos obtener validación de otras personas, y si podemos ser mejores que nuestros interlocutores, pues eso que nos llevamos a la saca.

Olvida tu ego profesional, solo es trabajo.

TODOS LOS DÍAS SALE EL SOL

Una estupenda canción es la del grupo Bongo Botrako y se llama «*Todos los días sale el sol*». Si no la conoces, búscala en Internet. Es una canción de buen rollo que te obligará a salir de la situación dando un salto de alegría. Pruébala y me cuentas qué tal el resultado. Todos tenemos una canción para ese momento en que el «todo pasa» no llega, cuando vemos que la importancia gana terreno a la realidad… ¿Cuál es tu canción para esos momentos?

Growth Mindset

Lección 19. Permítete seguir cometiendo estos errores y otros nuevos

Como ves, para el GM una de las claves es la repetición, así que aunque no quieras repetirás estos y otros errores el resto de tu vida.

Este listado es ampliable, revisable, reciclable y sobre todo replicable. Olvidarás estas lecciones, volverás a cometer fallos, repetirás los comportamientos que te hacen daño... sin duda. Lo importante es que te des cuenta de cuándo vuelven a aparecer y aprendas de la experiencia. Pero aprendas de verdad.

Y frente a la gran mayoría de libros que te dicen cuáles son tus problemas, que te muestran tu realidad y las cosas que debes cambiar, que te ayudan a reconocer tus errores, aquí quiero darte armas, herramientas prácticas, ejercicios, trucos, pistas y cambios de mentalidad reales para poner en práctica y notar los cambios reales.

¡Bienvenido a la carretera llena de baches de tu vida!

THE JOBS QUESTION

Te traigo un modelo de éxito para que tengas una referencia de personalidad GM donde no hay discusión posible. Steve Jobs.

La vida de Steve Jobs ha dado para un par de películas, una buena biografía y cientos de frases y anécdotas de las cuales no se sabe cuál será cierta y cuál leyenda urbana. Aquí traigo una historia que tiene como base su discurso a los graduados de Stanford hace unos años y que se hizo viral en redes sociales.

Al parecer el fundador de Apple sabía algo de lo que encierran estos párrafos que acabas de leer. Existen pocos personajes tan amados-odiados-idolatrados-exagerados a partes iguales como Steve Jobs pero creo que nos puede ayudar a aterrizar el concepto. Él se hacía todas las mañanas de su vida una reflexión unida a una pregunta que le servía como acicate y guía ante cualquier duda que le surgía, no importaba si era personal, profesional, espiritual... (yo lo he dramatizado

¿Éxito? Podríamos decir que sí, pese a que estoy un poco cansado de escuchar cómo se abusa de la palabra por todas partes. Libros, charlas o formaciones de «Cómo crear líderes de éxito», «cómo conseguir que tus hijos tengan éxito», «el éxito en la vida para ser feliz»... La palabra éxito es una palabra demasiado pervertida en el mundo de locos en el que vivimos. No quiero que se refieran a mí con las palabras «mi éxito», ya que lo que funciona para una persona no tiene por qué funcionar para ti. Prefiero que se refieran únicamente a las experiencias y nada más. Porque, ¿qué es el éxito? Para unos será tener dinero, para otros será tener descendencia, para algún loco será promocionar en el trabajo, para otros será encontrar la felicidad, qué sé yo...

La palabra éxito viene del latín «exitus», que significa final. De hecho, en inglés *exit* te indica la salida. Esto es interesante porque parece que el éxito es el final de algo, éxito es algo que se termina, algo que pone fin a una carencia o sufrimiento, cuando lo interesante de la vida no es el final, sino el camino que recorremos. ¿Te acuerdas del libro *El camino* de Miguel Delibes? Pues resulta que ya teníamos una pista en el colegio cuando nos obligaban a leer un libro demasiado complejo a una edad en la que no sabes apenas nada.

65

VIAJE A ÍTACA

Vamos, que la vida es un camino y no parece que tenga una meta a la que llegar salvo la muerte. La vida no es una carrera donde conocemos de antemano la distancia; no tenemos definido el trazado, no sabemos dónde se hace más dura o dónde termina, no tenemos rivales a los que adelantar, es absurdo entrenarla ya que no sabemos si será una carrera de 100 metros, una carrera de media distancia o una ultra maratón. Pero todos estamos obligados a correrla si queremos seguir vivos.

Hay un poema precioso llamado *Viaje a Ítaca* de Constantin Kavafis que se basa en las vivencias de Ulises, que pasó diez años de su vida pensando en regresar a Ítaca con su esposa Penélope. Ulises partió a combatir en la guerra de Troya, donde se inventó la famosa estrategia del caballo donde se metieron todos sus soldados, pero la guerra duró más de lo previsto y el camino a casa se complicó bastante. Ulises le había dicho a su mujer Penélope que si veía que no llegaba en un tiempo prudencial se encamara con otro.

Ulises pasó toda una vida de aventuras en las que fue forjando el carácter de la persona en la que se convirtió. No sabía cuándo llegaría, ni lo que se encontraría en Ítaca, no sabía si su mujer estaba en la cama con otro hombre, ni tampoco si aguantaría todos los desafíos que le habían propuesto los dioses. Pasó la vida sin vivir buscando una vida a la que volver. Al llegar a Ítaca se dio cuenta de todo lo que había pasado.

para que sientas un poco más la muerte y su efecto en un intento de mejorar a Steve):

«Si hoy fuera el último día que fuera a vivir, si mañana fuera a estar muerto para siempre, para toda la eternidad, sumido en la misma dulce negrura en la que me encontraba antes de nacer... ¿es esto lo que querría estar haciendo en mi último día de vida en la Tierra?».

¿Puedes hacer el favor de hacerte esta pregunta y escribir aquí debajo su respuesta? Gracias.

El ejercicio es tan simple como complicado en su resolución, ya que siempre que hagas preguntas puedes obtener respuestas que no siempre te van a gustar.

Es una reflexión importante para por lo menos plantearse las cosas. Evidentemente no vamos a romper con nuestra vida, abandonar nuestras obligaciones y dejarlo todo para realizar ese viaje al Himalaya que teníamos pendiente desde hacía tiempo. Por supuesto que no voy a dejar el trabajo para dedicarme a mi pasión. Ni me planteo que te vas a acercar a esa persona especial de la que llevas tiempo enamorado para hacer el ridículo si dice que no a tu ofrecimiento de compartir una cena. O quizás sí lo vas a hacer...

Estoy de acuerdo contigo en que es inteligente planificar el futuro, garantizando que tengamos para poder vivir una vejez larga, cómoda, saludable y tranquila. Pero ¿y si no llegamos a esa vejez?, ¿y si el día después de jubilarnos nos morimos?

Creo que esta idea de Steve Jobs nos sirve como referencia a medio plazo, como una guía que marca las líneas rojas que no debes cruzar. Solo quiero que, cuando estés en la bifurcación del camino, pienses en Steve y en Robert Frost (el tipo raro al que nombran en *El club de los poetas muertos*[25] y que tomó el camino menos transitado y eso le cambió) y por lo menos te des una oportunidad de tener otra opción. Siempre hay más opciones... Siempre.

---

25 Si no has visto la película *El club de los poetas muertos*, deja inmediatamente el libro y sal corriendo a comprarla, descargarla o pedírsela a un amigo. Para mí es el *Guardián entre el centeno* de las películas de adolescencia. Robin Williams en estado de gracia, un joven Ethan Hawke subido a la mesa... «Oh, capitán, mi capitán».

EL DÍA DE TU MUERTE

Para hacer más divertida y completa una segunda parte del ejercicio, te voy a pedir que te concentres de nuevo porque vamos a hacer un viaje. Esta vez quiero que pienses en el día de tu muerte. Respira hondo y prepárate para un viaje al futuro (al año en el que «crees» que morirás)[26].

Te visualizas exhausto, cansado de vivir, feliz, sin cuentas pendientes ni arrepentimientos, agotado de haber exprimido la vida a tope. Viajes, amor, familia, amigos, éxito profesional, inspiración, legado, risas, llantos... No has dejado nada en el tintero, tu vida ha sido completa. (Esta parte inicial es importante para que veas la cantidad de cosas que te quedan por hacer antes de morirte).

Tu cabeza ya tiene la imagen que necesita para el viaje temporal. Seguramente te imagines postrado en la cama de tu casa, rodeado de las personas a las que quieres y te quieren. Supongo que ahora te visualizarás haciendo lo mismo que todo el mundo, te despedirás de todos tus seres queridos, les darás esos consejos fenomenales que has aprendido en tu larga trayectoria vital y sonreirás mientras ellos lloran desconsolados. Te marchas sin dolor y completo. Felicidad máxima, ¿no?

Ahora quizás tengas menos miedo a la muerte ya que va a ser un proceso lento, calmado, acompañado, reposado, con tiempo para cerrar heridas y repartir amor. Me alegro por ti.

Lo siento, este ejercicio tiene dos trampas. La pequeña es la vida que has imaginado pero que por algún motivo no estás viviendo. Eso que has imaginado no se ajusta a tu realidad a día de hoy. Aunque aún tienes tiempo de darle un vuelco y hacer todas las cosas que no te dio tiempo a hacer antes de morir.

El problema con las opciones es que te dan alternativas para elegir y cuando elegimos estamos entrando en la peligrosa zona del error.

NO DEJES COSAS PENDIENTES

Si cuando nos morimos al final somos algo más que pasto de gusanos y abono para las plantas y vamos al cielo (o al infierno según cada uno), creo que en ambos lugares tiene que haber un *overbooking* de planes que se quedaron pendientes increíble. No me imagino a San Pedro dando horas libres a los angelitos para bajar a la Tierra a resolver temas pendientes y planes por hacer. Y del infierno tampoco creo que te dejen subir. No tengo tan claro que se vayan a poder hacer luego, así que vamos a aprovechar cada momento, empezando ahora.

Solo tienes una vida. Aprovéchala.

---

26   Aquí todo el mundo se visualiza con noventa, cien o más años. Es un bonito deseo si sabes que puede romperse en cualquier minuto, así que si quieres modificar tu fecha de muerte estás a tiempo. Puedes elegir morirte dentro dos meses, un año, cincuenta años o diez minutos. El ejercicio es más útil cuanto antes hayas «decidido» morirte.

La mayoría de nosotros no tendremos la suerte de llegar a Ítaca para darnos cuenta de lo que hemos vivido. Muchos de nosotros no podremos recoger el traje que hemos dejado en la tintorería. Algunos de nosotros no podremos despedirnos con una preciosa frase poética en nuestro lecho de muerte rodeados de nuestros seres queridos. Ninguno de nosotros sabe el día en que va a morir y así prepararse para ello. Pero todos nosotros podemos prepararnos para vivir cada día como si fuera el último. Podemos levantarnos cada día y mirarnos al espejo diciendo: «Si este fuera mi último día, mi día *exit*, ¿es así como lo querría vivir?, ¿son las personas que me rodean aquellas con las que quiero estar?». ¿Vas a hacer algo que te guste en tu último día en la Tierra?, ¿cuánto tiempo pasarás haciendo lo que otros quieren que hagas?... Responde tú mismo a cualquiera de estas preguntas, como hacía Steve Jobs todos los días de su vida.

Y la trampa gorda es que el ejercicio te traslada al día de tu muerte pero justo después de morir. Acabas de morir atropellado en la calle o de una enfermedad rápida y dolorosa. No has tenido tiempo de despedidas, abrazos, sonrisas y lágrimas. No te ha dado tiempo a reconciliarte con tu hermana o volver a preguntar por ese amigo que salió de tu vida y nunca más se supo. La muerte te ha sorprendido de repente y sin nadie alrededor. Solo. Asustado. Ahora responde a estas preguntas:

1. ¿Qué has hecho ese último día de vida antes de la sorpresiva muerte?, ¿seguías trabajando en esa oficina que te espanta?, ¿te gustaría cambiar algo?, ¿qué hubieras hecho diferente?, ¿de qué decisiones no tomadas te arrepientes?

2. ¿Te hubiera gustado haber podido despedirte de las personas que quieres?, ¿poder darles ese consejo o reflexión vital que has aprendido para no poder aplicarlo jamás (recuerda que estás muerto) o decirles que las quieres...? ¿Y por qué no lo haces ahora mismo mientras puedes?

3. Y ahora que estás muerto, ¿qué crees que dirán de ti en tu funeral?, ¿qué te hubiera gustado que la gente que va a asistir a tu funeral escuchara sobre tu vida?, ¿quién crees que faltará a tu funeral?

4. Si te estoy diciendo que estás vivo, que dejes esto y retomes tu vida... ¿por qué no aprovechas que estás vivo para decirles a todas esas personas lo que no has podido decirles estando muerto?

Repite este ejercicio las veces que quieras con distintas fechas de muerte y en diferentes circunstancias. Ah, y aprovecha que solo has muerto en tu imaginación y vive. Déjate de chorradas y vive. Como decía Gabinete Caligari, «solo se vive una vez» (pero rápido).

Growth Mindset

FOMO

Después de haber visto los errores a evitar (o, si lo prefieres, los errores a repetir las menos veces posibles) y realizar el ejercicio Jobs, me imagino que tendrás una sensación de querer vivirlo todo un poco más. Y como esta sensación que tienes se acentúa como una variable que produce un efecto de paradoja tremendo, me gustaría contarte qué es el FOMO.

FOMO –sí ya sé que odias los acrónimos pero es la única forma de conseguir que algo se fije en tu distraído cerebro– es *Fear Of Missing Out* o, lo que es lo mismo, «tener miedo de quedarse fuera del mundo tecnológico que avanza a mucha velocidad». En nuestros días es habitual; de hecho yo mismo te animo a hacerlo de vez en cuando en este libro.

Vivimos tiempos complejos para la paciencia. En el mundo del trabajo, las relaciones o el deporte todo debe ser inmediato. No hay tiempo que perder y debemos sacarle el máximo rendimiento a todo desde el principio. Un futbolista que no meta cinco goles en sus primeros cinco partidos no sirve y deberá ser vendido. Un trabajador que no consiga diez clientes en las primeras diez horas deberá ser amonestado. Una relación que no fluya como en las películas en los primeros diez minutos deberá ser abandonada. Por favor, vamos a darle un poco de espacio al tiempo. Y esto no solo es culpa de FOMO.

Para poder resistir el síndrome FOMO en todas sus vertientes hemos creado un invento diabólico, la gran mentira del siglo XXI: la multitarea o *multitask,* para aquellos a los que les gusten de los anglicismos. Si el ordenador es capaz de hacer muchas cosas a la vez sin perder eficiencia, nosotros también. Leer los *whatsapps* en el móvil, consultar el periódico *online* en la *Tablet*, ver el capítulo cuatro de la sexta temporada de *Juego de tronos* en el ordenador portátil, terminar ese informe que nos pidió nuestro jefe la semana pasada en el ordenador fijo de casa, estar atentos a cuándo se terminan de cocer los huevos que hemos puesto hace no sabemos cuántos minutos, atender el bizcocho del horno que no termina de subir (¿habremos puesto levadura?, ¿estaría caducada?), escuchar a nuestra pareja contarnos ese problema que lleva arrastrando dos meses, corregir a nuestro hijo que nos está recitando por tercera vez los *phrasal verbs* y escuchar a lo lejos la televisión encendi-

---

Una buena técnica para evitar el FOMO es realizar la actividad que estés haciendo con una libreta y un bolígrafo. Si algo te despierta un interés de conocimiento, anótalo y luego vuelve a la tarea que estuvieras haciendo. Cuando la termines podrás buscar ese dato y resolver tu duda concreta. Hazlo sin tener un dispositivo móvil cercano. Después otra tarea y así sucesivamente. Estamos acostumbrados a empezar mil cosas y dejarlo todo a medias. ¿Cuántos libros no has podido terminar por falta de paciencia?, ¿cuántas series has dejado a medias porque otro estímulo ha llamado tu atención?

Otro FOMO es la sensación que nos invade cuando hacemos un plan de ocio o un viaje. Tenemos que verlo todo. No podemos perdernos nada de lo que hemos leído en veinte guías, doscientos programas de televisión, cuarenta reuniones con amigos y todos los *hashtags* en RRSS sobre ese lugar. Debemos sacar muchas fotos perdiéndonos la realidad, debemos pasar por los sitios obligatorios porque de lo contrario no existiríamos.

Y otro FOMO más es querer estar al día de todos los planes de nuestro círculo y querer llegar a todos sin disfrutar de ninguno ya que solo corremos en busca de la zanahoria pegada al palo.

Qué lejos quedan los tiempos donde las discusiones eran eternas sobre quién tenía razón respecto a una duda concreta y debíamos usar todas nuestras armas de persuasión y capacidad de diálogo para llegar a un acuerdo. Todo eso hoy en día es arena en los bolsillos. Hoy es normal entrar en este bucle FOMO: empezar un libro, no conocer una palabra de sus primeras páginas y entrar en Google para conocer su significado. Sin saber cómo, a los veinte minutos estaremos viendo un vídeo sobre la participación de los judíos fineses contra los rusos en la Segunda Guerra Mundial. Cómo hayamos llegado ahí será culpa de FOMO. No te pierdas en él, no merece la pena.

da porque Federer le va ganando a Nadal y parece que Rafa no está fino por los gritos que da cuando golpea la bola. No creo que exagere cuando digo que hacemos estas cosas a la vez y más. Y ahora me dirás que tú eres multitarea porque puedes con esto y mucho más. Error, pequeño *padawan*[27], error. Claro que puedes hacer muchas cosas al mismo tiempo, pero siempre que sepas que en cada momento solo puedes focalizar la atención en una cosa concreta. Si no me crees, simplemente comprueba el resultado de tus acciones cuando haces dos cosas al mismo tiempo. La atención deberá repartirse si se hacen a la vez. Si pones más atención en algo, se la estarás quitando a lo otro. Suma cero versión atencional. Para que uno gane el otro tiene que perder. Así que la próxima vez que alguien te hable de multitarea, no le hagas mucho caso porque esa persona tampoco estará poniendo toda su atención en lo que te está contando.

Hay alguien que tiene mucho que decir del síndrome FOMO y la multitarea. Quiero presentarte a uno con quien es importante que te lleves bien, más que nada porque vais a estar toda la vida juntos.

TE PRESENTO A TU CEREBRO: JOHNNY «TRAMPAS» BRAIN

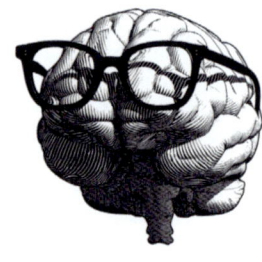

No sé si lo sabes, pero tu cerebro hace trampas a cada segundo. Se inventa historias que nunca suceden, ve cosas que no son reales, adivina patrones inservibles, y todo eso lo hace porque te quiere, porque quiere que sobreviváis juntos en la jungla del día a día.

Vamos a empezar como a él más le gusta, con dibujitos chulos.

---

27 Si no sabes lo que es un «padawan», deberás visionar las tres primeras películas de *Star Wars*, las antiguas de 1977 en adelante, porque ahí tienes un compendio de la filosofía vital que apoya las teorías Growth Mindset, y además te lo pasarás en grande con el espectáculo.

Growth Mindset

Ejercicio Kanitza

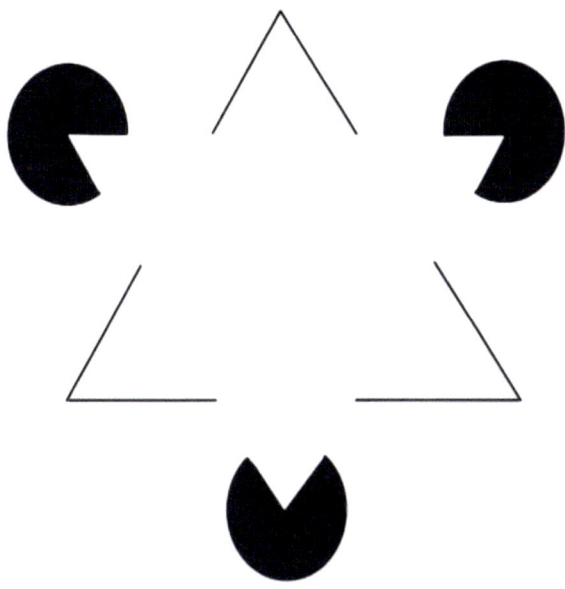

CONTORNO SUBJETIVO O TRIÁNGULO DE KANIZSA

En 1976 Gaetano Kanizsa publicó un artículo en la *Scientific American, Illusory contours* donde desarrolló la Teoría del triángulo blanco que no existe. Cuando percibimos algo incompleto nuestra mente lo completa. Nuestro cerebro, creador de patrones predictivos, está buscando en el dibujo referencias que le permitan completarlo. Una parte de la información icónica (la que percibimos por la vista) no es una respuesta directa al estímulo, sino que entran en juego otras partes del cerebro que completan una información que en realidad no existe.

Describe lo que ves en la imagen. Con todo lujo de detalles... Recuerda que el cerebro es un estafador profesional que no nos permite conocernos a nosotros mismos de manera realista y profunda. Está entrenado para mantener vivo el frágil cuerpo que lo contiene y por eso es tan rebuscado creando películas mentales, haciendo planes, planificando escenarios que nunca ocurren y que nadie le ha pedido, y buscando patrones como un analista de Wall Street[28].

¿Qué has visto en el dibujo?

La gran mayoría de la gente nombra varias figuras: tres comecocos (pizzas, pacman...) o tres círculos negros con un triángulo de borde negro y encima un triángulo blanco cubriéndolo todo. Bueno, he escuchado de todo en mis clases pero he reflejado lo que piensa la mayoría: la estrella de David, la señal del demonio, un árbol egipcio y una nave espacial de Andrómeda son algunos de los *hits* «especiales» entre mis alumnos.

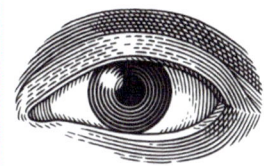

La visión es súper importante en el cerebro humano y es nuestro mayor apoyo en la vida y para tomar imágenes del mundo que nos rodea. La usamos muchísimo y dependemos de ella... Si nos pueden engañar en eso tan fácil, imagina qué nos pueden hacer en decisiones importantes relacionadas con temas como las finanzas por ejemplo.

---

28   ¿Alguna vez has pensado que si estos analistas realmente supieran detectar las tendencias, los movimientos de la Bolsa, no estarían trabajando mil horas por un sueldo? Se dedicarían a vivir a su aire haciéndose millonarios con su bola de cristal a los pies en una playa paradisíaca.

LA ESTRATEGIA «ELIGE DOS DE LOS TRES»

Vamos con una estrategia que puedes aplicar desde mañana mismo. En la página web de tu empresa, en la puerta de tus oficinas, en las camisetas con las que los empleados corren la carrera anual de la empresa, en la cena de Navidad donde todos beben más de la cuenta, y en el resto de lugares que se te ocurran, deberán estar grabadas a fuego estas tres palabras:

Bueno, Barato y Rápido

Estas tres características que tienen que tener cualquiera de los servicios que preste tu empresa se rigen con la regla: elige dos de las tres. Lo vas a entender fácilmente con esta relación matemática:

- Bueno + rápido no es barato
- Rápido + barato no es bueno
- Bueno + barato no es rápido

Sencillo, ¿no? Trata de aplicarlo en tu próxima negociación comercial con tus clientes. Mira dónde te quieres posicionar como empresa o como trabajador. Defiende lo que creas que es mejor para todos y hazte valer. Y también trata de aplicarlo cuando solicites un servicio y te conviertas en cliente. Piensa en el bien común; todos podemos salir ganando.

Error. No hay naves ni estrellas ni diablos. Pero sobre todo no hay un triángulo blanco que cubra nada. Es Johnny Brain haciendo de las suyas y rellenando los huecos para ayudarte a sobrevivir. Si no lo crees prueba a tapar los comecocos. Hay personas que todavía siguen viendo el triángulo blanco aunque no haya comecocos, así que no desesperes. Es completamente normal.

Aquí tenemos algunos ejemplos más que ilustran que somos marionetas cuyos hilos están manejados por el trozo viscoso de un par de kilos grises que viven detrás de nuestros ojos y se lo pasan en grande volviéndonos locos.

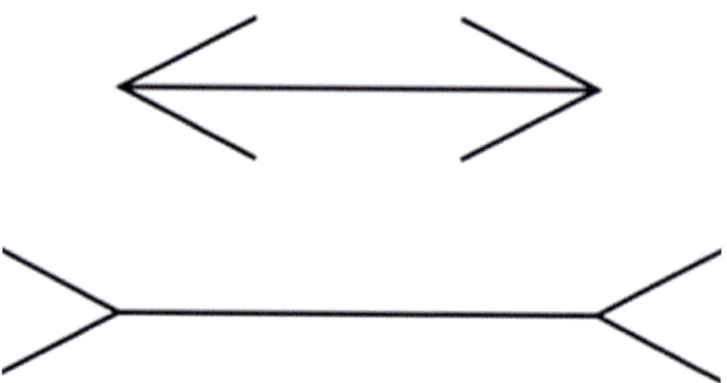

La figura de arriba es claramente más pequeña... ¿o no?

Otro ejemplo de nuestra súper visión... las famosas líneas torcidas que tuercen nuestras neuronas hasta el infinito... ¿Cuántas están torcidas?

La explicación es la siguiente: mientras vemos las imágenes, quedan grabadas en la retina las que vimos un nanosegundo antes, con lo que las imágenes se superponen dando lugar al movimiento. ¡Bienvenidos al cine, amigos!

El cerebro está entrenado para responder rápido y con ello garantizar la supervivencia. Extrae lo más importante de la situación y saca las consecuencias que estima oportunas. Pero la buena noticia es que podemos entrenarnos para «engañar» nosotros al cerebro, o más precisamente para «hacerle trabajar» de manera diferente. Si quieres conocer cómo se forma la conducta en nuestras queridas mentes puedes hacerlo descargándote el contenido de este bidi:

Cómo funcionan las creencias de Johnny Trampas

El cerebro nos pone muchas trampas, la mayoría de ellas para ayudarnos a sobrevivir, pero otras muchas solo nos conducen al callejón sin salida de la ansiedad, el estrés y la depresión. Después de haber visto cómo se produce la conducta es más fácil que puedas entender cuáles son los disparadores que provocan nuestras creencias y que hoy en día, con toda la moda «neuro», usan las grandes corporaciones para hacerte comprar cosas que no necesitas tener, libros que no necesitas leer o comida que no te conviene comer[29]. Son estudios, experimentos, demostraciones de psicólogos y neurocientíficos a lo largo de los tiempos. Ninguno de ellos ha inventado la rueda porque simplemente es aplicar el sentido común a una situación. Pero es importante fijarse en ellas para poder crecer.

Básicamente me gusta la explicación de Daniel Kahneman y Amos Taversky (entre otros psicólogos) que, para entender cómo funcionan las trampas, nos dicen que nuestro cerebro tiene dos sistemas de alerta. Pese a que podamos estar

La estrategia que cambiará el mundo a mejor es el «win-win». Todos podemos tener parte del pastel y hacer el pastel mayor. No vuelvas a pensar en la suma cero. (Si no sabes lo que es el «win-win» no te preocupes; ten paciencia y espera unas páginas y lo aprenderás con los ejemplos que vayas leyendo).

---

29 No sé si me gusta mucho el término «creencia» porque conlleva la creencia en uno mismo. Prefiero llamarlas situaciones a las que nos enfrentamos en la vida y que no salen como esperábamos (situaciones, para resumir).

UN BATE Y UNA PELOTA

Un bate de béisbol de madera de arce y una pelota de béisbol cuestan uno coma diez euros. Si el bate cuesta un euro más que la pelota, ¿cuánto vale el bate y cuánto vale la pelota?

La primera respuesta que da el 95% de la gente es muy simple[1]. El enunciado ya nos está dando prácticamente la solución. Si los dos juntos cuestan uno coma diez euros y el bate cuesta un euro más es sencillo. El bate cuesta un euro y la pelota cuesta diez céntimos. Uno coma diez, uno y diez. Simple, pero erróneo. En el mismo momento que estás dando la respuesta sabes que es incorrecta pero aun así no eres capaz de pensar otra cosa. Si piensas un poco o coges lápiz y papel obtendrás la respuesta sin mucha dificultad. Te dejo unos segundos para que lo hagas

equivocados respecto a su origen y que la toma de decisiones se produzca en el cerebro, en el estómago, en el codo derecho o en los pies[30], vamos a llamar sistema 1 y sistema 2 al sistema de procesamiento, sin importarnos por ahora dónde se origine. Eso se lo dejamos a los expertos.

Vamos con un ejercicio que me encanta para que experimentes por ti mismo los dos sistemas de tu cerebro.

El sistema 1 responde heurísticamente. Es donde se forman los juicios y elecciones de carácter intuitivo, acertados o no. No requiere de control consciente para funcionar. Es rápido, basado en el filtro de estímulos que hayamos recogido y en nuestro esquema de categorías.

Controla actividades sencillas, como leer frases simples, resolver problemas sencillos, no meter los dedos en un enchufe o no meternos en una piscina de aceite hirviendo. Es el sistema que te ha mantenido vivo hasta la fecha. Es ágil, automático, intuitivo, emocional y un superviviente.

El sistema 2 es reflexivo, presta atención, compara y elige de forma ordenada, haciendo cálculos y «pensando», pero es perezoso y utiliza el sistema 1 a la menor oportunidad. Es lento. El sistema 2 se activa de manera automática cuando el sistema 1 no tiene una respuesta rápida e inconsciente. Por ejemplo, si nos preguntan cuánto es 17 x 36 o la raíz cuadrada de 29.626, el sistema 1 no tiene la respuesta pero sabe que el sistema 2 es capaz de calcularla, así que no dice nada y le pasa el «marrón» al sistema 2. Es lento, consciente, deductivo y lógico.

> En las cavernas te hubiera llevado a una muerte segura analizar tranquilamente y con lógica si esa serpiente que colgaba del árbol era venenosa o simplemente quería saludarnos de manera amistosa. Muerte segura.

---

[1] Si eres matemático es fácil que no experimentes la trampa del ejercicio gracias a tu cerebro analítico, pero he conocido muchos casos en los que no ha sido así.

[30] Ahora mismo hay una corriente muy potente sobre la participación de todo el cuerpo en la toma de decisiones. Yo personalmente creo que funciona de manera conjunta con una base importante de partida en el sistema cerebral y un centro secundario de toma de decisiones en el estómago, el «segundo cerebro», sin desatender el resto del cuerpo. Pero la parte más misteriosa de nuestro cuerpo es el cerebro, único de nuestros órganos que no se puede replicar de manera artificial, o por lo menos el único sin el que no podemos vivir conscientemente de manera artificial.

Las situaciones que voy a enumerar aquí son las que a mí me parecen más relevantes o aclaran mejor cómo funciona nuestra cabeza. Las he escrito en formato divulgativo y con ejemplos del día a día para que puedas reflexionar sobre ellas. Hay miles y de distintos autores, con más o menos soporte empírico, pero estas son las que a mí me gustan y las que cuento en mis clases.

Situación 1: Oferta rebajada

Para la primera de las situaciones me gustaría que te colocaras mentalmente delante de tus zapatillas favoritas. Las llevas viendo toda la semana al pasar por la tienda y quieres comprarlas. No tienes dudas. Son las que quieres. Son el modelo y color perfectos para tu *outfit*. Y la tienda es de esas modernas y fantásticas donde no te ponen los precios porque no es chulo hablar de dinero[31].

En tu cabeza quieres pagar 90 euros por las zapatillas. Ya te parece una cantidad razonable y no estás dispuesto a invertir ni un céntimo más. La sorpresa llega el día de las rebajas cuando aparecen por primera vez los carteles donde figuran el precio original, que hasta la fecha era un misterio, y el rebajado.

Precio original 150 euros. Se salen del precio que habías previsto, así que mala noticia. Pero un 30% de descuento en colores vivos aparece al lado de la lengüeta de la zapatilla como un payaso saltarín de una caja de magia. El descuento es espectacular. La espera ha merecido la pena. Acierto. El problema viene cuando sacas tu calculadora humana y llegas al resultado de aplicar el descuento al precio original. Maldición. Precio final 105 euros... ¿Qué crees que hará tu cabeza en estos momentos?

En estos momentos tu cerebro estará encantado por haberte ayudado, pero en realidad habías establecido un tope de 90 euros para esa compra. 15 euros más no suponen nada. Tienes razón, pero te propongo que lo mires en sentido relativo. Si en lugar de 90 euros fueran 90.000, el aumento sería considerable. 15 euros sobre 90 supone un 17%. Así que tu cerebro te

y así entrenas tu cerebro. No tengas pereza por favor, es importante hacer, hacer, hacer...

Correcto. El bate cuesta uno coma cero cinco y la pelota cuesta cinco céntimos. Ahora estarás pensando... ¿cómo es posible que ante una operación algebraica tan simple y sabiendo que la primera respuesta que he dado es incorrecta, mi cerebro siga pensando en ella como válida? Pues la culpa la tienen tus dos «sistemas cerebrales». En este ejercicio se activa el sistema 1 de manera automática para poder seguir haciendo cualquier otra tarea que estuvieras haciendo. Es rápido y se contesta rápido. A otra cosa mariposa.

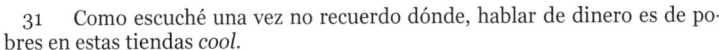

31   Como escuché una vez no recuerdo dónde, hablar de dinero es de pobres en estas tiendas *cool*.

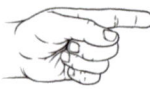

No hay tanta violencia en el mundo como nos quieren hacer ver. Si no me crees, te invito a que leas a Steven Pinker y los ángeles que llevamos dentro o el libro *Factfulness* de la familia Rosling, donde nos cuentan con datos cuantitativos la realidad del mundo. Por ejemplo, nadie recuerda que llevamos un 3% de media anual de crecimiento a nivel mundial los últimos treinta años. No es noticia decir que las cosas no están tan mal. Nos gusta mucho lo truculento, girar la cabeza al pasar por ese accidente de coche aminorando la marcha para sacar una foto de los muertos. Así somos. El morbo nos atrae sin remisión.

En cambio otras muertes que podrían ser más fácilmente evitadas se tapan por parte de los medios de comunicación. No nos dicen que 3.700 personas se suicidaron en 2017 en España y que más de 40.000 personas mueren al año debido a la diabetes o a problemas cardiorrespiratorios ocasionados por la obesidad y el sedentarismo. Es más fácil poder manejar tu propio cuerpo y cuidarlo. Es más fácil poder manejar tu propia mente y cuidarla, pero no lo hacemos. Por alguna razón es tabú expresar tus sentimientos, tu depresión, tu ansiedad. Está mal visto en esta sociedad estresada y estresante decir que no puedes con el ritmo, que te quieres bajar, que esto va demasiado rápido.

ha engañado para que creas que apenas estabas aumentando el gasto en la compra y encima ha percibido que la oferta era irrechazable y que quizás nunca más se volvería a repetir. Si has establecido un techo de gasto es porque tu proceso de toma de decisiones así lo había indicado. Si crees que estabas equivocado, revisa el proceso de toma de decisión pues las variables han cambiado.

Situación 2: Telediario

Pedro Piqueras presenta las noticias de la noche como si de una película de terror se tratara. No hay un solo día en que le haya visto dar una buena noticia[32].

Muertes violentas, accidentes de circulación con decenas de cadáveres desparramados por la carretera y violencia por todos sitios, caos político, guerras comerciales, enfados, desahucios y miserias. Ese es el ruido de fondo que inunda los hogares españoles mientras se cena con la televisión. Si le preguntas a cualquier persona de la calle por las muertes violentas en España, los accidentes de jóvenes en moto, las víctimas en carretera, la situación económica mundial… ¿qué crees que responderían sobre el número de muertes en carretera en España?

Pues no. Lo siento.

Las cosas no están tan mal como nos las pintan. Según estadísticas oficiales, son 1.830 las personas fallecidas en 2017 por accidentes de trafico. Claro que son muchas vidas, muchas familias rotas por la desgracia. Son personas que al coger su coche ese día no sabían que iba a ser la última vez que se despedirían de sus hijos, la última vez que verían a sus parejas, la última vez que discutirían con sus padres, la última vez que se enfadarían por esa tontería, la última vez que dirían te quiero. Pero son menos de las que la gente piensa. Muchas menos.

Pedro, vamos ahora con los asesinatos en España. A mí me parece que se te cambia un poco la cara y casi diría que sonríes, pero será efecto de la televisión porque creo que eres un buen tío. ¿Qué responderías tú sobre cuántas muertes violentas se producen al año en España?

---

32 Pedro, si estás leyendo esto y estoy equivocado, dame las referencias de esas noticias y en la próxima edición revisada del libro lo cambiamos.

Pues fueron 292 personas las que fallecieron de muerte violenta en el 2017 en España. Como antes, reconozco que son muchos casos pero en perspectiva no son tantos para más de 45 millones de personas. También hay un sesgo de nuestro cerebro con los datos macro porque si en lugar de decirte 292 personas, te detallo sus nombres, te enseño sus fotos y las de sus hijos, sus trabajos y te identificas con ellas, la sensación de angustia es mucho mayor.

Situación 3: La película es mala

Estamos en el cine. Has elegido esa película que no tenía muy buena crítica pero que tenías ganas de ver. Es el día del espectador y la entrada te ha costado 3 euros. La sala está prácticamente vacía. La película dura dos horas cuarenta minutos. Todo está preparado. Apagas el teléfono, coges tus palomitas y te preparas para disfrutar.

A los veinte minutos, las dos únicas personas que te acompañaban en la sala, cinco filas detrás de ti, se marchan de manera silenciosa pasando por tu derecha sin poner el intermitente. Tú no eres de los que abandonas, pese a que reconoces que la película lleva un rato siendo bastante aburrida y al guion no terminas de pillarle el punto.

A los treinta y cinco minutos es oficial. La peli es terrible. Lo sientes mucho por el director, los actores, y sobre todo por los productores que han invertido en ella, pero es infumable. No se puede soportar y todavía quedan dos horas de suplicio. Sabes que tienes que salir del cine pero no lo haces porque has pagado la entrada y quizás la peli remonte... ¿Qué crees que hará tu cabeza en estos momentos?

Lo habitual suele ser agarrarse a los tres euros que hemos pagado por la entrada y tratar de aprovecharlos al máximo, ya que hemos gastado un dinero que no se nos va a devolver. (Si tres euros te parece poco cambia el enunciado y piensa que has ido en fin de semana y la entrada cuesta diez). Normalmente no nos vamos del cine por el gasto realizado. Te presento al coste hundido.

Tenemos que permanecer en la sala viendo toda la película porque hemos pagado la entrada. Pero si la película es mala, debemos salir del cine por un motivo fundamental que comple-

EL COSTE HUNDIDO

El tiempo tiene el valor que tú quieras darle, así que no lo pierdas con una película, un libro o una persona que no lo merece, aunque con las personas es mucho más complejo no caer en el coste hundido de una relación.

Con las cosas físicas, como ya hemos gastado dinero y no nos lo devuelven, sentimos que tenemos que aprovechar eso en lo que hemos invertido. Error. El dinero ya está gastado y no lo vas a recuperar. Ocurre lo mismo con las cuotas del gimnasio y la sensación de tener que aprovecharlo por haber pagado. Aprovecharás el gimnasio porque quieres ponerte en forma, porque te diviertes yendo o por cualquier motivo que no tiene que ser en ningún caso el haber pagado por él.

STORYTELLING

En la sociedad de hoy en día, el rey es el storytelling o, dicho de otra forma, «cuéntame la realidad pese a que los dos sabemos que estás exagerando a tope o directamente es mentira, pero me suena genial». La historia es más importante que la realidad. Todos conocemos a esa persona que siempre vende acciones en el momento más alto y ha comprado justo en el precio mínimo. Ese amigo que ha montado un negocio y se ha hecho de oro cuando la competencia salía despavorida. El cuñado que tiene un piso en una zona terrible pero que alquila a precio de oro. Pues bien, la mayoría de esas historias son eso, historias. Por supuesto que existen casos de éxito, pero es importante analizar primero el riesgo de las inversiones y después conocer su resultado.

Solo vemos al que triunfa y no los 100.000.000 que fallan. Es importante verlos a todos porque hay una estadística demoledora. El 94% de las empresas que nacen mueren antes del tercer año. Si eres malo en mates te ayudo. De cada 100 empresas que ponen un mínimo de 3.000 euros para empezar a funcionar, 94 cierran antes del mes 36, así que sobreviven 6 de cada 100. Es un dato real.

menta al coste hundido: el coste de oportunidad. Tu tiempo es más valioso que los tres o los diez euros que hayas pagado. El coste de oportunidad es lo que te cuesta dejar de hacer algo por tener tu tiempo ocupado en otra cosa. Siempre podrás hacer cosas más valiosas con tu tiempo que perderlo. Hay veces que es maravilloso perder el tiempo por el mero hecho de hacerlo, a mí me encanta. Pero en esos casos soy yo quien lo decide y calendariza. Esta tarde no voy a hacer nada más que aburrirme y ver como pasa el tiempo. Pero no voy a seguir con esta película ni un minuto más.

El GM nos obliga a tener un calendario con las cosas que queremos y no queremos hacer, conociendo los costes de oportunidad y sin dejar que el resto de costes se hundan por nuestro tramposo tomador de decisiones.

Si este libro no te gusta, ¡¡¡déjalo ahora mismo!!!

Situación 4: El millonario del pelotazo

Acabas de ganar 1.000 euros poniendo solamente 100 en un negocio al 100% legal. ¿Qué te parece? ¿Suena bien, no? Estamos rodeados de timadores, engaños y ladrones, y tu cerebro lo sabe, así que ahora estarás pensando que es una estafa, (*scam* para los más jóvenes; pregúntale a tu hijo pequeño si le apetece que le «escamees»...) ¿Qué crees que hará tu cabeza en estos momentos?

Si compruebas que el negocio es legal, que está registrado en un organismo oficial y tiene todas las bendiciones, quizás cambies de opinión y te lances a la aventura, pues la ganancia es muy alta. El problema viene del riesgo de la operación, que muchas veces está nublado por la posible ganancia. Solo vemos el modelo de éxito. Solo vemos el resultado. Solo vemos lo que queremos ver.

En las empresas ocurre un poco lo mismo. Todas las nuevas *start ups* nacen ilusionadas con una idea que cambiará el mundo o lo mandará al infierno, pero lo cambiará de alguna manera. Todas con grandes directivos, en su mayoría jóvenes, recién salidos de escuelas de negocios con sus títulos frescos y relucientes, sin nada de barro ni malos olores, sin experiencia en trinchera. Todos con sus títulos de director general, director de proyectos, director de tecnología, o sus fantásticas siglas en inglés CEO, CTO, CFO, CPO, CCC… Solo quieren ver al exitoso, al millonario que vende su empresa por mil veces más de lo que en realidad vale.

En nuestro caso, de los 1.000 euros ganados invirtiendo solo 100, quizás si te digo que el riesgo quintuplica la posible rentabilidad no te parezca tan buen negocio, o por lo menos serás consciente de que la mayoría de las veces perderás tus 100 euros.

Situación 5: Las rebajas de El Corte Inglés

Es el primer día de rebajas y llevas todo el día viendo en carteles, autobuses, televisión, que empiezan las rebajas de El Corte Inglés. (Incluso puede que ahora tu cerebro esté pensando en esos anuncios y escuches en la soledad de tu mente su eslogan y música hipnóticos, sus modelos paseando por tus neuronas. «Ya es primavera…»).

El día ha sido duro, has trabajado bien y quieres entrar a El Corte Inglés más cercano a por ese abrigo fantástico que has visto en catorce anuncios y que está rebajado al 50%. Tu decepción empieza a ser importante cuando no hay rastro del abrigo del anuncio, ni del resto del modelo. Ni la camisa, ni los zapatos, ni el pantalón… nada. El anuncio decía que todo estaba al 50%. Al preguntarle a una «amable» trabajadora, te indica la esquina donde están las prendas al 50%. Preguntas por el abrigo y vuelve a darte la misma respuesta. Si le preguntas por lo que cenó ayer estás seguro de que te contestará lo mismo. En la zona de rebajas lo único que ves es ropa de tallas para gigantes o duendes y de muy dudoso gusto. ¿Qué crees que hará tu cabeza en estos momentos?

La ropa es horrible. La talla no te entraría en ninguno de los universos posibles conocidos. Pero está al 50%, así que veinte minutos después, superada la desesperación por no haber encontrado el abrigo soñado, tu cerebro lo ha olvidado y sales con un pantalón que jamás podrás ponerte y dos camisas en las que cabes dos veces. Efecto claro. Entras a por una prenda y sales con otra que no tiene nada que ver porque tu cerebro no ha podido evitar la oferta que le han presentado con un cebo, ya que no hubieras entrado jamás si te hubieran mostrado en el anuncio la ropa que descansaba bajo el 50% de color rojo chillón.

La enseñanza que tenemos que fijar en nuestro Growth Mindset es que si la situación cambia, deberá cambiar la decisión inicial. Es una variante de lo que nos ocurrió con las zapatillas rebajadas pero en versión más diabólica, porque aquí nos han atraído hasta la compra. Estos ejemplos los ilustro con compras porque es la parte más sencilla de entender. Aplícalo a cualquier decisión empresarial donde cambian las situaciones pero seguimos apegados al resultado o a la primera toma de decisión impulsiva.

EL EFECTO HALO

Fue acuñado por el psicólogo Edward Thorndike. No contemplamos las cualidades por separado y asignamos una magnitud a cada cualidad con independencia de las otras. El atractivo físico es la variable que más evoca el efecto halo. Utilizado en marketing para asociar un producto a un deportista admirado, logra que se le atribuyan cualidades distorsionadas al producto al asociarse a los logros de la persona que lo utiliza. De ahí que queramos comer las mismas patatas fritas que Leo Messi, tener el mismo seguro que Rafa Nadal o Matías Pratts, el mismo champú de pelo que Griezmann…

Ahora que sabes que tu cabeza es la responsable de que sigas fumando voy a aportar mi granito de arena a la ecuación del conocimiento. Vamos a meterle la parte económica. Un paquete de tabaco cuesta aproximadamente 5 euros. En el caso más que normal de que únicamente fumes un paquete, estás gastando 150 euros al mes, 1.825 euros al año y 9.125 euros en cinco años en tabaco. Si no valoras tu salud, por lo menos valora tu bolsillo. No voy a decirte la cantidad de cosas que puedes hacer con ese dinero porque igual me dices que no te apetece ninguna.

Situación 6: No me fío, menuda pinta…

Acabas de llegar a la consulta del médico. Después de quince minutos de larga espera aparece un joven de unos treinta años, con más tatuajes de los que a ti te gustaría y con una cara que no te termina de convencer. No es feo pero sus rasgos son demasiados duros. Y tiene una barba rara que le hace parecer mal afeitado. Su voz tiene un timbre que te irrita nada más escucharle gritar tu nombre para que pases con él a su consulta. ¿Qué crees que hará tu cabeza en esos momentos?

Lo más habitual será pensar que la persona es demasiado joven e inexperta, que no te gusta que tenga tatuajes porque a ti no te gustan los tatuajes, que su voz es desagradable y que su cara no te inspira confianza, ya que no es tan cálida como la de tu médico habitual. Tú llevas un año intentando solucionar un dolor de cabeza que no acaba de desaparecer. No tienes ganas de darle una oportunidad al nuevo médico.

Si te digo que dentro de dos meses estarás encantado con él, que ha conseguido librarte de las migrañas, que es el primero de su promoción y que sus rasgos físicos y su voz no tienen nada que ver con su capacidad como médico… ¿quieres empezar de nuevo y pasar a su consulta con otro ánimo?

Lo que te ha ocurrido es normal; el tramposo, otra vez con sus sesgos y películas mentales. Has caído en el «efecto halo», un sesgo cognitivo por el cual la percepción de un rasgo particular se ve influenciada por la percepción de rasgos ocurridos con anterioridad en una secuencia de interpretaciones.

Las apariencias engañan. No lo olvides.

Situación 7: No lo hago porque no quiero…

Todos conocemos a esa persona que fuma, poco o mucho, y que tiene una frase que suelta a la primera de cambio cuando le acosa un frente antitabaco en una cena, en el trabajo o sus hijos preocupados por su salud. «Lo dejo cuando quiera, no tengo ningún problema de adicción. Simplemente es que me gusta y no creo que los cigarrillos que fumo sean tan perjudiciales. Peor son la contaminación o las porquerías que comemos».

La frase es amplia para recoger el espectro de lo que todos los fumadores repiten. Ellos no son adictos y fuman porque quieren, no porque su cerebro pida nicotina, cuando tienen el mono de un drogadicto.

No voy a entrar aquí a dilucidar si fumar poco o mucho es mortal en todos y cada uno de los casos. Simplemente voy a constatar el hecho de que el tabaco es objetivamente perjudicial para la salud y uno de los factores que más influyen en las enfermedades cardiorespiratorias y en distintos tipos de cáncer. Es un hecho científicamente demostrado. Ahora bien, si tu tío el del pueblo vivió hasta los 102 años fumando cuatro cajetillas de Ducados y nunca llegó a toser, si tu primo segundo fuma dos paquetes de Lucky Strike y corre la maratón de Boston en 2 horas y 55 minutos, y si el Pisuerga pasa por Valladolid, fenomenal. Siempre hay casos excepcionales para todo. Para el resto de los mortales es mejor no fumar que fumar. Eso es un hecho que cualquier médico del planeta Tierra te dirá. Y la capacidad del habano de generar adicción es muy alta. Según estudios, es la tercera droga más adictiva tras la heroína y muy cercana a la cocaína, y aumenta los niveles de dopamina en un 40%, la hormona encargada de las recompensas del cerebro y que luego analizaremos.

Si sigues pensando que esto que te cuento son milongas, que el tabaco no es malo, que tú no eres adicto y que lo dejas cuando quieras, existe un término para esa sensación que estás experimentando y fue Leon Festinger el que le puso nombre. La llamó «disonancia cognitiva». Básicamente viene a decir que no dejas de fumar simplemente porque no eres capaz, pero es más fácil cambiar algo real que cambiar una creencia, así que te convences a ti mismo y a los demás de que el tabaco no es tan malo o de que hay cosas peores.

EFECTO ANCLA
En una negociación, la persona que establece el precio de partida marcará el comienzo de la subasta, de manera que será complicado alejarse mucho de esa cifra. Es una técnica muy usada en ventas y negociación. Ten cuidado ahora que la conoces y utilízala para hacer el bien.

Situación 8: Anchoring[33]

Nada tiene que ver con las anchoas de Santoña o el pueblo Anchorage de Alaska. Te doy una pista: ninguno de los dos personajes de los que vamos a hablar llegaron a los 101 años de edad.

Ahora viene la pregunta: ¿Cuantos años tenían en el momento de su muerte Mahatma Gandhi y Galileo Galilei?

---

33   No googlear, por favor.

¿Qué crees que hará tu cabeza en estos momentos? Párate un segundo y piensa...

Si has pensado que Galileo murió sobre los cincuenta y Gandhi pasados los ochenta estás en la media de las respuestas, así que enhorabuena, ¡toma *anchoring*!

Ahora piensa en las dos últimas cifras de tu teléfono móvil. Visualiza el número y con números bien grandes varias veces.

Ahora viene la pregunta: ¿Cuántos países hay en África?

¿Qué crees que hará tu cabeza en estos momentos? Párate un segundo y piensa...

Pues de media, las personas que tengan un número alto en las dos últimas cifras de su teléfono tenderán, después de haber anotado y leído estas dos cifras, a elevar inconscientemente el número de países que conforman África. Por el contrario, las personas con números bajos tenderán a reducir el número de países de África. Al final del libro tienes las soluciones a todos los ejercicios.

Este efecto se llama «efecto ancla» o «anchoring», que tiene mucha más gracia. Significa que le damos más peso a lo primero que escuchamos al tomar una decisión, que nos anclamos a los números mentalmente y luego nos cuesta salir de su área de influencia.

Situación 9: Enamorado de mi decisión

Te enamoras de las decisiones y las sigues manteniendo pese a todos los indicadores. Aquí aparece una paradoja porque valorar más lo que tenemos nos hace desear lo que no tenemos. El clásico «perro del hortelano».

Imagina que has ganado 1.000 euros en la lotería y has decidido comprar una acción de Amazon con un valor de mercado de 1.000 euros. Ayer no tenías esos 1.000 euros ni contabas con ellos para cubrir tus necesidades básicas.

Tú eres un apasionado de Amazon, le compras hasta el papel higiénico a Jeff Bezos y tienes una foto suya a tamaño natural en el cabecero de tu cama. Te has dicho a ti mismo que si Amazon baja de 900 euros venderás la acción porque no estás dispuesto a perder más de 100 euros en esta operación.

El problema viene cuando Amazon se pone en 880 euros. Ha superado el valor que habías planificado, pero tampoco es

Debemos separar los sentimientos y los sesgos de las decisiones o aplicarles pesos para que no arrastren una buena decisión a un mal resultado. No te enamores de tu estrategia, de tus decisiones, de tus compras. Enamórate de las personas.

tanta diferencia y Amazon es tu empresa favorita y Jeff tu gurú de referencia. Has hecho un análisis y has visto que la acción de Amazon tiene potencial de crecimiento. Tu decisión es correcta y quieres esperar un poco más. Jeff nunca falla.

¿Qué crees que hará tu cabeza en estos momentos? Pues lo normal es esperar hasta que llegue hasta una cifra donde habrás perdido mucho más de lo que tenías planificado y ya no puedas hacer nada. Te has enamorado de la decisión tomada. Le has cogido cariño a esa acción valiosa de la mejor empresa del mundo. Jeff nunca te ha fallado en un envío, pero recuerda que hace diez años muchas de las empresas del Top 10 mundial ahora no existen o valen la mitad.

Situación 10: El tonto de la clase

El entorno también nos empuja en una dirección ya que no somos ajenos a lo que pasa a nuestro alrededor. Si metes en una coctelera entorno, sistemas mentales y creencias, ya tienes el cóctel molotov para que tu cerebro haga que la vida se te haga un poco más cuesta arriba. Voy a traer un momento a Martin Selligman, uno de los padres de la psicología moderna, para que me ayude a que entiendas la importancia del entorno. Quizás sea una situación que has vivido en algún momento de tu vida escolar o profesional

Imagina por un momento que estás en clase y tienes doce años. Proponen un ejercicio a toda la clase y reparten una hoja con tres palabras. La primera de las palabras es MEJOR. Tienes que hacer una palabra de cinco letras utilizando todas esas letras. Cuando termines levantas la mano. A los dos segundos la mitad de la clase está con la mano levantada y tú no has sido capaz todavía de sacar la palabra… Comienzas a ponerte nervioso y sentir que no eres tan listo como pensabas o que quizás simplemente tienes un mal día.

Al leer la segunda palabra la cosa tampoco mejora porque aparece PLUMA. En menos de tres segundos la mitad de tus compañeros tienen la palabra. Ya es oficial. Perteneces al bloque de los tontos de clase, los que nunca conseguirán nada, los que les servirán las patatas fritas a sus compañeros que ahora tienen la mano alzada cuando estos se vayan de vacaciones con

EL EFECTO PIGMALIÓN

Existe un efecto que podría ser contrario a la indefensión aprendida. Para ilustrarlo se realizó un experimento, muchas veces replicado a posteri. En una clase le dijeron a un profesor recién llegado quiénes eran los alumnos de buenas notas del curso anterior y quiénes los torpes. En el experimento, al final del curso los alumnos catalogados como «listos» y con buenas notas el año anterior siguieron en la misma línea, y los que estaban catalogados como tontos no lo hicieron tan mal y mejoraron un poco los resultados del año anterior aunque no llegaron al nivel de los otros.

En el experimento cambiaron los expedientes de los alumnos y los que el año pasado eran los que tenían mejor expediente en realidad eran los que sacaban peores notas y recibían menos atención del profesorado. Cuando sintieron que el profesor nuevo contaba con ellos, esperaba de ellos lo mejor y sintieron su apoyo y su atención, mejoraron de manera espectacular. Es lo que se llama el «efecto Pigmalión».

El efecto Pigmalión, o profecía auto cumplida, es la potencial influencia de la creencia de una persona en el rendimiento de esta última. Puedes conseguir que el niño se caiga de la bici con un simple «te vas a caer fijo» o puedes conseguir que apruebe ese examen que lleva peor haciendo que confíe en sus posibilidades, apoyando sus conocimientos y reconociendo su esfuerzo. Los alumnos mejoraron sustancialmente debido al efecto Pigmalión. (Existe también el «efecto Galatea»; no hace falta que nadie te diga nada: tú mismo confías en ti para llevar a cabo algo y te lanzas mensajes positivos sobre lo que haces».

Nuestras creencias sobre otros influyen en nuestras acciones hacia ellos, lo que impacta en otras creencias que causan otras acciones hacia nosotros y refuerzan nuestras creencias sobre otros. También es cierto que algunos tratan de convencernos de que podemos hacer todo lo que queremos solo con proponérnoslo. No es real. Debemos conocernos y conocer a las personas para saber qué podemos hacer y qué no.

La próxima vez que tu hijo se suba a un árbol no le digas «te vas a caer», porque le estarás predisponiendo a la caída. Es mejor que refuerces sus habilidades y le digas: «céntrate en lo que mejor sabes hacer, comprueba los apoyos, estate concentrado, alerta y enfocado en subir».

su familia y tú seas un fracasado. Ya lo sabías y ahora está demostrado.

Este lenguaje mental que estoy utilizando es habitual en nosotros cuando vemos que el resto sabe hacer algo que nosotros no somos capaces de hacer. Para cuando el profesor avisa de que hay que sacar la tercera palabra tu moral está por los suelos.

La palabra es ESPONJA y apenas intentas sacarla porque sabes que no lo conseguirás. A los cinco segundos la mitad de la clase y algún compañero suelto más están con la mano levantada. Para ti es uno de los peores días de tu vida.

¿Qué crees que hará tu cabeza en estos momentos? Pues pensar todo lo que he escrito y cosas mucho peores. Además ahora seguirás intentando hacer el ejercicio porque no habrás conseguido sacar la palabra que se escondía detrás de PLUMA, o quizás sí.... ¿Has acertado la palabra que se escondía detrás de MEJOR? Pues la sensación que tienes ahora es la misma que experimentan los niños en clase cuando sienten que otros son mejores que ellos, o en tu oficina cuando parece que lo haces peor que tus compañeros.

El juego tenía truco. La mitad de la clase compartía contigo las mismas palabras. La otra mitad tenía COSA como primera palabra y MORA como segunda. Las dos son mucho más sencillas y ese es el motivo de que levantaran la mano a los pocos segundos. La gracia del ejercicio es que la tercera palabra, ESPONJA, es común para los dos grupos y los integrantes del grupo de las palabras difíciles han levantado la mano en mucha menor medida que los integrantes del grupo de las «fáciles»[34]. Martin Selligman lo llamó «indefensión aprendida». Los alumnos del grupo difícil aprendieron a sentirse indefensos ante la adversidad, se acostumbraron a que ellos no sabían hacer el ejercicio y su cerebro lo corroboró al no intentar siquiera resolver la tercera palabra.

---

[34] El grupo fácil tenía como palabras SACO y AMOR, por poner un ejemplo, y la tercera palabra era JAPONÉS. (Por cierto, MEJOR y PLUMA no tienen otras palabras de cinco letras que formar. Era imposible que lo pudieras resolver).

Growth Mindset

¿QUÉ ESTÁS PENSANDO?

Creo que ha llegado el momento de que entremos en materia. Vamos a analizar el cerebro para ver cómo los pensamientos se manifiestan en acciones que crean hábitos y forjan nuestro carácter. Ahora vamos a ponernos un pelín técnicos y a entrar en cómo funciona nuestro cerebro, aunque siempre de manera muy tangencial y sin querer parecer expertos en la materia. Algo así como «neurociencia súper básica para abuelas que no sean licenciadas en ciencias».

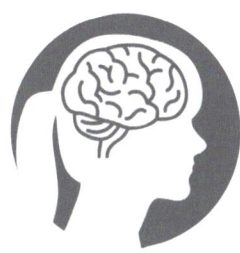

El cerebro se compone de vías nerviosas y neuronas que habitan la masa neuronal recibiendo información mediante pulsos eléctricos, y se comunican mediante neurotransmisores, que son sustancias químicas creadas por el cuerpo que transmiten información de una neurona a otra a través de la sinapsis[35]. Quizás hayas oído hablar de alguno de estos neurotransmisores, incluidos los llamados de la felicidad o el estado de ánimo.

Si todo se forma en el cuerpo y en el cerebro, ¿entonces estamos predeterminados por la genética? No. Siempre podemos adaptar los pensamientos y hacer que funcionen en nuestro beneficio. Puedes hacer ejercicio y liberar endorfinas, puedes agradecer cosas y aumentar la serotonina, puedes establecerte objetivos alcanzables y generar dopamina sana, aprender de los desafíos, crear un círculo social estable, abrazar a las personas y conseguir oxitocina, mejorar como ser humano... El camino al GM es largo, productivo y enriquecedor.

Vamos ahora con la corteza prefrontal, la parte consciente y la que durante mucho tiempo se creyó que nos diferenciaba del resto de mamíferos, aunque actualmente se sabe que todos los vertebrados tienen cortezas similares a nuestra corteza prefrontal, aunque ubicadas en sitios diferentes y con menos capacidad.

La corteza prefrontal interviene en la realización de planes, planificaciones, reconocimiento del logro, inhibición de

> **Neurotransmisores**
>
> El cerebro es una de las maquinarias más complejas que existen y la presencia de distintos tipos de neurotransmisores permite que el sistema nervioso cuente con una combinación de comportamientos impresionante, lo cual es necesario para adaptarse al entorno que nos rodea. Quizás el que podemos tener más a mano y nos interese comentar en el mundo digital psicótico que nos rodea sea la dopamina, uno de los responsables de las adicciones y la sensación de placer. También es clave para la concentración, para dormir y recordar información. Después de haber conseguido un logro el cuerpo libera dopamina. Es esencial en la motivación. El problema de hoy en día es la cantidad de dopamina que conseguimos por medio de los mensajes del teléfono, los *likes* de RRSS y la interacción con los elementos digitales que producen adictos a lo tecnológico aislados de la realidad.

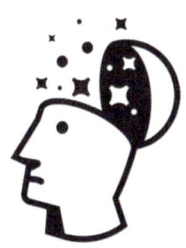

---

[35] Hay más de 60, pero las más importantes son la oxitocina, la dopamina, la adrenalina, la noradrenalina, el glutamato, el GABA, la acetilcolina, la endorfina y la serotonina.

SECUESTRO DE AMÍGDALA

La amígdala es la encargada de la respuesta emocional ante una situación. Seguro que habías escuchado en algún momento hablar del «secuestro de amígdala». Daniel Goleman lo llamó así para referirse a un estallido emocional que sobrepasa nuestros límites. Los núcleos de los lóbulos temporales donde se encuentra la amígdala se activan especialmente ante un estado emocional intenso. Se llama secuestro porque la amígdala bloquea la toma de decisiones racional del córtex frontal y es ella la que decide cómo reaccionar en la situación, siempre de manera emocional. Podemos tratar de controlar el secuestro mediante la observación de nuestros pensamientos y los hechos que lo han disparado. Debemos observar el cuerpo en los momentos de secuestro de amígdala, tanto anteriores como posteriores.

Una posible solución al secuestro es realizar nosotros mismos un cambio de situación cortando el cable mental de la amígdala en el momento que lo sintamos. Podemos trabajar la reacción frente a la respuesta. La próxima vez trata de instalar un *firewall* para que la corriente eléctrica que genera el impulso de la amígdala no avance. Ahora ya sabemos que el cerebro tarda aproximadamente minuto y medio en recuperar el equilibrio homeostático después de un alto grado de estrés emocional. Ah, y respirar una vez la neutraliza también.

respuestas inadecuadas, el control cognitivo y la toma de decisiones. Regula la conducta y está asociada al comportamiento social. Une experiencias pasadas, la percepción del presente y expectativas futuras. Es una parte clave en el desarrollo de nuestro GM. Podríamos decir que es el CEO de nuestro cerebro.

La parte límbica es la más famosa del cerebro gracias a su implicación en las emociones, con su estrella invitada, nuestra querida amígdala, de la que todos o casi todos hemos oído hablar, o que por lo menos hemos sufrido alguna que otra vez en nuestra vida. Es el cerebro emocional, el centro de las emociones (aunque actualmente ya sabemos que la emociones se crean por una interacción cuerpo y mente), lo irracional. Incluye el hipocampo, que es la zona destinada a la memoria, de ahí que todo lo que aprendamos que tenga un componente emocional tenga más facilidad de quedar registrado. ¿Te acuerdas de lo que estabas haciendo el 11 de septiembre de 2001 cuando cayeron las Torres Gemelas? La respuesta la tiene el sistema límbico.

Parar, reaccionar, respirar, observar... Vamos a detenernos unos minutos a hablar de *mindfulness*; es algo que llevan haciendo en Oriente desde hace miles de años. Por algo será.

MINDFULNESS

El *mindfulness* es una disciplina de entrenamiento de la mente. Significa atención plena al momento presente, al disfrute de la experiencia y la realidad que se va presentando frente a nosotros. El objetivo de la meditación no es estar tranquilo; es relacionarse con el entorno y lo que sucede. Estando inmóviles aceptamos el entorno.

El origen del *mindfulness* se remonta a miles de años en las tradiciones budistas y orientales. El acercamiento a Occidente se produjo entre otros de la mano del doctor Jon Kabat-Zinn, biólogo molecular, profesor del MIT en 1979, que se propuso investigar los beneficios de las técnicas milenarias de Oriente para conocer mejor la mente, aliviar el estrés y el dolor. Lo hizo de manera laica, despojándolo de cualquier señal religiosa o de culto. Creó un programa llamado MBSR de ocho semanas y lo introdujo en pacientes del hospital de la Universidad de Massachusetts notando un gran alivio de su sufri-

miento. Trastornos de fobias, depresiones, dolores crónicos... Viendo su éxito, la aseguradora americana de salud Kaiser la incluyó en su póliza de beneficios a medio y largo plazo. Después se trasladó a hospitales, colegios, empresas. Los beneficios del *mindfulness* probados por la ciencia son los siguientes:
- Mejora de nuestra salud mental
- Mejora de nuestras funciones cognitivas
- Mejora de nuestras relaciones inter-intrapersonales
- Mayor conexión con la realidad
- Mejora del funcionamiento del organismo

Mindfulness significa tener una comprensión profunda de la naturaleza de la mente. Conocer cómo funciona, su tendencia a divagar, a rumiar. Como hemos visto antes, la mente es experta en hacer planes, detectar patrones, encontrar correlaciones y dibujar escenarios (que casi nunca pasan por cierto). La mente está constantemente en el pasado para viajar al futuro sin pararse ni un solo segundo en el único momento real, el presente.

El *mindfulness* se trabaja por medio de la meditación, la observación consciente de los pensamientos que viajan por nuestra mente sin control y sin rumbo. Para meditar lo único que necesitas en un espacio tranquilo, diez minutos en tu agobiada agenda y el compromiso de mantener tu postura hasta conseguir el hábito. Para la observación de los pensamientos en la meditación puede ayudarte esta técnica que a continuación puedes descargarte con ayuda e este bidi:

Tu mente es una bola de nieve. ¿Alguna vez lo habías pensado?, ¿te sientes identificado con la bola de nieve? ¿Cuántas veces has dicho o pensado que tienes la cabeza como una batidora con miles de pensamientos, preocupaciones y dudas dando vueltas sin parar y sin permitir concentrarte?

MINDFULNESS

Puede que el *mindfulness* sea una de las pocas recetas que tenemos a nuestra disposición para luchar contra dos palabras que nos atenazan con su semántica. Son dos palabras que escuchas de tu jefe a lo largo del día. Son dos palabras que abarrotan las casas con niños pequeños. Son dos palabras que se escuchan por las calles imposibilitando hacer otra cosa. Las dos palabras no dañan tanto por separado, pero juntas son una bomba:

«Date prisa».

Darnos prisa para salir hacia el colegio. Darnos prisa para acabar el informe. Darnos prisa para salir a la cena a la que llegamos tarde como siempre. Darnos prisa en acabar la comida. Darnos prisa en terminar el ejercicio. Darnos prisa en pasar tiempo con las personas que queremos. ¿Por qué no nos damos espacio, tiempo, cariño o escucha en lugar de prisa?

> «A wandering mind is an unhappy mind»[1].
> — Judson Brewer

---

[1] Una mente que vaga es una mente infeliz.

RESPIRAR

La respiración es un *acto reflejo* e inconsciente que realizamos de manera natural para mantenernos vivos. Pero también es un ancla siempre disponible que nos ayuda a conectar con el presente. Siempre respiramos en el presente.

Mindfulness es comprender todos esos patrones de comportamiento y nuestros hábitos. Es alinear la mente con uno mismo y familiarizarnos con lo que allí se presenta. Si lo piensas, es muy parecido a todo lo que llevamos diciendo a lo largo del libro. Si sabemos cómo funciona la mente, podemos trabajar en ella.

Vamos a trabajar la divagación de la mente entrenando la atención. Todos tenemos la habilidad de cultivar la atención y centrar la mente en el único momento real que tenemos, el presente. Para ello nos vamos a valer de uno de sus mejores ayudantes, la respiración.

La mente trabaja sin forzarla, solo llevando consciencia y atención. Así podemos conocer la causa-efecto de nuestra mente. Nuestra mente aprende viendo los resultados de nuestros comportamientos.

¿Qué pasará cuando logremos calmar la mente, aclarar toda esa ventisca y burbujas de agua? ¿Eres capaz de recordar algún momento en el que hayas sentido un bienestar genuino de manera completa, una conexión con tu alrededor? ¿Recuerdas cómo estaba la mente en esos momentos? ¿Estaba conectada con la experiencia del momento, estaba 100% en el presente, focalizada en lo que quiera que estuvieras haciendo?

¿Qué ocurre en esos momentos con la reactividad?

Somos menos reactivos cuando estamos centrados en lo que estamos haciendo sin juzgarlo.

Con el *mindfulness* cultivamos la habilidad de parar y ver sin juzgar, de respirar (a veces se nos olvida que tenemos que respirar de manera consciente para ayudar a la homeostasis del cuerpo a regularse). Podemos crear un espacio donde tomaremos mejores decisiones.

Growth Mindset

EJERCICIO: TÉCNICA RoR

Imagina que te llega un email o un mensaje de tu jefe (no te va a resultar complicado creo...) en el que te recuerda la fecha de entrega de un proyecto y encima te dice que la última presentación tenía varios fallos y lagunas que no está dispuesto a pasar por alto. (Siento el disgusto que te estás llevando al hacer este ejercicio pero es necesario para avanzar). Lee el email que te adjunto y que nos sirve de ejemplo. También puedes elegir algún mail de tu bandeja de entrada para practicar esta maravillosa técnica.

Siempre habrá momentos en la vida en que aparecerá un *trigger* (disparador) que nos activará en un sentido concreto; algo pasa y reaccionamos, muchas veces de la peor manera posible. La reacción siempre es automática, culpa de nuestra amiga la amígdala de la que ya hemos hablado antes. Nosotros encima le ayudamos al ir siempre por la vida con el piloto automático puesto. ¿Qué ocurre si a través de la atención y estar presentes, gracias a la respiración y siendo conscientes del momento podemos hacer una micro pausa y parar? Es en ese momento cuando podemos responder en lugar de reaccionar y esta respuesta será menos inconsciente, más informada y más hábil. Para ver cómo hacerlo, usaremos la técnica Reaccionar o Responder.

Jue, 30 de mayo 22:15
De: Jefesupremo@empresa.com
Para: eberdosil@empresa.com

Asunto: RE: RE: Incumplimiento de fecha límite de Proyecto 245-GS

No has cumplido con la fecha prevista para la entrega de tu parte del Proyecto 245-GS. No entiendo a qué te has dedicado estas semanas si no has podido entregar ni la parte del Kick off que ya estaba hecha.

Me parece intolerable que vayamos a fallarle al cliente. Son las diez de la noche y espero que mañana a las 8 de la mañana entres en mi despacho para darme una explicación.

Pensaba que estabas más comprometido con la empresa y que te interesaba mantener tu puesto de trabajo, no lo entiendo.

Tu desempeño deja bastante que desear. Pese a eso sabes que te considero uno de los mejores trabajadores de mi equipo.

Si necesitas ayuda pídela para que te asignemos más personal.

Espero tu respuesta ASAP

...

El mie., 15 may. 2019 11:10, Eber Dosil escribió:

Lo tendrás dentro de dos horas sin falta.

Abrazo

...

El lun., 6 may. 2019 11:10, Jefe supremo escribió:

Observemos a las cebras y a los leones. Su comportamiento es claro. Cuando no hay peligro pastan tranquilamente sin más preocupación que la comida, su círculo social y poco más. La cebra está completamente centrada en su pasto, los integrantes de su grupo social, etc., y observa de reojo al león que permanece quieto. Su atención está centrada en el león y su posible movimiento. Cuando este inicia el ataque, la cebra decide qué hacer. Huye corriendo, con sus niveles de estrés a tope y la adrenalina corriendo por sus venas de cebra. Cuando cesa el peligro, vuelve a su estado natural de relax. No mantiene un estrés crónico escapando en todo momento de leones imaginarios. Para nosotros en nuestro día a día (ya hemos dicho antes que tenemos un cerebro antiguo en un mundo nuevo que encima progresa e innova a la velocidad de la luz), el estrés debería ser una respuesta natural para sacar adelante nuestros proyectos más inmediatos, aparte de salvarnos en las contadísimas ocasiones en que estamos en peligro de muerte. Nos permite sobrevivir, es parte natural de la vida. Eleva nuestro rendimiento cuando es necesario y cuando nos presionan sirve de acicate para que demos lo mejor de nosotros. El problema viene cuando nos siguen presionando y la curva de rendimiento no mejora con el aumento de la presión.

Buenos días. Espero a lo largo de la semana la parte que falta del Kick off, tal y como comentamos en la cuarta reunión de las semanas anteriores y a la vista de que todos los integrantes de tu equipo te han pasado las partes que necesitabas para conformar la propuesta.

Muchas gracias

Un abrazo

Por el ritmo frenético en el que vivimos solemos leer los *emails* en diagonal buscando las cosas más importantes, detectando las tonterías y pasando de largo las que nos afectan. Como el cerebro es un buscador de patrones para cumplir sus profecías mentales siempre te enseñará lo que quieres leer. Así que en el *mail* leerás las malas noticias exageradas, sacarás de contexto alguna que otra cosa, creerás que nunca es tu culpa y básicamente te enfadarás como un mono al que le quitan su último plátano.

La respuesta automática que casi todos tenemos es responder directamente y sin filtros. La respuesta suele ser en tono más o conducta brusco en función de lo que te importe perder tu puesto de trabajo o el grado de hinchazón que tengas en tus partes nobles. Enfado, mala leche, día tirado a la basura, decepción y todo lo que se te ocurra o te haya pasado en esa clase de momentos. Yo en mi caso respondía con una mezcla tal de furia y sentimiento de injusticia que aporreaba las teclas como si la persona que fuera a recibir el *mail* pudiera sufrir al leerlo.

En este caso lo normal es leer las primeras líneas y ver que te están diciendo que eres un mal trabajador, que no cumples, etc. En cuanto leemos las dos primeras líneas ya queremos contestar porque «a ti no te habla así ni el jefe y encima no tiene razón». ¡A por él!

Si lees el *email* completo y ves las fechas donde decías que ibas a mandar algo que luego no has mandado, el jefe puede ser un poco tosco en las formas pero tiene más razón que un santo. Empezó de buenas maneras y nosotros hemos fallado en la respuesta. Muchas veces estamos equivocados y nos ciegan la velocidad y la ira del día a día. La culpa ha sido casi toda nuestra. Si has mandado el primer *email* que tenías en mente, es probable que estés en la cuerda floja de tu trabajo.

Growth Mindset

Desde que aprendí la técnica RoR mi reacción es totalmente diferente. Por supuesto que me enfada el *email*, su contenido o lo que implica. No te conviertes en un robot sin emociones al practicar esta técnica. El cambio viene en la respuesta. No *reaccionas* al *email*, simplemente *respondes* al *email*. Dentro de la respuesta puede estar cualquiera de los comportamientos posibles: responder y aceptar las críticas, atacar tú con más fuerza, mandar bien lejos a sitios indeseados al emisor del mismo, no responder, borrarlo... La diferencia fundamental es que tú decides lo que estás haciendo, no tu amígdala, tu parte inconsciente, tu cerebro de reptil o tu troglodita interior.

Y otra ventaja que aporta el pararte a responder respirando es que te da tiempo a leer el *email* de nuevo y ver que en la mayoría de las líneas es acertado, que no has respondido a tiempo a tu compromiso, que no hiciste bien tu trabajo y que la persona que te escribe tiene más razón de la que crees. Pero para eso lo tienes que leer centrado, atento, tranquilo y respirando.

La próxima vez, ya sabes, RoR.

Si piensas un momento en tu antepasados *sapiens,* no vienes del más valiente, del más arriesgado, del héroe de la tribu. Todos esos morían los primeros. La mayoría de nosotros descendemos del cobarde, del que intuía el peligro y salía corriendo a esconderse. Si quieres pensar que también era el que mejor se adaptaba te lo compro, pero me parece más lógico y suena mejor que fuera el más «cabroncete» que el más «adaptado». El resto de nosotros descendemos del que mataba, del que robaba para sobrevivir. Porque líderes en la tribu habría como mucho uno y todos no podemos ser hijos del jefe.

> Esta técnica RoR es uno de mis mayores descubrimientos. Me ha salvado el cuello más de una vez y hace que me arrepienta todavía menos de mis decisiones. Cuando aprendemos a parar y ver, generamos más opciones de respuesta. Cuando reconocemos, cuando somos conscientes, hay más oportunidades de hacerlo bien. Responder de otras maneras al estrés del día a día es posible.

El estrés, menudo invento diabólico que nos han dejado los señores de las cavernas. Seguro que era muy útil en momentos como la lucha a muerte contra un tigre dientes de sable, la caza de un mamuth, escapar de un peligro mortal y situación de ese nivel. De hecho es lo que nos ha hecho llegar hasta aquí tal y como somos. Para los animales es su único medio de supervivencia. *Fight o flight*.

Hace unos cuantos años, concretamente un siglo, dos psicólogos inventaron la curva que lleva su nombre, Yerkes-Dobson, para medir la productividad y el efecto de los látigos de nuestros queridos jefes.

> La ciencia lleva años demostrando que la práctica continuada del *mindfulness* ayuda a reducir el estrés y su efecto nocivo en la salud, la productividad y las relaciones sociales.

Nuestra atención es limitada (antes hablábamos de la atención selectiva ante los miles de estímulos que se nos presentan). Debemos repartir esa atención de manera consciente.

La meditación, el descanso, la actitud consciente, la buena relación intrapersonal y las relaciones interpersonales sanas y de calidad nos ayudarán a conseguir ser más conscientes del momento y tener mayores niveles de salud física y mental.

Si quieres empezar a practicar *mindfulness* tienes miles de libros y referencias para obtener la práctica de meditación que mejor se adapte a ti. En cualquiera del doctor Jon Kabat-Zinn encontrarás cientos de prácticas para comenzar y avanzar en un camino apasionante. Aquí te presento ahora una serie de ejercicios cortos, sencillos y rápidos para poder aplicar en cualquier momento y comenzar a disfrutar de los beneficios de ser consciente del momento a través de la respiración.

JACK NICLAUS: ESTO SÍ ES PRESIÓN

Jack Niclaus era un joven *caddie* al que le encantaba retar a los socios del campo donde trabajaba. Se apostaba con ellos dinero en las vueltas de 18 hoyos. Imagina que empieza el partido y a Jack le ofrecen jugarse 5 dólares por hoyo ganado. Al final de los 18 hoyos son 90 dólares, que para la época y la posición de un joven Jack Niclaus era muchísimo dinero. Nunca perdió un partido en su club.

Un día le preguntaron cómo era capaz de aguantar la presión al jugarse ganar un torneo de trascendencia mundial y ante miles de personas. Él respondió que eso no es presión.

«Presión es jugar contra alguien por dinero sin tenerlo, como hacía cuando jugaba contra los socios de mi club de golf».

Ley de Yerkes-Dodson: relación entre estrés y rendimiento

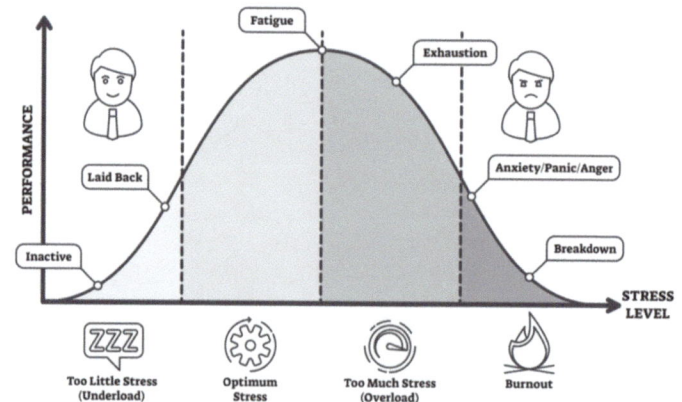

Este gráfico debería estar pegado en todas las paredes de todas las oficinas del planeta. Y no es nuevo, es de hace muchos años. Si metes una presión enorme, a medida que sube el desempeño se convierte en el ejercicio diabólico del año.

La cultura moderna hiperconectada, con el mayor número de estímulos de la Historia, chutes de dopamina por todas partes en forma de mensajes y alertas, alta demanda a nivel social, familiar y profesional, llena de desafíos e inundada por mareas de estrés, hace que nuestro rendimiento personal y profesional decaiga y amenace nuestra salud.

> El estrés es bueno, es una respuesta del organismo. Es un elemento que nos ayuda a detectar situaciones que ponen en peligro nuestra existencia y pueden superar nuestras capacidades y recursos. Las personas se relacionan con el entorno en base a su nivel de estrés.

Hace unos años se inventaron dos términos para distinguir el estrés bueno (eustrés) del estrés crónico que nos lleva al *burnout* (distrés). Con este último detectamos la alarma, se produce el intento de adaptación o resistencia y, al no lograrlo, entramos en agotamiento y seguimos hasta la depresión. Vamos, que es cuando tu motor peta.

Por ello es muy importante la valoración que las personas hagamos de la situación y de cómo nos encontremos. Es clave analizar cuáles son nuestros recursos para enfrentarnos a ella, entendiendo también si la misma conlleva un peligro real o no. Al ser conscientes mantenemos una relación más sana y sabia con los desafíos que se nos presentan y las dificultades que tenemos que superar.

He dicho que contamos con recursos, fortalezas, apoyos, tanto internos como externos, para enfrentarnos al campo de experiencias que está en constante movimiento. El *mindfulness* nos ayuda a desarrollar hábitos de comportamiento y estrategias que nos hagan más resistentes a desarrollar resiliencia psicológica.

ESPIRAL DE IMPOTENCIA ESTRÉS OUT

Cuando estés en modo estrés, dibujemos un cronograma donde veamos opciones para salir de la espiral en la que estamos inmersos y las sensaciones que tenemos dentro de la espiral. Comprobar que es un bucle del que solo nosotros podemos salir, escribirlo, nos ayudará a poder salir y ver que está en nuestra cabeza y no en la realidad.

CEREBRO LÍMBICO

El cerebro tiene muchos procesos que no sabemos cómo se originan. Cuando tenemos un producto finalizado podemos desmontarlo para ver cómo funciona. Pero con el cerebro no conseguimos obtener todas las respuestas. El cerebro resuelve problemas complejos, calcula distancias, visualiza objetos y frena el coche cuando vamos a alta velocidad gracias a un enorme conjunto de operaciones y procesos conscientes e inconscientes. El cerebro nos permite hablar pero no planeamos las estructuras de las frases, simplemente hablamos. El inconsciente cognitivo también es el encargado de hacerte caer en errores debido a sus juicios y sesgos.

La expresión de las emociones nos facilita mostrar a los demás nuestro estado emocional. Fue Paul Ekman y no Pixar quien definió las seis emociones básicas: felicidad, ira, miedo, asco, tristeza y sorpresa. Y propuso que las expresiones faciales, son universales a todas las culturas, y no así los movimientos corporales que varían de cultura a cultura.

Otros teóricos incluyen muchas más emociones como la vergüenza, angustia, aceptación, expectación… Y todos afirman que hay emociones secundarias que son fruto de la mezcla de las emociones principales.

Llevando a cabo informes introspectivos sobre creencias o sesgos, podemos comprobar causas verídicas y justificadas. Cuando no disponemos de estas causas, el cerebro rellena los huecos inventándoselas.

Gran parte de los procesos mentales ocurren fuera del área de la consciencia.

Muchos científicos afirman que las emociones también ocurren fuera del área cognitiva. Y esa es una parte fundamental del proceso de toma de decisiones. Nos apoyamos en conjeturas aprendidas, en decisiones que se toman en el inconsciente creyendo que se trata de decisiones racionales apoyadas en la lógica.

Jose Luis Borges lo definió de maravilla cuando le preguntaron por la Guerra de las Malvinas: «son dos calvos peleándose por un peine».

Así que si el proceso cognitivo es muchas veces ilógico, puede que emociones y cognición no estén tan alejadas. La sabiduría evolutiva puede estar detrás de la toma de decisiones, donde el instinto puede ser un factor clave.

> Podemos encontrarnos con un cerebro cognitivo, una potente máquina computacional, que funciona conectada a un cuerpo donde se producen reacciones y emociones. La cognición nos permite ser flexibles al elegir cómo reaccionamos en una situación particular, conectando con las emociones y el cuerpo como una parte integral del proceso.

Los científicos no se ponen de acuerdo sobre las emociones; reacciones físicas por la supervivencia, estados de la mente, impulsos inconscientes o pensamientos sobre la situación en la que se encuentra la persona. Distintas teorías sobre las emociones con una conclusión: no hay un sistema global cerebral de manejo y gestión de las emociones.

Por un motivo de supervivencia, la evolución ha decidido dejar a nuestro cerebro la respuesta contra el peligro. Las emociones nos guiaron por caminos que resultaron ser la mejor opción en materia de supervivencia y evolución, lo que ahora nos lleva a valorar los sucesos del pasado y a condicionar la interpretación del presente, lo que nos puede llevar a error ya que el pasado no existe para ser repetido. De ahí surge el miedo.

Técnica anti-miedo

Haz un cartel con la siguiente frase y pégalo en tu despacho, en el espejo del baño o hazte una camiseta con él. Es una buena forma de saber por qué aparece el miedo y cómo restarle poder al conocernos mejor. En este caso la visualización funciona de maravilla. ¿Nunca habías pensado por qué tiene éxito Mr. Wonderful? Pues visualízalo en tu próxima frase:

«Vale, Miedo, ¿qué es lo que quieres para dejarme en paz un rato?».

Como decía Eibl-Eibesfeldt, el ser humano teme a los depredadores, a los miembros de su propia especie y a su propio intelecto. Vivimos rodeados de miedos. La ansiedad es un miedo anormal a lo que pueda ocurrir. Las fobias son miedos específicos aumentados al límite. Los trastornos son miedos exacerbados a algo en concreto. Los trastornos de pánico, el estrés postraumático o un simple trueno o el motor de un coche son miedos. Isaac Marks, gran estudioso del miedo, define la forma de enfrentamiento como retirada, parálisis, agresión defensiva o sumisión.

Cuando el cerebro detecta la situación de miedo emite señales nerviosas en dirección a los órganos que coinciden con la situación. Contracción del estómago, aceleración del latido, aumento de la presión sanguínea, frío en manos y pies, sequedad bucal... todas estas funciones ayudan en la reacción emocional. Nuestra mayor capacidad cognitiva permite que ampliemos los mecanismos de defensa para hacer frente a nuevos sucesos. La herencia emocional hace que todas las personas tengan las mismas reacciones y expresión frente al miedo.

La función del miedo no es provocar la experiencia del miedo sino detectar peligro y responder para aumentar las probabilidades de supervivencia. Pero el ser humano ha creado un mundo donde las probabilidades de enfrentarse a un evento en el que esté en juego su supervivencia son limitadas. Pese a ello convivimos con nuevos peligros inventados por nosotros y que atentan contra nuestra integridad.

PAUSA 1 MIN POR LA MAÑANA Y OTRO POR LA TARDE

Pon una alarma en tu móvil o en tu calendario para parar un minuto. No es mucho tiempo; aunque digas que no tienes un minuto al día, sí que lo tienes. Si literalmente no tienes un minuto libre 2 veces al día significa que las cosas están peor de lo que realmente pensabas. Si no eres capaz de sacar un minuto para ti para poder parar a reflexionar, a pensar, a descansar o simplemente a respirar, tienes que replantearte tu escala de valores y volver a leer el libro desde el principio.

RESPIRA COMO UN NAVY SEAL

Práctica la respiración de los Navy Seals que utilizan en momentos de tensión y estrés máximo. El ciclo es el siguiente:

- 4 segundos llenando aire
- 4 segundos aguantando el aire
- 4 segundos vaciando el aire
- 4 segundos aguantando sin aire

Repite el ciclo por espacio de 5 minutos y vete ampliando hasta los 10 minutos.

El cuerpo humano es una máquina maravillosa, un prodigio de situaciones desequilibradas en misterioso equilibrio del que desconocemos tanto que nos asusta solo el pensarlo. De hecho hay una famosa frase en ciencias que dice que conocemos más del Universo que de nuestro propio cerebro.

LISTADO DE EMOCIONES SECUNDARIAS

¿Sabrías decirme 6 emociones secundarias distintas en 2 minutos?

Ejemplos de emociones secundarias, de dónde provienen y qué puedes sentir. (Estos ejemplos son simplemente teóricos y en tu caso puede ser que se generen a partir de otra emoción básica pero nos puede servir de guía «oficial» para tener un campo por donde empezar.) Al final de la lista tienes más emociones para que experimentes*:

ALEGRÍA	AVERSIÓN	IRA	TRISTEZA	MIEDO
Amor	Rechazo	Cólera	Pena	Angustia
Placer	Repugnancia	Rencor	Soledad	Desasosiego
Diversión	Antipatía	Odio	Ansiedad	Incertidumbre
Euforia	Disgusto	Impotencia	Compasión	Preocupación
Gratificación	Desprecio	Enfado	Decepción	Nerviosismo

*Entusiasmo, fascinación, buen humor, sentido de juego, intriga, sensualidad, deseo, gratitud, encanto, curiosidad, creatividad, capacidad, confianza, indignación, franqueza, consideración, amabilidad, suavidad...

Crea una lista propia más larga y durante la semana anota cuando experimentes esos estados de ánimo u otros si surgen nuevos.

EL «SEGUNDO CEREBRO»

Circulan ahora miles de teorías en neurociencia sobre el estómago, el corazón y la interacción cuerpo-mente. Está demostrado que en el tubo digestivo tenemos más neuronas que muchos animales en su cerebro, así que algo harán seguro. El nudo en el estómago, las mariposas en el estómago, esa incómoda visita al baño justo antes de una exposición en público...

Yo no sé si el marcador somático toma decisiones antes que el cerebro; tampoco voy a decir que los tres millones de bacterias que habitan en tu estómago toman decisiones antes que tu cerebro. Lo único que voy a contarte es la dolorosa historia de por qué mi mujer tuvo que dejar su trabajo en un importante banco español, y tiene mucho que ver con las emociones y el estómago.

Mi mujer trabajaba como directora de sucursal, con planes para seguir creciendo y poder ocupar un puesto crítico. La tremenda presión a la que era sometida a diario, el querer ayudar a compañeros y clientes antes que a ella misma la llevaron a empezar a sufrir leves molestias gástricas. Falta de apetito, dolor en la zona abdominal y un ácido reflujo que le provocaba ganas de vomitar casi cada día. Su abuelo murió de cáncer de estómago y en su familia había más casos similares así que nos saltaron todas las alarmas. Muchas pruebas, gastroscopias, colonoscopias... nada. Todo estaba perfectamente.

Pero la presión seguía, el compromiso de mi mujer permanecía constante y el dolor se incrementaba por semanas. Hasta que por fin el estómago dijo basta y se despertó una bacteria que dos de cada tres personas tenemos latente y que puede ser muy dañina si se altera. Hola *Helicobacter pylori*. Una bacteria inteligente que muta para adaptarse a los nuevos ambientes y se cree que ya atacaba a los grandes mamíferos antes casi de que el hombre pusiera un pie en la Tierra. Muchas visitas a médicos, tratamientos contra esta bacteria, malestar y tensión. Esto, unido a una jornada laboral maratoniana, creó el caldo de cultivo para el siguiente aviso del cuerpo, el corazón.

Parece mentira que primero sea la mente la que nos trata de frenar, después el estómago y por último el corazón para dar el último aviso. Pericarditis que nunca había aparecido en anteriores pruebas y controles médicos. Llegados a este punto mi mujer tuvo que decidir entre su salud y su carrera profesional, tras muchos meses de dolor, dudas y miedo.

Al final decidió parar y abandonó el banco. Tras un periodo de formación y crecimiento personal, actualmente es *coach* ejecutivo en el Instituto de Empresa y trabaja en programas de prevención del estrés en entornos profesionales para ayudar a otras personas a superar sus problemas de estrés**.

Mente, estómago y corazón son los tres órganos donde más neuronas tenemos.

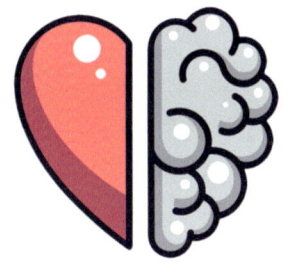

* Yo he gestionado siempre el estrés de manera muy diferente, sin sentir apenas influencia en mi cuerpo y no me afectaba de la misma manera que a mi mujer. A pesar de eso, en mi peor periodo en el banco y durante siete meses, todas las mañanas al despertarme tenía arcadas justo después de la ducha. Si has visto a Leo Messi en un campo de fútbol sabrás de lo que te hablo. Era lo mismo. Nada más bajar al garaje comenzaban las hostilidades en mi cuerpo. Comenzaba con una ligera tos que se convertía en una arcada desagradable e incómoda. Solo recordarlo me duele. De nuevo médicos y pruebas. Todo estaba en orden. Curiosamente cesaron de manera radical al segundo día de vacaciones de agosto de 2012. Fue el momento en el que supe que tenía que cambiar de trabajo.

Las personas que hacen que los que les rodean estén mejor, sean más felices, tengan menos dificultades, contribuyen al desarrollo del Growth Mindset en ellos mismos y en los demás, con apertura de mente al crecimiento y la consecución final de la felicidad.

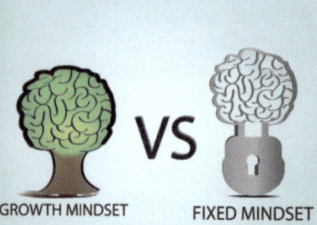

FELICIDAD

La felicidad. ¿No es esa la meta del cerebro, que seamos felices? Si lo más buscado y menos encontrado por el ser humano es la felicidad, ¿por qué no la producimos en cantidades industriales en nuestro cuerpo? Cuántos dicen tener la receta para ser feliz pero qué pocos la encuentran realmente y casi ninguno la aplica. Debemos cuestionarnos, abrir la mente y conectarla con el cuerpo para poder alcanzar el estado de felicidad.

Para tener una definición de la tan ansiada felicidad, quiero llamar a declarar a uno de mis autores favoritos, Tal Ben-Shahar, ex profesor de Harvard con récord de alumnos en sus clases.

> Tu estado de ánimo feliz (lo vamos a llamar FEO, Felicidad Estado Óptimo), cambia según como reaccionas a los cambios a tu alrededor y a los cambios que se producen en tu cuerpo y mente, y a cómo los interpretamos.

Hoy en día tenemos demasiados frentes abiertos con nuestro trabajo, con nuestras relaciones sociales, nuestra relación de pareja y nuestra situación financiera.

Los humanos buscamos el placer y rehuimos el dolor, y todo está explicado por la química de nuestro cerebro. Somos criaturas químicas. Una vez tengamos garantizada la supervivencia y la descendencia, el ser humano habrá cumplido su misión. Ya está. No estamos programados para nada más. No estamos programados para ser felices, para tener buen humor o contar chistes. Estamos programados para sobrevivir y reproducirnos. Igual que los virus, como decía el agente Smith de *Matrix*.

GROWTH MINDSET

GROWTH MINDSET

Ahora quizás te estarás preguntando... ¿en algún momento me va a hablar de Growth Mindset? ¿No era ese el título del libro? ¿No íbamos a aprender a tener una mentalidad abierta al crecimiento que nos iba a cambiar por completo nuestra forma de pensar? Bueno, de hecho ya hemos ido introduciendo poco a poco reflexiones sobre cómo aplicarlo sin que lo hayamos citado expresamente. Ideas sueltas que se han escondido en la biblioteca de tu cerebro. Necesitaba que tuvieras claro cuáles son mis intenciones, que nos conociéramos un poco más a través del prólogo, que conectáramos gracias a haber cometido los mismos errores y que aprendieras un poco del cerebro, sus sesgos y trampas. Han sido unos preliminares un poco largos. Pero me parecía demasiado osado por mi parte empezar directamente con droga dura y un cambio de paradigma tan enorme como es el Growth Mindset para tu desentrenada cabeza acelerada.

Si tuviéramos que dar una definición sobre qué es Growth Mindset podemos decir que es una **actitud mental abierta al crecimiento constante y al desarrollo**. Nuestro talento e intelecto (aquí no vamos a hablar de una inteligencia concreta, ni de las inteligencias múltiples, sino nuestra capacidad intelectual general o particular, emocional, numérica, espacial, musical,...) no son fijos. No estamos predestinados a ser lo que nos dicen desde pequeños en clase, lo que nuestros padres creían de nosotros o lo que nos decimos a nosotros mismos. Siempre podemos mejorar. Siempre. Pero debemos saber cómo poder cambiar para cambiar. Debemos sobrescribir nuevos caminos neuronales sobre los viejos modelos repetidos hasta la saciedad.

Si hablamos de lo contrario al Growth Mindset nos encontraremos con el Fixed Mindset y es lo de siempre. Nada se puede cambiar. Eres el tonto de clase y siempre será así. Eres malo en matemáticas y siempre será así. Eres torpe con las personas y siempre será así. Por mucho que te esfuerces nada cambiará... No me voy a entretener mucho más con un tipo de mentalidad que no nos interesa porque además estás rodeado de personas de este tipo.

Si has comprado el libro únicamente por tratar el tema de Growth Mindset solo puede significar una de estas cosas, y todas son raras:

1. Has asistido a una de mis clases sobre Growth Mindset en el Instituto de Empresa y te gustó lo que viste
2. Has asistido a uno de mis talleres o seminarios en tu empresa y te gustó lo que viste
3. Eres un friki de los libros de desarrollo y te los compras todos. Esta semana te tocaba este y la semana que viene *436 situaciones apasionantes para resolver a contrarreloj en tu equipo de trabajo AMO Agile Multidisciplinar Orgánico*
4. Eres un apasionado del *mindset* y quieres saber más sobre el tema
5. Conoces a alguien que se lo ha leído y le ha encantado
6. Te lo ha recomendado alguien que pertenecía a alguno de los puntos anteriores
7. Te has confundido al comprarlo y ya no lo puedes devolver

Cualquiera de las opciones que acabas de leer son las únicas opciones para que tengas esa curiosa curiosidad sobre el GM.

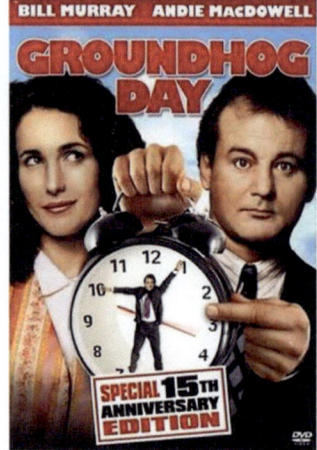

> «Lograr la felicidad duradera requiere que disfrutemos el viaje en nuestro camino hacia un destino que consideramos valioso. No se trata de llegar a la cima de la montaña, ni tampoco de escalar sin rumbo alrededor de la montaña: la felicidad es la experiencia de subir hacia la cima».
>
> Tal Ben-Shahar

Atrapado en el tiempo

Una de mis películas favoritas y de obligado visionado es *Atrapado en el tiempo*. En esta divertida película de 1993, (*Groundhound Day* en su título original), protagonizada por Andie McDowell y Bill Murray, Phil (Bill Murray) es el hombre del tiempo de una cadena de televisión que va un año más a Punxsutawney (Pennsylvania) a cubrir la información del festival del Día de la Marmota (*Groundhound Day*). Este festival se celebra cada 2 de febrero y consiste en una ceremonia que se remonta a 1887, donde una marmota llamada Phil sale de su madriguera para predecir el tiempo. Según la tradición, si Phil la marmota ve su sombra y regresa a su agujero habrá seis semanas más de clima invernal. Si Phil la marmota no ve su sombra, habrá una «*early spring*» (primavera temprana). Algo muy americano vamos. Hay fiestas, música, mercados y todo el mundo disfruta del evento. Phil está harto de cubrir el evento año tras año. Odia todo lo que tiene que ver con ese día. En el viaje de regreso a casa en furgoneta, Phil y su equipo se ven sorprendidos por una tormenta que les obliga a regresar al pequeño pueblo. A la mañana siguiente, al despertarse, comprueba atónito que comienza otra vez el Día de la Marmota, repitiéndose una y otra vez día tras día sin importar lo que haga en ese día infinito.

Esta historia tiene dos enseñanzas claramente diferenciadas y que vamos a ver aquí[36].

Lo primero que reconocerás es la repetición del mismo día una y otra vez. Es algo que seguramente te pasa de lunes a viernes. Todos los días son iguales, nada cambia. Conozco gente a la que todos los días se les activa la alarma del móvil a la misma hora, incluidos los fines de semana para no perder la costumbre, con el temazo «I got you Babe» de Sonny&Cher a todo volumen. La canción no la eligen al azar. Es la misma canción con la que se despertaba todos los días el protagonista de la película y resumía de manera perfecta su sensación de vida vacía, repetitiva y anodina. Así que ya empiezan el día con una motivación espectacular para poder cambiar las cosas

---

36   Si no la has visto, te doy tiempo ahora para buscarla en tu plataforma preferida o directamente comprarla en formato físico (a veces es más rápido que encontrarla en *streaming*) para no hacerte *spoiler*.

(fina ironía). Son personas que saben perfectamente a qué hora van a estar atascadas en la carretera, se cruzan con las mismas personas en los mismos lugares, toman café a la misma hora con los mismos compañeros, tienen la misma reunión repetida donde se dicen las mismas cosas sin sentido, comen la misma comida en el mismo sitio. La tarde viene a ser un calco de las mañanas y vuelven a quedar atrapadas en el atasco de vuelta con la única diferencia de la luz que les rodea por el cambio de estación. Por lo demás, monotonía y vacío existencial. Personas que esperan que les llegue la edad de jubilación para poder disfrutar de todas las cosas que le esperarán dentro de veinte, treinta o cuarenta años, cuando solo tengan cubierta su posición financiera, en el mejor de los casos, y ya no tendrán la misma energía y ganas de vivir.

¿Te has visto reflejado? Yo estuve así durante muchos años de mi vida. El viernes por la tarde cierras tu jornada laboral con una depresión de caballo para llegar al sábado cansado y sin ganas de vivir, recogiendo fuerzas de donde no las hay para tratar de disfrutar. Cuando empiezas a cogerle el ritmo al disfrute, allá por el sábado tarde, se presentan ante ti las nubes negras del domingo que anuncian la vuelta a la oscura realidad. ¿Alguien quiere compartir conmigo sus lágrimas de domingo a la tarde? Deberían eliminar los domingos; creo que sería mejor ir a la oficina. Pero entonces el sábado se convertiría en domingo y el viernes en medio sábado... Mejor dejarlo como está.

La segunda enseñanza de la película, y la que quiero que exprimas, es cuando el protagonista se da cuenta de que los días se repiten y entonces utiliza el conocimiento de lo que pasa para mejorar su día sin importar lo que les ocurra al resto, solo aprovecha del conocimiento pasado en su propio beneficio. Al principio le divierte mucho, pero tras unos días la cosa no tiene tanta gracia.

Cuando lleva un tiempo atrapado en la misma situación se percata de que con cada aprendizaje su interior mejora y mejoran las cosas a su alrededor, que disfruta del proceso de aprendizaje y crece cada día, ayudando a los demás, agradeciendo y siendo la mejor versión de sí mismo. Eso es Growth Mindset.

Growth Mindset es adaptación, mejora constante, cambio, progreso, resiliencia, madurez emocional y crecimiento. Es aprender enseñando. Es seguir creciendo sin límites. Es alcanzar nuestra mejor versión. Es evolucionar como lo hacen los Pokemons[1].

GM es la mentalidad que te lleva a moverte. Siempre que no sepas qué hacer en la vida, y te pasará a menudo, da un pequeño paso y haz algo, asegurándote de que es para crecer y avanzar y no para huir. Ese paso, aunque sea muy pequeño, aunque sea lateral para esquivar o hacia atrás para coger impulso, lo que sea que empieces a hacer, es probable que te lleve a descubrir lo que realmente quieres hacer. Y, como no sabemos dónde aparecerá la oportunidad, da lo mejor de ti siempre y en cada lugar. Recuerda que no somos un modelo determinista. El agua nunca pasa por el mismo sitio o, de manera más castiza, la tortilla nunca sale igual pese a que utilices los mismos huevos con la misma receta.

---

1 Si no sabes qué son los Pokemon, pregúntale a tu hijo o sobrino pequeño.

OBJETIVOS GM

¿Cuáles son los objetivos que queremos conseguir al desarrollar la mentalidad Growth Mindset?

- Desarrollar mentalidad de crecimiento y apertura
- Desarrollar motivación intrínseca para nuestro día a día
- Desarrollar capacidad de adaptación (rápida y duradera)
- Influenciar y liderar a otros, empezando por los que nos rodean
- Mejorar el compromiso personal y profesional
- Generar mejores personas que serán mejores empleados motivados
- Generar empleados plug&play que encuentren desafíos cada día
- Crear una cultura de autorresponsabilidad
- Generar impacto y cambio sostenible
- Conocer cómo funcionan nuestros resortes y cómo poder usarlos en nuestro beneficio
- Crear la mejor versión posible de nosotros mismos
- No dejar de crecer, evolucionar y aprender todos los días de nuestra vida

Alabanza errónea

Pienso mucho en la alabanza que les otorgamos a los dones no cultivados, los dones que nos vienen por defecto y que salen solos al menor estímulo. La inteligencia por ejemplo es un don, no un privilegio. Los privilegios sirven para usarlos a nuestro antojo y sin tener que esforzarnos. Una plaza de *parking* o mejores asientos en el teatro son privilegios. Los dones debemos trabajarlos, exprimir nuestras capacidades y potenciar la parte que menos desarrollada tengamos. Yo creo que es más heroico y admirable el esfuerzo de potenciar ese don, de maximizarlo y hacer que falle en las condiciones más complejas posibles.

En mi caso siempre solía quedarme en la frase fácil, en el esfuerzo mínimo, en mi zona de control donde la pregunta

¿Qué prefieres ser, cola de león o cabeza de ratón? Es una buena pregunta para ver si quieres ser Growth Mindset.

Growth Mindset

que podría haber sido nunca era respondida ya que nunca era preguntada. Siempre esperaba en la zona neutra sin entrar en la zona roja. En la zona neutra siempre somos los mejores, pero en la zona roja...

¿No sería mejor darlo todo en el escenario difícil y esperar con valentía la posible derrota y sus aprendizajes?

Pero en una cultura donde se premia el *talent mindset*, llena de concursos vacíos llamados Talent-Show donde se reverencia el talento innato donde nunca se habla de las miles de horas de práctica, aprendizaje y entrenamiento, lo único que conseguimos son tramposos talentosos que no aceptan el fracaso y tienen que seguir mostrando su careta de triunfadores talentosos sin esfuerzo. Aparecen las estafas. Y las trampas, como nos ocurre a cualquiera de nosotros cuando hacemos trampas ante un desafío que supera nuestro talento no esforzado. Tareas que miden nuestra capacidad real y que son trampeadas o rechazadas. Tareas que podrían ser aprovechadas para desarrollar la práctica y crear un hábito, y que nosotros vemos como un examen de nuestro talento natural genial que puede ser puesto en entredicho.

No vuelvas a decir –o dejar que te digan– que eres un genio y lo has resuelto de manera fácil. Responde o explica, a quien te lo diga o cuando lo pienses, que lo has hecho con esfuerzo, que has probado muchas opciones hasta encontrar la mejor, que has buscado en tu conocimiento y experiencia y que tu habilidad entrenada hace que parezca fácil haber llegado a la conclusión o resultado obtenido.

Las claves del Growth Mindset

- Estar atento (awareness)
- Conocerse a uno mismo y no ponerse límites cercanos
- Seguir esforzándose y perseverar pese a los golpes
- Disciplina y constancia
- Volver a levantarse
- No tirar la toalla
- Ser realista

ESTAFAS DEL TALENTO

Bernie Madoff no era tan brillante como inversor como parecía, y cuando se vio acorralado tuvo que recurrir a la estafa para seguir siendo brillante, y como él muchos más a lo largo de la Historia. Lance Armstrong no era tan talentoso ni tan superhéroe como parecía y tuvo que recurrir al *doping* para seguir siendo sobrehumano.

Siempre compites contra ti mismo pese a estar rodeado de compañeros de trabajo que puedan aspirar a tu puesto y quieran tu parte del pastel.

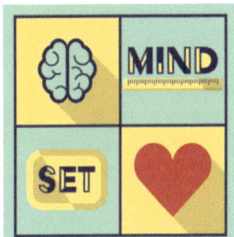

Si quieres triunfar en un deporte, tienes que saber que primero compites contra ti mismo y después compites contra otros, por lo que al entorno y la suerte se suma el hecho de que otro puede estar más dotado para esa actividad física en particular. Pero los límites son en su mayoría mentales.

Growth Mindset es profundidad, pero no en una carrera larga sino en una serie de carreras una tras otra.

Si queremos rodearnos de personas con compromiso para aprender a tener Growth Mindset debemos pedir currículums llenos de comentarios sobre el hambre, las ganas, el esfuerzo, la resiliencia, la dedicación, la pasión, las veces que te levantas cuando te caes... ¿En tu CV aparece alguna de esas ideas? ¿En tu última entrevista, como entrevistado o entrevistador, has sacado alguna de estas características a la palestra[1]?

1. **En la parte profesional** el GM no tiene límites. Las metas son cuantificables al 100%. Por ejemplo, «quiero ser CEO de una compañía cotizada». Si estás dispuesto a hacer todo lo necesario pondrás todo de tu parte para alcanzar el éxito. Tendrás que contar con el entorno y la suerte, pero poniendo todo de tu parte, esforzándote, aprendiendo de los errores y modificando tu comportamiento es muchísimo más fácil que puedas alcanzar tu meta. En lo profesional es donde la mentalidad GM es más fácil de desarrollar. Nos enfrentamos a retos cuantificables, competimos contra nosotros mismos y nuestra competencia externa a la empresa, nosotros marcamos los límites y generamos un contenido.

2. **En la parte física** los límites del GM los marca básicamente tu cuerpo, siguiendo órdenes directas de tu cerebro y hasta dónde sea capaz de llegar. Pero creo que no es justo obviar que todos tenemos un límite físico, muy muy muy lejano, pero un límite en función de la edad, el físico, la genética. Con 70 años no correrás jamás la maratón en menos de dos horas. Esto es un hecho científicamente demostrado mientras no tengamos exoesqueletos o seamos cyborgs[37].

    Si has hecho deporte toda la vida lo tendrás más fácil. Si no estableces una meta a la que solo pueden llegar los elegidos (Olimpiadas, campeonatos nacionales) podrás llegar con esfuerzo y dedicación.

3. **La parte emocional** es el campo donde más tenemos que trabajar pues es el lugar donde residen las creencias que nos limitan de manera especial. Porque el emocional también es el lugar donde no tenemos una meta concreta, es muy difícil de establecer. No tenemos objetivos. No competimos contra nadie. Aquí siempre estamos relacionándonos con personas, por lo que el resultado depende del entorno, de la suerte y de la relación que creemos con la otra persona.

---

1   Palestra, lugar de entrenamiento de los espartanos. «Salir a la palestra» era salir a pelear.

37   Si por ejemplo tienes 28 años, llevas toda la vida corriendo y corres los 100 m en 11 segundos, algún día podrías llegar con esfuerzo a 9,7. Si corres los 100 m en 16 segundos no podrás llegar a 9,70. JAMÁS.

Este libro te dará conceptos generales para poder trabajar en cualquiera de los tres ámbitos.

Liderazgo Growth Mindset

El liderazgo Growth Mindset empieza por uno mismo, de dentro hacia fuera. Primero cambiamos nosotros y después enseñamos el camino para que los demás cambien. No hablamos de ascensos a cumbres altas, como estamos acostumbrados. El líder GM no quiere llegar a la cumbre; quiere llegar si es que llega, como resultado de todo lo que hace en el camino, valorando el esfuerzo, la compañía, los desafíos y las dificultades, que son inspiradoras en todo momento.

Si tratas a tus equipos con menosprecio debes saber que lo estás haciendo únicamente para validarte, para reafirmar tu situación de liderazgo no merecido. No te habrás ganado el respeto de tus equipos, no querrán ir contigo a la batalla, seguramente porque tú tampoco estarás en esa batalla.

Tenemos que dar responsabilidad a las personas implicadas en el proceso, con libertad máxima para parar la «producción» en cualquier momento. Hay una técnica japonesa de gestión de talleres donde no solo el jefe de taller puede parar la producción, sino cualquier operario que detecte un fallo en cualquier momento.

No podemos dejar pasar por alto la fragilidad de los cargos profesionales. El cargo hace que la persona sea diferente con sus compañeros. Esto le puede llevar a conclusiones equivocadas. El sesgo jerárquico hace que asignemos valor personal al rango obtenido, evitando así el progreso. La jerarquía debe permitir el progreso de las personas.

No tenemos que tener una visión para tener éxito; tenemos que crear una cultura que se haga preguntas constantemente.

¿Cómo podemos estar seguros de que sabemos de qué se trata? ¿Podemos repetir lo que hacemos bien? ¿Repetir éxitos es lo correcto? ¿Cuántos problemas merodeaban con riesgo de destruirnos? ¿Podemos sacar esos problemas a la luz? ¿Qué parte es suerte? ¿Cómo quedarían nuestros egos si siguiéramos triunfando?

Cuando nos enfrentamos al mundo y competimos, debemos saber que el rival te ganará porque se habrá esforzado más que tú, será mejor estratega y aplicará mejor sus tácticas, habrá practicado mucho más que tú, habrá dado en todo momento más que tú y habrá sorteado más obstáculos y quitado más piedras que tú. Y sobre todo habrá aprendido de sus errores con humildad y capacidad de lectura.

¿QUÉ ES MEJOR, LA GENTE BUENA O LAS BUENAS IDEAS?

Si el auditorio está al 50% no quiere decir que una de las dos partes tenga la respuesta correcta sino que acierta de suerte, adivinando a ojo o lanzando una moneda. Es una falsa dicotomía. Las ideas surgen de las personas, por lo que las personas son más importantes que las ideas.

Las ideas no flotan en el éter, no surgen de la nada. Se forman mediante miles de decisiones tomadas por miles de personas. Las ideas se convierten en buenas cuando son rebatidas y puestas a prueba. La clave es no identificarse con la idea porque tú no eres la idea.

> Enseñar es contribuir al éxito del grupo. Debemos recompensar a la persona que eleve las aspiraciones de conocimiento de los equipos. No olvides que si le das algo mediocre a un equipo brillante este lo arreglará y mejorará. Es fácil juntar gente de talento; la clave es cómo interactúe esa gente. Un mal equipo gestor destrozará la mejor de las empresas o la más brillante de las ideas.

El camino para llegar a GM es circular, no termina nunca. Es como entrar en un túnel oscuro cuya longitud no sabes cuál es. Habrá un momento de máxima oscuridad en el que no debes parar ya que el siguiente punto será un poco más claro. Siguiendo hacia delante comenzarás a ver un hilo de luz al final.

Es una tarea que siempre deberá ser revisada y completada con nuevas ideas, nuevos desafíos y nuevos errores. Evaluarás la situación en medio del círculo pero sabiendo que las evaluaciones son un medio, no un fin. Amplía conocimientos y tu forma de pensar siempre para poder sacar provecho de las evaluaciones. Pero no quieras siempre parecer inteligente, no disimules tus carencias a personas a las que no les importas. No busques en ellos validadores. El tiempo que pasas demostrando lo bueno que eres tendría mucho más sentido que lo dedicases a desarrollarte, aprender, curiosear, dudar y buscar retos.

Debemos aferrarnos de manera ligera a las metas y de manera firme a las intenciones. Debemos estar abiertos a que las metas cambien al igual que el entorno, que obtengamos informaciones nuevas, que nos sorprendan cosas que no esperábamos.

La humildad del líder se ve reflejada en los miles de eventos que no conocemos ni controlamos y que hace que todo cambie. Solemos sacar conclusiones equivocadas basadas en imágenes incompletas. No debemos olvidar esto cuando lideremos.

Sí, ahora sé que estarás pensando: «Entendido, ¿y ahora qué c... hago con todo lo que tengo encima?». Para ello te voy a dar una serie de mandamientos, nueve para que no sean diez, y que no deberás tener cerca más que para una consulta, para modificarlos conforme a tu forma de ser, para adaptarlos a tu día a día pero sin pasar las líneas rojas de lo que proponen:

1. Recibirás placer en enseñar y aprendizaje con la enseñanza constante
2. Tendrás apertura para recibir y proporcionar comentarios de calidad, constructivos y sin malicia
3. Desarrollarás habilidad para superar obstáculos sin perder los nervios ni gritar
4. No dejarás de ser líder cuando aprendas lo básico para subsistir
5. Aprenderás que los conflictos no son una amenaza, ya que no siempre debemos estar de acuerdo
6. Despreciarás los retos fáciles porque los haces de maravilla. No son retos, son deberes, y aceptarás los difíciles porque están mucho más cerca del horizonte de suceso del error y te acercarán a tu mejor versión

7. Creerás en el desarrollo del talento innato y en la adquisición de nuevos talentos
8. Sentirás amor por el proceso de aprendizaje propio y de los que te rodean
9. Cambiarás al querer mejorar a los demás

Recuerda lo que hemos dicho ante los halagos a tu «talento» o tu «genialidad». Si tu jefe te dice: «lo has resuelto, ¡eres un genio!», tu respuesta debe ser: «He buscado varias estrategias, he perseverado ante los fallos, he intentado muchas soluciones y al final lo he conseguido».

Si te comprometes con la dirección y sigues el rumbo con todas tus fuerzas, con esfuerzo y pasión, la gente te seguirá pese a que cambies de rumbo cuando te des cuenta de que estabas yendo en la dirección equivocada. Y siempre con la confianza de saber que entre todos resolveremos los problemas, no con la confianza de saber qué hacer en cada momento.

Técnica de Recompensa y Reconocimiento

La próxima vez que tengas que dar un *bonus* a tus equipos, que hayan conseguido un logro profesional, reconóceselo en grupo. En lugar de hacer una transferencia, prepara una entrega de cheques físicos donde vean el esfuerzo realizado. Y si añades una carta de agradecimiento personalizada para cada uno de ellos escrita de tu puño y letra la sensación de pertenencia, orgullo y éxito se multiplicará.

El líder GM sabe que el grupo es tan fuerte como el más débil de sus eslabones así que para aumentar el nivel de un grupo ayuda a todos dotándolos de herramientas y medios para poder alcanzar lo que se les pide. Se interesa por el grupo generando sentimiento de orgullo entre sus integrantes. No se olvida de ser compasivo al conocer su humanidad compartida con el resto. Es educado y generoso permitiendo un espacio de dignidad a las personas. Porque todos somos humanos y acostumbramos a tapar los altibajos emocionales y nuestras debilidades. Todos compartimos el sufrimiento y los malos momentos. Todos.

PERMISO PARA SER HUMANO (PSH)

Nos damos permiso para ser humanos, reconocer las emociones y experimentar con ellas. Después reconstruimos viendo lo positivo de la situación. No hablo de estar felices sino de aprender, conocerse, empatizar. Después daremos un paso atrás para ver la foto panorámica. ¿Cómo estaré con esta situación dentro de un año? ¿Me estoy ahogando en un vaso de agua?

Para conseguir sentir que eres humano, que puedes fallar, para potenciar tu humildad, crea otro diario con situaciones PSH. Por ejemplo, si he suspendido, la mentalidad fija dirá que soy un perdedor mientras que el Growth Mindset dirá que solo es un examen, que no me esforcé y la próxima no volverá a pasar. Otro ejemplo: si estoy pasado de peso, el Fixed Mindset dirá que no tenemos remedio y el Growth Mindset dirá que el peso es normal que fluctúe y que tengo que hacer más ejercicio y comer mejor.

Date el permiso necesario para ser humano.

CREACIÓN DE UN ESPACIO SEGURO PARA FEEDBACK

Selecciona una sala en tu empresa para crear el espacio de feedback seguro donde se apliquen las reglas básicas. Llámalo de alguna manera chula; recuerda que en Pixar lo llamaban «BrainTrust». Busca algo que se adapte a la cultura de tu empresa. Los puntos básicos que deben aparecer pegados a las paredes en letras grandes son: aprendizaje, ausencia de jerarquía, desidentificación de la idea, franqueza y ausencia de obligación para las propuestas sugeridas. Establece tiempos e incluye un árbitro neutral que module las sesiones. Todos los participantes tendrán que pasar al menos una vez por el escrutinio de sus compañeros al presentar sus ideas y proyectos.

Anota en un cuaderno de a bordo las ideas que surjan y comprueba el aumento de creatividad en tus equipos.

Debemos comprender que las personalidades de nuestros equipos son como los pisos de un edificio. El jefe está en el ascensor y cada persona tiene su propio espacio, su propia independencia. El que vive en el ático tiene terraza con vistas y el que vive en el bajo tiene un jardín con barbacoa. Cada uno tiene cosas diferentes pero todos comparten el ascensor.

Herramientas para conseguir la mejor versión de las personas

A la hora de implantar una metodología GM en los equipos de trabajo debemos ser conscientes de que las personas tienen las herramientas apropiadas para alcanzar su mejor versión.

- Verifica la capacidad de la otra persona para hacer lo que le propones
- Que la persona obtenga valor y perciba este al hacer lo que le propones
- Asegúrate de que la persona conoce las probabilidades reales, y que estas sean reales
- Que conozca los costes en los que incurre por hacer lo que proponemos
- Limita el riesgo al realizar la actividad

Si vamos a influir en las personas para que alcancen su potencial de desarrollo, una de las herramientas básicas es saber escuchar las críticas constructivas, y sobre todo saber darlas sin afectar de manera negativa a los demás. El *feedback* para el liderazgo GM es muy importante, siendo una de las partes de la gestión que peor se lleva a cabo. Una de las cosas que te puede ayudar son las evaluaciones, si se hacen adecuadamente.

La cultura del *feedback* GM solo debe apoyarse en el desarrollo personal, incluyendo la información del desempeño y la parte emocional. No solo es un modelo de rendir cuentas; es un sistema de recompensa, justicia y confianza mutuas, donde la honestidad y la franqueza, la sinceridad y los intercambios directos tienen que ser la constante. Porque la comunicación es el pegamento que mantiene unidos a los equipos, donde el *feedback* juega un papel clave.

Growth Mindset

En el feedback debemos crear un espacio físico donde se borren las jerarquías y no se tenga la obligación de seguir ninguna de las opiniones que allí se digan.

Es lo que hacían en Pixar, los creadores de *Toy Story* y *Buscando a Nemo* entre otros, los reyes de la creatividad. La creación de este espacio ayuda a pensar de manera diferente y aporta soluciones al grupo de trabajo.

Sustituir sinceridad por franqueza, que no tiene connotaciones morales. Franqueza es naturalidad y honradez es muy parecido a la sinceridad, pero no tiene el concepto de esta de falta de reservas.

El condicionamiento social nos impide decir la verdad a la posición de más poder y cuanta más gente haya en la habitación más presión tendremos para mantener lo políticamente correcto. La crítica debe ser constructiva porque, como su propio nombre indica, construyes a medida que desmontas, haciendo que las nuevas piezas encajen con lo desmontado.

El líder GM quiere evaluarte para evitar resentimientos. La intención es enfrentarse a situaciones difíciles pero necesarias, aprendiendo a hablar cuando se necesita en vez de callarse y no decir nada. Aprender a dar *feedback* no es rápido, se requieren práctica y esfuerzo, pero con el tiempo los intercambios francos serán una norma de conducta positiva, fortaleciendo la moral y aumentando la productividad.

Acogeremos las críticas que sean útiles y agradeceremos las que no lo sean por el mero hecho de haberlas recibido. Porque el *feedback* no es criticar para destacar errores, mostrar desacuerdo o causar problemas. Es sinceridad irrespetuosa y no productiva. Si se convierte en el foso de los leones, la crítica solo producirá baja productividad, poca fidelidad y cero compromiso. Es importante preguntar cuál es la motivación que hay detrás de la crítica y hacer ver que es constructiva y no destructiva, ya que los éxitos de nuestros compañeros son nuestros éxitos y nuestra inspiración para seguir creciendo y mejorando.

LA MONTAÑA

Escribe los distintos jefes o inspiraciones que has tenido a lo largo de tu carrera. Qué te aporta cada uno, qué aprendiste y qué ha conformado tu *carácter*. Revísalo de manera periódica incluyendo una persona nueva cada año a tu montaña.

También yo he tenido momentos en los que sentía que la mente ganaba la batalla, que no merecía la pena continuar. Son los momentos de máximo aprendizaje, gracias en parte al conflicto, la emoción que arrastra nuestro comportamiento y el desarrollo de todo lo aprendido. Superando estos momentos pasas al siguiente nivel de conocimiento, madurez y GM.

¡No!

HASTA SUPERMAN TIENE QUE DECIR NO

Haz un listado jerárquico de diez situaciones donde te ha costado decir NO los últimos meses. Tanto en lo profesional como en lo personal. Desde las cosas a las que te cuesta mucho negarte hasta las que te cuesta poco.

Ahora elige dos para dejar de hacerlo en la próxima semana. Este ejercicio parece fácil pero ya me contarás cómo lo llevas.

La importancia de decir «no»

Solo aprendiendo a decir «no» podremos centrarnos en las cosas que importan. No solemos decir que no por complacer a la otra persona, por un sentimiento de culpabilidad, por una auto imposición, por miedo a dañar a la persona que tenemos delante o por falta de autoestima.

> Debemos desarrollar la asertividad necesaria para poder decir NO, ya que siempre podemos decidir sobre nosotros. La asertividad es la capacidad de mostrar tu preferencia sin dañar a la otra persona y sabiendo que nunca puedes contentar a todo el mundo. No necesitamos que nos estén validando constantemente para mantener la autoestima alta.

Pese a que siempre estás en tu derecho diciendo NO, es importante dar alternativas cuando se dice NO de manera seca. Siempre es más fácil dar una segunda opción a la persona a la que le estamos diciendo NO. Es todo cuestión de equilibrio. Las personas no somos las peticiones que hacemos.

....

Ya podemos tener un poco más claro que es esto del Growth Mindset. El libro podría quedarse aquí y tendríamos trabajo para siete vidas. Ya hemos aprendido que la mente controla, interpreta y analiza sin que nosotros tengamos nada que decir. Ya sabemos los comportamientos básicos que tenemos que tener como líderes GM... Entonces, ¿por qué seguimos siendo taxativos en el blanco o negro? ¿Por qué no apreciamos la información y la modulamos para poder aprender de los hechos que extraigamos? ¿Por qué no somos capaces de preguntar qué puedo aprender de esto, cómo puedo mejorar y hacer mejorar a alguien de mi entorno o a mí mismo?

FORMULA DE LIDERAZGO GM

Aprendizaje constante + (esfuerzo/pereza + pasión + resistencia/obstáculos + 2x paciencia) x escucha activa²

Pero sigamos un poco más. Eso es que quieres seguir aprendiendo a ser líder GM, siendo jefe de tu mente, conociendo que trabaja para ti y poniéndola a trabajar en tu beneficio. Ahora quiero que nos apoyemos en los ejemplos que has tenido cerca y de los que muchas veces no eres consciente o no valoras.

No será fácil porque a la mente no le gustan mucho los cambios y recibirás críticas de ti mismo (las más duras de todas) pero debemos acallar esas voces que te incitan a parar, que te llaman fracasado, que te dicen que pares de correr porque ya estás muy cansado y que es mejor ver la televisión, que no cocines ese plato de brócoli insípido cuando puedes comer una sabrosa y deliciosa pizza que encima te la dan hecha y no tienes más que apretar dos botones de tu teléfono. Es difícil cambiar nuestro yo de años por algo que te enfrenta a los retos, que te acerca al error y que abandonaste en un rincón de tu mente hace años por miedo.

Si el cambio es algo propio nuestro, para nuestra mejora, para nuestro beneficio, ¿por que perdemos tiempo demostrando a la gente lo que sabemos hacer bien? ¿Has pensado en algún momento el beneficio que supondría invertir ese tiempo en hacer las cosas todavía mejor usando tus capacidades y la creación de hábitos de crecimiento?

Debemos crear un hábito pero sabiendo que únicamente el hecho de trabajar con más esfuerzo no garantiza nada. Debemos disfrutar haciéndolo mejor, encontrando la motivación intrínseca, estableciendo pequeñas metas en nuestros hábitos y recompensando los pequeños avances.

Con el primer obstáculo, ante la primera semana sin conseguir lo que te habías establecido en tu calendario de objetivos, aparecen el abandono, la actitud defensiva, el «la culpa es del mundo»... la mano negra. Todos contra_____ (aquí pon tu nombre por favor). El obstáculo nos ayuda a lograr la maestría; el huevo roto hará mejor nuestra siguiente tortilla. (Ya te has dado cuenta de que me encanta la tortilla).

HUMANIDAD COMPARTIDA

Este ejercicio es bastante duro y te puede partir el corazón pero de verdad que te ayudará a que agradezcas lo que tienes, seas más compasivo y ayudes a mejorar las cosas. Durante las dos próximas semanas me gustaría que te acercaras a alguna persona que viva en la calle y que tengas cerca de tu casa o tu oficina. Normalmente todos conocemos a esa persona a la que vemos casi todos los días en la calle, sufriendo las inclemencias del tiempo o simplemente agazapada ante el frío y la desidia del resto de humanos que la rodean y evitan.

Te voy a pedir que te acerques a esa persona y le ofrezcas un café, un bocadillo, o simplemente que le hagas sentirse humana con dos minutos de conversación trivial, te intereses un poco por su situación y compartas tu humanidad.

Es muy duro pero te aseguro que te cambiará a ti, ayudarás a una persona desconocida y en situación difícil y te ayudará a ti en tu proceso de crecimiento.

Como sé que te encantan las anécdotas, voy a contarte un episodio de hipocondría máxima que experimenté después de ver como mi amigo moría de infarto a medio metro y mientras hablaba conmigo de tonterías. Cuando ya había avanzado en la gestión de mi hipocondría, la casualidad llamó a la puerta y un amigo de la cuadrilla de Roberto[1] murió yendo en bicicleta.

En 2001 y a los 31 años de edad, en este caso se llamaba Jon. Ingeniero, deportista, y otra muerte también a una edad en la que la muerte debería estar prohibida. La autopsia descartó que padeciera ninguna patología cardíaca. La única anomalía que encontraron los forenses, según la familia, «fue el tamaño de su corazón, superior a la media». En este caso vuelta al miedo visceral. Era una especie de jaula donde parecía que la gente iría cayendo de uno en uno. Pero no es así. La vida se supera, las cosas pasan y de estos momentos estamos obligados a sacar el máximo rendimiento.

Pero después de mucho reflexionar y adoptar la mentalidad GM, me he dado cuenta de que la fuerza de voluntad no lo es todo. Necesitamos ayuda, nuevas estrategias, más *will*, un porqué y aprender de los errores. La fuerza de voluntad nos ayudó en el pasado pero ahora nos ha fallado. No hemos pensado estrategias complementarias y no sabemos qué hacer ante el contratiempo. Aquí es donde aparecerá la palabra «LOSER» (perdedor) pegada a nuestra frente en el espejo.

---

1 En San Sebastián se le llama cuadrilla al grupo de amigos del colegio, de la universidad.

Como hemos visto, las creencias son conscientes e inconscientes e influyen en nuestros deseos y su consecución. Nos limitan y nos bloquean en el desarrollo de lo que queremos conseguir. Pero porque estamos etiquetando, puntuando y clasificando en modo *benchmark* a todo el mundo todo el tiempo.

En el mundo confluimos personas diferentes en lo físico, en lo emocional, que se mezclan con nuestros antecedentes y experiencia. Somos personas diferentes en cuanto a nuestros genes, en nuestra microbiota, con la que compartimos material genético que nos modula y forma cada día.

Todos empezamos de la misma manera pero a medida que vamos conformando lo que somos, desarrollamos un temperamento, capacidades y aptitudes predeterminados. Pero son la experiencia, la disciplina y el esfuerzo los que nos guían. Una vez ahí, serán el entorno, la suerte, las circunstancias, estar en el lugar adecuado en el momento adecuado, los que desnivelarán la balanza. Está en tu mano hacer todo lo posible para tener las máximas opciones siempre.

Influencia GM

Las palabras son muy útiles cuando queramos influir en las personas que nos rodean. Podemos usar una serie de técnicas de persuasión; la mayoría son ampliamente conocidas y del resto ya hemos hablado de manera directa o indirecta. Algunas son muy chulas, otras tienen menos aplicación, pero es bueno conocerlas para poder desarrollar nuestro GM. Algunas te servirán para no caer en sus trampas cuando las veas a tu alrededor. Puedes descargártelas con ayuda de este bidi:

Los niños nos enseñan mucho; debemos escucharles más y tenerlos en consideración. No son marionetas que mover. No están hechos a nuestra imagen y semejanza y no tienen que seguir nuestros pasos profesionales y menos nuestras frustraciones personales. Si no jugaste al golf en tu infancia y a tu hijo no le gusta, no le hagas jugar a golf ocho horas diarias porque quieras vivir a través de su vida.

El Growth Mindset nos invita a tener mentalidad de bebé.

No tenemos más que ver cómo hacemos las dos cosas más importantes de nuestra vida en nuestros primeros años. ¿Sabes cuáles son?

Correcto: andar y hablar. Los bebés aprenden a andar sin miedo al ridículo. Simplemente comienzan gateando. Después pasan a intentar levantarse con las correspondientes caídas. En ningún momento se sienten ridículos. En ningún momento son juzgados por lo que hacen, por sus fallos, por sus errores. Aprenden a andar y a hablar sin miedo al ridículo. No piensan en si es difícil, si pueden fallar; simplemente lo hacen y aprenden de ello. Me caigo y me levanto. Prueba error, y a nadie le tiene que importar las veces que me caía o me exprese de manera «curiosa».

La próxima vez que estés aprendiendo algo, piensa en cómo lo haría un bebé. Olvídate de las opiniones de los demás y simplemente piensa en aprender como lo haría un niño curioso sin importar los errores que cometas. Porque ante un error siempre tenemos dos opciones claras. La primera es fácil. Lamento. Pataleo. Lágrimas. Enfado. Sentarte sobre el error y rebozarte con él como una croqueta. La segunda es la complicada y es la que te propongo como GM. Haz que el error sea un catalizador acelerado de aprendizaje y no te quedes en la opiniones de los demás porque siempre escucharás la opinión de un «refutado experto» que te dirá lo que haces mal sin importar ni tan siquiera si le estás escuchando.

TEST DE CI

Quizás conozcas el test de cociente intelectual, quizás tu hijo tenga altas capacidades o retraso cognitivo. Pero no le eches la culpa a Alfred por favor. Existe un error generalizado con el pobre Alfred Binet, que creó el test de cociente intelectual para cambiarlo en todo momento, no para que fuera fijo para siempre. En nuestro sistema educativo, cuando un niño tiene altas capacidades es para siempre, y cuando no las tiene, también. Error. Un momento aislado (una nota, el resultado de un test…) no marca tendencia ni mejora mis capacidades, ni evalúa mi capacidad y mi potencial futuro. El ser humano cambia y mucho. No puedo creer que alguien sea igual a los 25, a los 26, a los 27 o a los 45. Es de locos solo pensarlo.

Herramienta don Juan Manuel*

*Cuento maravilloso que me he encontrado en muchos blogs de meditación como «sabio cuento budista» o «enseñanza de Lao-Tse» o «el cuento budista de 2019».

Un padre y su hijo pequeño salían todas las mañanas de su casa a los pueblos de alrededor para vender su cosecha. En su viaje les acompañaba un burro que transportaba dos alforjas. El primer día el padre subió a su hijo pequeño en el burro y al pasar por el primer pueblo varios de sus habitantes dijeron: «Qué poca vergüenza tiene ese niño fuerte y sano que no deja a su padre ir encima del burro». Al escucharlo, el padre decidió que al día siguiente iría él subido en el burro y el niño a su lado caminando.

En el segundo de los pueblos escuchó a sus habitantes decir: «Qué vergüenza ese padre, que deja que su pobre niño pequeño camine mientras él va sobre el burro como un rey».

El padre se quedó preocupado pero encontró la solución. El tercer día, ambos se subieron en el burro y llegaron al tercer pueblo. Allí las voces de sus habitantes todavía eran más duras: «¡Cómo son capaces esos dos de maltratar así al pobre burro forzando con su peso y las alforjas al pobre animal. Qué vergüenza!».

El padre se quedó preocupado y al cuarto día decidió que tanto él como el niño irían caminando al lado del burro. Su sorpresa fue mayúscula en el cuarto de los pueblos pues todo aquel con quien se cruzaban comentaba lo tontos que eran al no aprovechar la fuerza del burro para no tener que cansarse caminando.

El quinto y último día, el padre y el niño se pusieron al burro a sus espaldas y llegaron al quinto pueblo. Las risas se oyeron por toda la comarca ante semejante espectáculo. El padre, cuando llegaron a casa le dijo a su hijo: «Espero que tú no cometas los mismos errores que yo. Siempre habrá gente que opine sobre tus actos, pero piensa siempre que si no haces daño a nadie debes actuar según tu conciencia».

Pues este maravilloso cuento pertenece a don Juan Manuel. Yo no digo que no lo creara el príncipe Siddhartha en su momento y que se transmitiera de generación en generación hasta que nuestro querido Juanma lo plasmó en uno de sus libros... pero me suena raro.

Recuerda, sigue dudando hasta que encuentres la verdad y, cuando la encuentres, vuelve a cuestionarla para seguir aprendiendo. ¿Te acuerdas del «yo solo sé que no sé nada»?

Personajes con actitud Growth Mindset

Vamos a conocer grandes historias de personas con GM, que perseveraron y se adaptaron a las circunstancias que fueron surgiendo ante ellos. Personajes de éxito que no dejaron que les dijeran lo que tenían que hacer, que siguieron levantándose pese a los golpes que les dio la vida. Te presento a los personajes GM[38].

Stephen King

La historia del genial escritor de Maine (adorado y vilipendiado a partes iguales) fue la de una persona que no dejó de rendirse para cumplir su sueño pese a las adversidades. Fue abandonado por su padre con dos años dejándoles a él y a su madre llenos de deudas. Su pasión por escribir le condenó a convertirse en profesor de instituto en lugar de afamado escritor dado el escaso éxito de todo lo que trataba de publicar. Mientras trabajaba por el día como profesor de instituto seguía escribiendo todas las noches. Actualmente sigue escribiendo todos los días aunque sea una hora, no importa si te trata de un festivo, un día laborable o está de vacaciones. Es una de las rutinas más importantes que aplica en su trabajo.

Una dinámica GM que forjó parte de su éxito (sin saber que estaba realizando algo que realmente le llevaría al éxito) fue la de pinchar cada carta de rechazo en un tablón frente a su mesa mientras escribía. Las cartas de rechazo incluían la mayoría de las veces un valioso *feedback* sobre la calidad de lo que habían leído. Stephen King no se quedó en la crítica sino que aprendió de sus errores para seguir mejorando.

Por fin consiguió que una editorial le publicara su primer libro. Pero no vendió apenas ejemplares hasta que alguien tuvo la idea de editarlo en formato de bolsillo convirtiéndolo en un *best-seller*. El libro en cuestión fue *Carrie*.

No quiso hacer una secuela de su primer éxito pese a las presiones de la editorial. Su segundo libro no tuvo nada que ver con adolescentes con poderes sino que lo llevó a un terreno

---

[38] Me encantaría que buscaras otros personajes que para ti tengan GM y que compruebes su esfuerzo, sus errores, sus cambios y sus mejoras para que te sirvan de modelo de referencia.

FIXED MINDSET

Quizás conozcas al tenista Kyrgios. Si no es así, pincha en Google y verás sus hazañas. Tiene un talento espectacular pero no quiere mejorar. No le gusta sufrir ni entrenar y solo vive de su talento. Está desperdiciando ese don del que hablábamos antes.

Esta rutina de escribir todos los días a lo largo de los años no evitó que tirara a la basura sus escritos muchas veces en lugar de enviarlos a las editoriales. El borrador de su primer libro también lo tiró ya que fue rechazado treinta veces. Fue su mujer quien lo siguió enviando sin que él tuviera conocimiento de ello.

que muchos editores consideraban agotado y sin posibilidades de éxito, los vampiros. Su segundo libro, y de nuevo *bestseller*, fue *El misterio de Salem´s Lot*.

Cuando llegó el momento de escribir su tercera obra de nuevo cambió de rumbo y narró la odisea de un encargado que pierde la cabeza en un hotel de montaña junto a su familia. ¿Te suena? *El resplandor*.

Años más tarde tuvo un accidente de coche que por poco le mata. Tampoco eso pudo conseguir que dejara de hacer lo que más le gustaba en el mundo: escribir.

CLAVES GM

Tuvo resiliencia, aprendió de sus errores, siguió trabajando con constancia y disciplina (superó su adicción al alcohol), no dejó de creer en sí mismo y siempre contó con el apoyo de su mujer para seguir adelante.

Abraham Lincoln

Nacido en 1809 en Kentucky en una familia de pocos recursos. Su madre murió cuando él no había cumplido los diez años. Durante su infancia y juventud comprobó la situación de los esclavos a ambos lados del Mississippi.

Con 23 años fue derrotado en las elecciones a legislador y fracasó al tratar de acceder a la escuela de Derecho. Volvería a intentarlo sin éxito dos años después. Las deudas heredadas de su familia y un par de negocios que no prosperaron hicieron que, con 24 años, se declarara en bancarrota. Pasó veinte años pagando deudas a sus amigos.

Con 26 años, Ann Rutledge, su prometida, murió de fiebres tifoideas. Desde ese momento la tristeza y la depresión sobrevolaron el resto de su vida, obligándole a pasar más de seis meses en cama por culpa de su estado mental. Desde entonces alternaría fases de angustia a las que les sucederían los estallidos de alegría.

Con 33 años se casó con Mary Ann Todd. Enterraría a dos de los cuatro hijos que tuvieron juntos a lo largo de su vida.

Hasta los 39 años fue derrotado en las elecciones para representante del Estado y en tres ocasiones a las elecciones al Congreso.

Con 45 años había sido rechazado para alto funcionario del Estado y derrotado de nuevo al Senado.

Con 49 años fue derrotado en las elecciones del Partido Republicano como candidato a vicepresidente del país sin apenas votos y de nuevo derrotado para entrar en el Senado. Ima-

Su mentalidad GM es la de un camino resbaladizo y difícil. Él mismo se decía que todo eran resbalones y no caídas. Convencido de que lo que hacía lo hacía bien, sabía que los fracasos hacían de él una persona más fuerte.

gina que tú hubieras sido derrotado más de diez veces en tu intento por entrar en política.

Solo a los 51 años fue elegido presidente de los Estados Unidos de América.

Durante su presidencia derrotó a los secesionistas Estados Confederados en la Guerra Civil americana, aboliendo la esclavitud. Si hubiera abandonado a la primera de cambio, el mundo tal y como lo conocemos no sería igual.

Michael Jordan

Con casi dos metros de altura, una capacidad anotadora, una defensa tenaz, visión de juego y carisma, Michael Jordan es considerado por muchos (entre los que me incluyo) el mejor jugador de la historia de baloncesto. Su capacidad de salto y sus acrobáticas maniobras han dejado un reguero de imágenes para la historia del deporte. Pero no todo ha sido un camino de rosas en la vida de Air Jordan.

La historia cuenta que Michael Jordan no fue seleccionado por el equipo de baloncesto del Laney High School de Willmington (Carolina del Norte). A los quince años competía contra chicos uno y dos años mayores. Cincuenta chicos para uno de los quince puestos. Además, los equipos siempre los formaban los jugadores de tercer y cuarto año. Michael era de segundo año cuando Cliff «Pop» Herring, el entrenador del primer equipo de su colegio, le dijo tras las pruebas de acceso al primer equipo: «tu sitio está en el segundo equipo. Para el primer equipo nos quedamos con tu amigo Leroy Smith». Esta es la realidad de la historia sobre el presunto rechazo de Michael Jordan, la historia en la que «no pasó el corte», fue expulsado del equipo, no fue seleccionado porque no era lo suficientemente bueno...

Los jugadores de segundo año jugaban en el segundo equipo siempre y Michael no iba a ser una excepción con su escaso 1,80 m. Nada más. Su amigo Leroy era más alto que él, casi 2 metros, y fue por esa razón que Leroy[39] jugó en el primer equipo y Michael en el segundo. Cuando se vio fuera de la lis-

ESTE NIÑO ES UN GENIO

No tenemos que influir en los niños lanzando mensajes que no son verdad y que no les ayudan en su desarrollo. En este caso la anécdota va de un niño que en el colegio no estudia y saca notas espectaculares. Se le felicita con apelativos como «coquito», «genio», «superdotado» y no se le valora nada más, solamente el resultado. El problema llegará cuando ese niño se enfrente a una dificultad real en la vida que requiera de su esfuerzo, dedicación y constancia. Lo más probable es que necesite ayuda para poder avanzar ya que no sabrá que el esfuerzo es un peaje obligatorio.

La próxima vez que tu hijo saque buenas notas felicítale por el esfuerzo, y si te dice que no se ha esforzado, no te lo creas. Es muy probable que atienda en clase con atención plena, que haga los deberes a diario, que le guste la lectura, que tenga una motivación intrínseca por aprender y ser mejor, que ayude a sus compañeros que van más retrasados en clase o que esté en cursos que todavía no requieren de su máximo esfuerzo, aunque todo es esfuerzo y debemos recompensarlo.

---

39   Como curiosidad, para pasar desapercibido Michael Jordan se registraba en los hoteles como Leroy Smith, el chico que le quitó el sitio en el equipo y que le ayudó a su manera a forjar su leyenda.

La historia menos conocida de Michael incluye la superación de su adicción al juego y a las apuestas, como su padre. Su enseñanza nos deja las lecciones de buscar una meta y tratar de ser mejores siempre. Él hablaba de buscar la motivación en uno mismo y no en el reflejo de los demás. No le gustaba que le utilizaran como modelo porque pensaba que no existía nada para poder aprender las grandes lecciones de la vida que no fueran la experiencia propia, el sacrificio y el proceso de mejora constante. Siempre decía que tenemos que ser conscientes de que la vida se compone de saber cuándo hay que decir «Sí, Señor» y cuándo debemos decir que no.

ta juró que nunca más le pasaría lo mismo en su vida. Al año siguiente de no haberle seleccionado, el entrenador Herring le recogía en su casa todos los días a las 6 de la mañana para trabajar con él de manera individual. Es cierto que esta historia motivó a Michael a ser el mejor jugador del segundo equipo y al año siguiente el mejor jugador del primero, forjando el carácter de campeón que le acompañó el resto de su vida.

Otro revés importante se produjo en agosto de 1993. Su padre, James Jordan, adicto a las apuestas y a los casinos, fue asesinado en circunstancias extrañas. Michael Jordan se retiró del baloncesto ese mismo año con tan solo treinta años. En honor a su padre, fanático del béisbol, intentó la aventura de jugar en las grandes ligas, aunque con pésimos resultados.

Un año y medio después de su retiro, Jordan anunció su regreso, pero con un número extraño, el 45, ya que el número 23 en un homenaje en su honor su equipo lo había retirado. Diez días después anotó 55 puntos para los Chicago Bulls ante los New York Knicks. Dos años después superó un durísimo partido de *playoff* jugando con fiebre y deshidratado, demostrando su carácter y fuerza de voluntad.

> «He fallado más de 9.000 tiros en mi carrera. He perdido casi 300 partidos. 26 veces han confiado en mí para tomar el tiro que ganaba el juego y lo he fallado. He fracasado una y otra vez en mi vida y eso es por lo que tengo éxito».
>
> Michael Jordan

CLAVES GM

Michael Jordan encontró siempre una excusa en su vida para trabajar lo más duro posible. Cuando le rechazaron para el primer equipo, cuando no consiguió entrar en los *playoffs*, cuando perdió partidos, cuando falló tiros claves… lo único que hizo fue trabajar más duro.

Growth Mindset

Chris Gardner

Chris Gardner nació en Milwaukee en la pobreza y fue criado por su madre y un padrastro alcohólico que lo maltrató. Se enroló en la Marina y tras cuatro años obtuvo una baja del servicio. Se trasladó a San Francisco y empezó a vender equipos médicos.

Un día en la calle se encontró con un *broker* de Bolsa llamado Bob Bridges y al ver su Ferrari le preguntó qué hacía para ganarse la vida. Tras unos minutos de conversación, Chris convenció a Bob para que le hicieran una entrevista para poder acceder a un puesto de becario en su empresa, Dean Walters Reynolds DWR.

Dos días antes de su entrevista Chris fue arrestado por no pagar sus multas de estacionamiento. Se presentó en la entrevista con la ropa que tenía el día de su arresto. Pese a su aspecto desaliñado, cautivó a los directivos y consiguió entrar en el programa de formación de la empresa sin remuneración y con la promesa de conseguir un puesto en la empresa.

En esos momentos Chris tenía menos de treinta años, estaba separado de su mujer y vivía con su hijo pequeño en albergues, parques públicos, estaciones de tren o iglesias.

Al finalizar su periodo de formación le hicieron una oferta para entrar en la empresa. Al poco tiempo abrió su propia gestora de fondos, Gardner Rich. Actualmente es *speaker* motivacional y multimillonario.

Si te suena su historia quizás hayas visto a Will Smith en la película *En busca de la felicidad*, que está basada en la vida de Chris Gardner.

Nunca se rindió, siempre confió en sus posibilidades. Sabía que las cosas saldrían bien porque no dejó de trabajar, esforzarse y adaptarse a las situaciones en cada momento.

Kate Winslet

La actriz fue víctima de *bullying* en su colegio, donde la llamaban fea, bola de grasa o patito feo. Cada día la encerraban en un armario. En su infancia nunca escuchó ningún comentario positivo sobre ella. Pero quería ser actriz, no dejó de prepararse para el momento en que le llegara el éxito y desde los ocho años ensayó en el baño de su casa su discurso de los Oscars.

En los *castings* siempre le decían que era una pena que fuera tan gorda siendo tan guapa. Con catorce años su profesor de teatro le dijo que le iría fenomenal siempre que aspirara únicamente a los papeles de gorda.

No dejó de intentarlo nunca y tras su nominación por su papel en *Sentido y sensibilidad*, película también de obligado

Otro personaje GM fue **Sylvester Stallone**, rechazado en cientos de *castings*, que tuvo que buscar la financiación para el rodaje de la película *Rocky*, que escribió e interpretaría a pesar de las muchas negativas de productoras importantes que no le permitían ser el protagonista. También persiguió un papel que fue ofrecido antes que él a más de once estrellas de Hollywood, entre las que se encontraban Dustin Hoffman, Michael Douglas, Paul Newman, Steve McQueen, que lo rechazaron por «poco interesante», «plano y sin continuidad», «no tiene futuro como franquicia de películas». Ese papel era en *Rambo*, uno de los papeles que le llevaron al estrellato de Hollywood y que ahora estrena su quinta parte.

visionado, con Hugh Grant, Emma Thompson y Alan Rickman, le llegó el momento que estaba esperando cuando le adjudicaron un papel mítico que ha pasado a formar parte de la historia del cine, Rose en *Titanic*.

Después le llegaron multitud de premios, Oscars y reconocimiento a una de las mejores intérpretes de la Historia que no se quedó quieta sintiéndose la bola de grasa gorda que todos decían que era.

> La próxima vez que alguien te diga que lo haces mal, que no tienes futuro, que eso es una tontería, que mejor te quedes callado, agradece el *feedback* y sigue trabajando viendo las posibles mejoras que puedes aportar, las correcciones que puedes hacer y qué te ha llevado hasta el lugar donde estás.

Stan Lee, el creador de cientos de héroes de cómic de Marvel también era un hombre con mentalidad Growth Mindset al que le dijeron no muchas veces. Si tienes una idea maravillosa y te dicen que no, lee su historia.

ACABAN DE RECHAZAR TU IDEA MARAVILLOSA...

Esta es la historia de la creación del superhéroe Spiderman y Stan Lee la contó muchas veces a lo largo de su vida. Necesitaban un nuevo héroe en Marvel Comics después de *Los 4 Fantásticos* y Stan Lee comenzó a pensar en un nuevo héroe cuando vio una mosca en la pared que salía volando después de estar posada de manera increíble.
Primero le otorgaría poderes: poder volar, fuerza de insecto, trepar por las paredes. Después le pondría un nombre: Flyman, Mosquitoman... Spiderman.
Le metió un punto dramático al asignarle problemas personales y encima lo convirtió en adolescente porque no había superhéroes adolescentes en esa época.
Cuando se lo llevó al editor él le dijo que era la peor idea que había escuchado jamás.
- «Las personas odian las arañas
- Los adolescentes son molestos y no saben lo que quieren, ¿y encima le metes problemas personales? No sabes lo que es un auténtico superhéroe? Ellos no tienen problemas personales, son superhéroes».

> Le metió en la última página de la revista de ese mes y fue un éxito total pese a lo que le dijeron. Al mes siguiente su editor le dijo: «¡¡Menuda buena idea tuvimos con Spider-man; que tenga su propia serie de cómics!!».

- Si tienes una idea que crees que es buena no dejes que los idiotas digan que no lo es solo porque no se les ha ocurrido a ellos
- Si sientes que es bueno, que quieres hacerlo, que significa algo para ti, hazlo porque solo harás tu mejor trabajo cuando estés convencido de algo y quieras hacerlo. Si lo haces de la forma que crees que es la mejor y estás orgulloso de tu trabajo, funcionará
- Hazlo lo mejor posible siempre
- Amplia tu mente. Expándela más allá de tus límites. Mira con innovación fomentando grandes cambios
- Sé práctico y mejora lo que ya existe. No hace falta que todos los días inventes la rueda

Creatividad

Este es uno punto importante en la creación de nuestro GM. La capacidad de poder ver las cosas de manera diferente es una palanca para poder tener más opciones en la vida. La creatividad es incertidumbre continua y debemos aceptarla como aceptamos el paso del tiempo o como yo acepto que la Real Sociedad jamás ganará la Champions League.

La creatividad no es lineal, no es un proceso de crecimiento, pero requiere de compromiso y esfuerzo. Tenemos que potenciar espacios para la creatividad y para que esta surja es fundamental aflojar los controles internos y rebajar el nivel de «vigilancia» de las personas. Estas tienen que prestar atención al miedo para poder superarlo. No se trata de decir que no tenemos miedo sino todo lo contrario.

Debemos dejar que las personas tomen riesgos controlados y para ello es fundamental que confiemos en su valía, sus decisiones y su capacidad de trabajo. Siempre con la vista puesta en la excelencia. Asumir que las personas tengan responsabilidad para fomentar la creatividad supone que aparecerán errores. Debemos aceptarlos y aprender de ellos.

Otro protagonista GM fue rechazado tres veces en la Escuela de Cine de South Carolina. Tras sus primeros éxitos como director fue apartado dos veces de dirigir una película de *James Bond* por falta de visión y experiencia. El director tantas veces rechazado se llama **Steven Spielberg**.

....

Otra personalidad GM fue rechazada en Filología en Oxford. Sufrió la muerte de su madre cuando tenía 26 años. Empezó a escribir su primer libro gracias a una avería de tren de cuatro horas. Tras mudarse a Oporto, tuvo que separarse con treinta años y una depresión severa después de sufrir malos tratos. Vivió durante años de la beneficencia e intentó suicidarse. Su manuscrito fue declinado más de doce veces. Pese al primer rechazo siguió escribiendo los últimos cuatro libros de la saga que había imaginado. Con su primer libro tuvo que modificar su nombre porque no querían que apareciera una mujer en la portada. Igual conoces a *Harry Potter* y a su creadora, **J.K. Rowling**.

Su lema en los malos momentos fue siempre «keep going, keep going».

El último de nuestros personajes GM era un redactor que fue despedido de un periódico local por «falta de creatividad e imaginación». Su nombre: **Walt Disney.**

Vamos con un par de ejercicios para fomentar tu creatividad, tu capacidad de pensar *out of the box* o de manera lateral.

EJERCICIO: ¿A QUIÉN ELIGES?

Es noche cerrada en una carretera secundaria. Está lloviendo a mares y el limpiaparabrisas a duras penas puede aclarar tu camino. Vas absorto en tus pensamientos cuando de pronto ves una parada de autobús en la que se cobijan tres personas. La primera que te llama la atención es el amor de tus sueños. Es exactamente tal y como la dibujas en tus pensamientos. Como es un ejercicio de creatividad e imaginación, conoces todo lo necesario para saber que sois almas gemelas y que con esa persona disfrutarás de una vida de amor y cariño compartido por muchos años aunque no tendréis hijos ni podréis adoptar.

La segunda persona que está a su lado es tu mejor amigo, al que desde hace tiempo no ves por culpa del trabajo, las prisas y la distancia. Este amigo te salvó la vida hace unos años y nunca has podido devolverle el favor.

La tercera persona de la marquesina, y que se moja pues las otras dos personas no le dejan espacio, es una anciana enferma y con cara de simpática que te mira con ojos llorosos.

Tú vas en tu coche biplaza y solamente puedes parar el tiempo necesario para no perder el avión porque vas al aeropuerto a un viaje internacional para poder firmar la venta de tu empresa por más de 50 millones de euros y la oferta caduca en 24 horas. Y no tienes teléfono móvil porque se te acaba de caer por la ventanilla.

Intenta pensar en una forma en la que puedas obtener el resultado óptimo. ¿Qué haces? No puedes ir y volver, no te da tiempo. Solo puedes hacer un viaje y solo puede viajar una persona extra en el coche, no tiene maletero.

Growth Mindset

Para desarrollar la creatividad es fundamental la pasión, que no está reñida con los cálculos lógicos. Puedes trazar un plan lleno de cálculos lógicos pero aplicar el pensamiento lateral para alcanzar los objetivos. Podemos alcanzar el punto rojo de muchas maneras. Este sería un ejemplo de liderazgo GM con pensamiento lateral. El punto rojo es el objetivo.

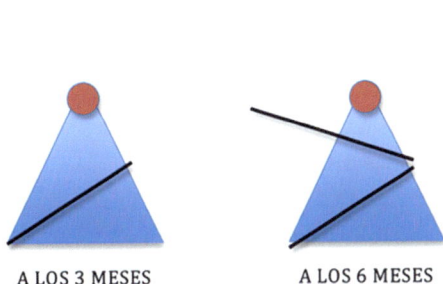

A LOS 3 MESES   A LOS 6 MESES   A LOS 2 AÑOS

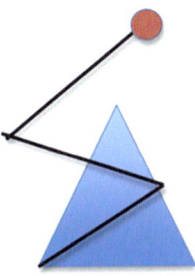

EJERCICIO: ¿CÓMO PELAS LOS PLÁTANOS?

Sí, no es una broma. Me imagino que los coges por la parte de la unión entre plátanos y simplemente tiras de uno de ellos. Es un fastidio cuando no eres capaz de romperlo y tienes que recurrir a los dientes, el cuchillo o directamente romper el plátano. Ahora quiero que vayas a la cocina y cojas un plátano. Si no tienes uno espero que sea porque no te ha dado tiempo todavía a seguir mis consejos sobre longevidad y dieta. Te recuerdo lo de la dieta mediterránea de nuestras abuelas, es decir comer de todo, variado y de colores. Compra plátanos, que tienen potasio y son buenos para el cerebro. Como estés pensando que los plátanos engordan mientras te estés comiendo un bollo es probable que estés notando mi enfado a través de las hojas del libro.

¿Lo has pelado ya? Como siempre, la solución al final del libro.

La creatividad es el futuro no realizado. Es un fino equilibrio entre lo conocido y lo desconocido. La creatividad nos incita a emprender actividades sin conocer los resultados de antemano. Tenemos que aprender a dejar en suspenso la tendencia de la mente a preconcebir, al juicio de está bien o está mal, lo conozco o me resulta desconocido. Nadie va a ver el mundo como lo ves tú, así que cuando nos contradicen ignoramos los comentarios ya que creemos estar en posesión de la verdad. De nuevo aparece el equilibrio. Somos criaturas referenciadas a un contexto social, personal y de época concretos. Este contexto está creado por nosotros mismos al recibir influencias que representamos.

Después de la explicación que hemos dado antes del cerebro y de por qué es necesario trabajar la creatividad, tenemos un arma en nuestro ordenador central sin la cual no podríamos hacer nada de lo que hacemos, no podríamos tener identidad y no avanzaríamos como sociedad. Somos memoria, sin ella no somos nada.

Memoria y creatividad

La memoria es la capacidad del cerebro de almacenar información y recuperarla de manera voluntaria. La memoria se «guarda» en muchas partes del cerebro que están interconectadas. Tenemos varios tipos de memoria. Aquí no voy a darte una clase magistral sobre memorias, hipocampo y cosas que quizás no te apetezca mucho leer. Vamos a hacer un resumen breve de los tipos de memoria:

- **Memoria sensorial.** Dura menos de dos segundos y es la recogida por los sentidos. Se atiende y se identifica para su posterior procesamiento.
- **Memoria a corto plazo.** Sirve para retener pequeñas cantidades de información. Dentro de esta nos encontramos con la memoria de trabajo u operativa, que implica muchas tareas y realiza un procesamiento recurrente.
- **Memoria a largo plazo,** que nos permite almacenar información durante largos periodos de tiempo. Dentro de esta distinguimos la implícita o procedimental para los procesos automáticos como conducir, y la memoria explícita o declarativa para almacenar de manera consciente y que incluye la memoria episódica, que recoge nuestra vida como si fuera un diario, y la memoria semántica, que incluye el conocimiento general de las cosas que nos rodean como que Madrid es la capital de España.

No dejes de escribir a mano

Varios estudios han demostrado que los alumnos que escriben a mano tienen mejores resultados que los que escriben en el ordenador. La clave está en la memoria háptica. Escribir te sitúa en un plano distinto que requiere más utilización de recursos que la escritura en ordenador. Escribir mejora la memoria a largo plazo y hace que todas las palabras cuenten.

La escritura a mano nos permite visualizar, porque cuando escribes la palabra «puente» con todas sus letras estás dando pie a que tu cerebro visualice el objeto que estás escri-

---

SESGO DE CONFIRMACIÓN

El sesgo que puede evitar que desarrolles tu creatividad al no dejarte explorar áreas desconocidas es el que creó Peter Wason. Lo llamó «sesgo de confirmación» y nos recuerda que tendemos a buscar información que corrobore nuestra teoría o nuestra visión y despreciar lo que se aleje de ella. Esto podría matar tu creatividad.

¿Alguna vez has pensado que llevas muchos años haciendo cosas sin motivo?

No respondas porque era una pregunta retórica. Llevas toda la vida haciendo cosas de manera automática con el piloto automático de Aterriza como puedas[1]. Te voy a hacer una pregunta que puede freírte el cerebro... ¿Has pensado alguna vez para qué tienen las latas de refresco un pequeño agujero en su chapa?

---

1 Si no sabes qué película es, ya estás tardando en conseguirla.

A las memorias les afectan dos sesgos antagónicos como la **recencia**, que nos hace recordar la información presentada al final de manera más clara, y su contrario, la **primacía**, que nos hace recordar lo primero. En función de diversos estímulos podemos caer en uno u otro sesgo.

biendo. Piensa que llevas miles de años pintando en las cuevas de tus antepasados, escribiendo jeroglíficos, redactando notas a mano y muy pocos años con máquina de escribir u ordenador. Así que tiene mucho sentido que sea una conexión con tus raíces de aprendizaje más profundas.

También es bueno para potenciar la atención porque escribir no lo puedes hacer con la atención dividida. No necesitas conexión a Internet para hacerlo, así que no puedes poner excusas para no desarrollarla.

Método Hannibal Lecter para la memoria

Si has visto o leído *El silencio de los corderos*[40], sabrás que su protagonista, el genial Hannibal Lecter, tiene una espectacular memoria y todo se debe a la forma en la que este es capaz de recordar las cosas. Él lo llama «palacio de la memoria» y en la secuela de la película trata de enseñarle a Clarice Sterling cómo hacer su propio palacio de la memoria. Según cuenta, la idea proviene de Cicerón, pero en realidad es un método de la antigüedad muy conocido y poco desarrollado llamado método de loci.

El método loci funciona imaginando un lugar conocido como pueden ser tu habitación, tu cocina o tu cuerpo. Debemos colocar en los distintos lugares las cosas, nombres o números que queramos recordar. Después solo tendremos que realizar un recorrido mental por esos lugares para traerlos a la memoria. Es un método efectivo que tienes que entrenar y perfeccionar, adaptándolo a ti mismo. Yo, por ejemplo, para recordar los nombres de los alumnos o de las personas que estén en una sala en una reunión, busco una imagen mental de la persona con un rasgo, ropa o signo que resalte y repito varias veces su nombre cuando nos presentan.

El «palacio de la memoria» es una variante del loci que nos invita a diseñar nuestra mente como si de una biblioteca se tratara. Es una técnica curiosa pero que funciona bien cuando la entrenamos. Podemos crear a nuestro antojo diferentes

---

40 Película ganadora de varios Oscars con una interpretación brutal de Anthony Hopkins en un papel que es historia viva del cine. Como siempre, si no las has visto vete corriendo al videoclub más cercano.

Desde tiempos inmemoriales los políticos entrenaban la memoria para mejorar en sus discursos. En la antigua Roma y en el libro *De oratore* de Cicerón se recoge por primera vez el método *loci*, plural de la palabra *locus* que significa lugares. Es el primer método mnemotécnico del que se tiene constancia y es una técnica que utiliza imágenes mentales para potenciar la memoria. En el libro fue el poeta Simonides de Ceos el que sintió la necesidad de tener un método para recordar situaciones, personas y cosas. La historia es muy curiosa y dice así: Scopas, un noble de Roma, contrató al poeta Simonides para que le alabara delante de sus invitados. El poeta dedicó la mitad de sus alabanzas a los héroes mitológicos Cástor y Pólux. El noble, enfadado por haber recibido la mitad de las alabanzas, decidió pagar solo la mitad de los honorarios del poeta. De repente un criado hizo salir a Simonides a la calle pues alguien preguntaba por él. Cuando llegó a la puerta no vio a nadie y segundos después el techo de la sala donde todos los invitados del noble estaban reunidos se desplomó. Todos murieron, incluido el noble Scopas. Simonides comprendió que Cástor y Pólux habían sido los que lo salvaron al sacarlo de aquella sala. Lo impresionante del caso es que el poeta pudo recordar a todos y cada uno de los invitados y los lugares donde estaban sentados para que sus familias pudieran darles sepultura.

ABRE TU MENTE

El trabajo para desarrollar la creatividad es un maratón, no un *sprint*. No vas a cambiar tu mentalidad y abrirte a la creatividad de la noche a la mañana, pero no pienses por ello que no eres creativo. Desarrollarás las cosas en las que más foco pongas y con la creatividad pasa lo mismo. Aprende a pensar de manera diferente, no mires las cosas solo por un lado y no sigas las reglas de las preguntas cerradas.

Para potenciar la creatividad entre tus equipos puedes copiar a los más grandes en creatividad como Pixar o Google. Estas empresas destinan dos días completos al mes a que todos sus empleados tengan un proyecto de desarrollo creativo, con todos los recursos necesarios para poder desarrollarlo. Confían en sus equipos y saben que realizarán proyectos coherentes y socialmente responsables.

No podemos confundir esa confianza en sus equipos con la arrogancia de creerse superiores a sus empleados.

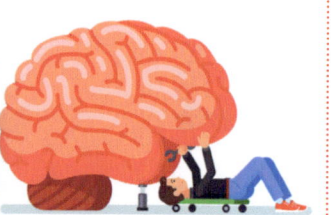

salas mentales para almacenar lo que necesitemos y acudir a ellas cuando queramos recuperar la información. La parte más potente del palacio de la memoria es trabajar con nuestro «bibliotecario» particular y que sea él el que nos proporcione la información. Te habrá pasado muchas veces que estés pensando en algo y «no te viene a la cabeza». O pensar dónde has puesto las llaves. ¿No te ha pasado que, de repente, cuando dejas de buscarlas compulsivamente recuerdas donde estaban? Es simplemente por el hecho de que al forzar a nuestra cabeza a encontrar algo bloqueamos nuestra mente. Es más útil preguntarle a nuestro bibliotecario como si fuera Google y decirle lo que queremos encontrar y dejarle tranquilo para que lo encuentre. Cuando termine que te avise. Pruébalo porque funciona.

Te propongo ahora una serie de ejercicios para potenciar la memoria y desarrollar la creatividad. Estos son ejercicios de repetición. Todo se adquiere por hábito, no por ósmosis o ciencia infusa... Yo creo que cada vez vamos más hacia atrás, así que no pierdas tiempo en empezar.

Ejercicios rápidos para potenciar la memoria

- Recita los días de la semana en voz alta por orden alfabético y ahora de atrás hacia delante. Lo mismo con los meses. Puedes invertir el orden alfabético como quieras. Lo importante es decir cosas que dices habitualmente de manera diferente.
- Haz todos los días algo habitual con la mano contraria. Si eres diestro y tomas el café con la derecha, durante dos semanas hazlo con la izquierda, y así con todas las cosas que se te ocurran.
- Cada día escribes la fecha en tus tareas pendientes y haces operaciones con ellas hasta que, por ejemplo, usando todas las cifras te dé siempre 10. También puedes sumar simplemente la fecha del día.
- Nombra 3 adjetivos, 3 objetos, 3 nombres con las letras de tu apellido o tu nombre. Varía de elementos, varía con el apellido de tu jefe, de tu pareja.

Growth Mindset

- En cualquier situación en que tengas 2 minutos libres, mira a tu alrededor memorizando todos los objetos y luego trata de apuntarlos en una hoja sin mirar. Puedes variar el ejercicio buscando solo cosas de un color, etc.
- Escribe durante un minuto todos los usos que se te ocurran «no convencionales» para un cinturón, una taza, un cuchillo... (sin tener en cuenta que sean políticamente correctos o no). Solo anótalos. Cuantos más mejor...

Si practicas estos ejercicios de manera constante, disciplinada y dándoles la importancia que tienen, comprobarás los efectos en tu memoria y por ende en tu creatividad.

GUARDIANES DENTRO DEL LABERINTO

Hace dos horas entraste en un laberinto. Estás completamente perdido cuando de pronto te encuentras con dos guardianes que custodian dos puertas. Una te lleva a la muerte segura, la otra te salva. Enfrente de cada puerta hay dos guardianes con una característica especial: uno de los dos siempre miente y el otro siempre dice la verdad. El problema es que no sabemos cuál es cada uno. Solo podemos hacer una pregunta y nuestra vida está en juego... ¿Qué es lo que preguntarías?

Te dejo unos minutos para la reflexión. Todo el tiempo que estés pensando, desarrollando estrategias, analizando las posibilidades son minutos de desarrollo para tu creatividad, para tu memoria, para tu capacidad cognitiva. No importa que no seas capaz de resolver el enigma.

Para ayudarte un poco en la resolución (te recuerdo que al final tienes las soluciones de todos los ejercicios propuestos), vamos a imaginar que las puertas son así...

| 1 Muerte segura | 2 Salvación |

BRAINSTORMING EDIFICIO

Piensa en un edificio de oficinas vacío. Acabas de recibirlo en herencia y no sabes nada del sector. Contratas una consultora especializada que te cobra 12.000 euros por un informe que te dice que lo puedes usar para los siguientes usos:

- Hotel
- Salas de reuniones
- Oficinas
- Comercio
- Hostelería

Como ves, no han resuelto mucho tus dudas porque son los usos lógicos de un edificio terciario, así que convocas un brainstorming con tu equipo y tachas estos usos en la pizarra. ¿Cuántos sois capaces de anotar en un minuto entre todo tu equipo?

No tengas prejuicios, apunta todo lo que se te ocurra pese a que sea políticamente incorrecto o suene a tontería. Si censuramos nuestra mente en la seguridad de un entorno controlado, como es hacer estos ejercicios, es imposible que podamos desarrollar la creatividad en nuestras vidas.

> Recuerda: solo podemos hacer una pregunta y nuestra vida está en juego… ¿Qué preguntarías? Puedes anotar aquí todas tus ideas, tácticas y opciones.

NIÑO CRECIENTE

Acabas de conocer a un niño menguante. Su edad fluctúa de manera extraña. Le preguntas por los años que tiene y te dice que antes de ayer tenía 10 años y que está muy contento porque el año que viene tendrá 13…

¿Cómo es posible?

Recuerda que hay que luchar contra los sistemas prefijados de nuestra mente que en estos momentos te está diciendo «imposible», «cambia de ejercicio porque está mal explicado». Piensa en todo lo que has aprendido hasta el momento, el bate y la pelota, los sesgos… Anota aquí tus cálculos.

EL PROBLEMA DE LA VELA EN LA PARED

Estás en una habitación con una vela, una caja de chinchetas y varias cerillas. No hay mucha luz y quieres utilizar la vela para poder seguir leyendo pero no puedes manchar la mesa con la cera que caerá al encenderla…

¿Cómo hacemos para que la vela se sujete sola en la pared y no caiga la cera en la mesa donde estamos trabajando?

Como ves, estos ejercicios pueden ayudarnos a buscar soluciones originales a problemas concretos que no tienen fácil solución. Es clave que nos demos espacio para poder tener tiempo para pensar y fomentar la creatividad nuestra y de nuestros equipos. La perspectiva que adoptas cuando tienes unos minutos para poder pensar es alucinante. Las prisas deben ser aparcadas para que entre la creatividad.

No rehuyas las preguntas, la curiosidad. Busca, plantea hipótesis diferentes y piensa en abstracto, pero siempre dejando que el proceso fluya de manera natural. Si fuerzas, la solución no aparecerá. Dale espacio y paciencia para que se muestre de manera natural. Controla tus emociones para poder desarrollar una mentalidad creativa y busca algo que te guste para empezar. Es más fácil ser creativo con cosas que puedan apasionarte que empezar por las cosas menos «atractivas» para ti. Elige, adáptate y modela el entorno a tu antojo.

Piensa de manera diferente y no te quedes en el mismo sitio, crece de manera exponencial como este niño al que te voy a presentar ahora mismo.

Obsesión por el resultado

El resultado es el rey. Es lo único que importa. Soy «resultadista» a tope.

Si estás de acuerdo, vuelve al principio y empieza todo de nuevo sin saltarte ni una coma porque no te has enterado de qué va esto… ¿Recuerdas cuándo fue la última vez que no te seleccionaron para algo? No quiero que llegues tan atrás y te vayas hasta el patio del colegio cuando no te elegían para el partido de fútbol, ni tampoco quiero llevarte a tus noches de discoteca cuando el chico o la chica que te gustaba no te miraba en toda la noche. No. Aquí vamos por otros caminos. Vamos a irnos a algo que nos ha pasado a todos. Sí, a todos.

Piensa en esa entrevista de trabajo de la que saliste convencido de que eras la persona indicada por experiencia, capacidades, ilusión y momento vital. A los tres días te llaman de la empresa (gracias por llamar porque muchas veces no te habrán llamado) y te dicen que lo sienten mucho pero que no eres la persona seleccionada. Respira un par de segundos antes de seguir leyendo porque quiero que sientas de nuevo esa sensación. ¿Qué es lo que se te pasó por la cabeza en ese momento o qué es lo que estás volviendo a revivir? Lo más probable son frases del estilo:

- «Soy tonto, no valgo para ese puesto»
- «Soy un perdedor, no me merecía esa posición profesional»
- «Fracasado, deja de ir a entrevistas porque nadie te va a contratar»
- «Todo te va a salir mal en la vida; lo raro es que no estés en la calle con un cartón pidiendo limosna»

Bueno, voy a parar porque quiero que avances, no que te martirices. Esas cuatro frases que acabas de leer y quizás pasaron por tu cabeza pertenecen al Fixed Mindset. Debemos sacarlas de nuestra cabeza a la mayor brevedad posible. Un Fixed Mindset piensa que si no es seleccionado el único motivo es que no vale lo suficiente. Nada más. En cambio un GM piensa que si no le han seleccionado hay mil motivos para ello. Únicamente debemos comprenderlo tratando de sacar la mejor de las lecciones, analizarlo de manera exhaustiva y seguir esforzándonos porque la siguiente oportunidad llegará.

En la vida, y en especial en los deportes, únicamente nos importa el resultado. No valoramos el camino seguido hasta la derrota. En la empresa sucede lo mismo. Únicamente nos juzgan por nuestros contados errores; los aciertos se dan por supuestos y nadie repara en ellos. Si al final el error se subsana, todos contentos y aquí no ha pasado nada. No nos importa el esfuerzo que hayamos puesto para acometer cualquier acción, la cantidad de horas invertidas en tratar de conseguir el objetivo. Solo importa ganar o perder. Fallar o acertar.

Revisando estas líneas coinciden los dos partidos de semifinales de Champions 2019, Liverpool-Barcelona y Tottenham-Ajax.

El Barcelona contaba con una ventaja de tres goles en el partido de ida. En el partido de vuelta perdió por cuatro goles quedando eliminado. Todas las críticas sobre los jugadores y sobre todo al entrenador por haber sido eliminados. Viendo el partido, el portero del Liverpool realizó una serie de paradas de bastante mérito. No fue decisivo en sus intervenciones pero bloqueó una serie de disparos que podían haber sido goles del Barcelona perfectamente. Dejando de lado las decisiones del entrenador, acertadas o erróneas, y la actitud de los jugadores, acertada o equivocada (Messi entre ellos, mejor jugador del mundo), me gustaría centrarme en el giro que hubieran dado de los periódicos, analistas y aficionados si el Barcelona hubiera metido un solo gol cambiando la eliminatoria por completo y accediendo a la gran final.

Creo que una actitud GM hubiera destacado el camino que siguió el Barcelona hasta la semifinal y analizar los errores cometidos, que se pueden asemejar a los cometidos en la eliminatoria del año pasado contra la Roma. Resultado positivo en la ida y debacle en la vuelta.

Falta de presión, exceso de confianza… Eso es algo que les corresponde analizar a los expertos en la materia, pero en nuestro caso nos sirve doblemente para nuestro camino al GM: Por un lado aprender de los errores y no volver a cometerlos y por otro valorar lo realizado hasta la fecha, independientemente del resultado obtenido.

En otra eliminatoria, el ejemplo que obtenemos para nuestro GM es la capacidad de resiliencia del Tottenham, que perdió el partido de ida en su propio estadio y comenzó perdiendo por dos goles en el estadio del Ajax. En este caso no cejaron en el empeño de conseguir la victoria y no desesperaron ante las adversidades. Fue más fuerte la confianza en sus capacidades que los miedos o las dudas ante la eliminación.

En nuestra vida podemos aplicar una actitud GM diciendo que lo que importa es el aprendizaje y el crecimiento personal en lugar de únicamente el resultado.

Ambos equipos ganadores se apoyaron en los pilares fundamentales de Growth Mindset para alcanzar sus objetivos.

CREATIVIDAD, para poder encontrar caminos alternativos; CONSTANCIA, para seguir aguantando a pesar de las dificultades; RESILIENCIA, para poder tener fuerzas y mantener la confianza intacta en el momento de atacar; y PROPÓSITO, para visualizar el objetivo por encima de cualquier otra cosa que les despistara.

¿Problemas sin solución?

Te presento a George, ya que la historia de George Danzig es muy GM. Una tarde llegó a casa del colegio con dos problemas que él creía que eran deberes. Cuando se puso a ello se quedó paralizado porque no era capaz de resolver ninguno de los dos. En lugar de abandonar, aceptó el desafío y se concentró en resolverlos aplicando todas sus herramientas. Tras unas horas de esfuerzo los resolvió. Su diálogo interno le decía que eran deberes que debían ser resueltos. Al día siguiente se enteró en el colegio de que eran problemas que no tenían solución.

No sé qué parte de la historia será leyenda, realidad o mito. Lo que nos importa aquí es la capacidad de enfrentarte a los desafíos de la vida como lo que son, desafíos. No son problemas sin solución. No son dramas terribles que te llevan a un infierno de dolor. Son problemas. Algunos son leves, otros tremendos, la mayoría se resuelven y otra parte no tienen solución.

Aquí podemos aplicar una frase que siempre me ha parecido muy curiosa pero a la que no le damos la importancia que merece. Lo cierto es que no sé quién la dijo pero es de una sabiduría brutal[41]:

«Si un problema tiene solución no te preocupes y si no la tiene tampoco».

---

41 Es cierto que tiene detractores que dicen que eso nos convertiría en pasotas profesionales que no se mueven porque nada es importante. Pero estamos diciendo que siempre hay que estar en movimiento. Como dice mi mujer y siempre me río, «hay que ser como tiburones que nunca se paran»… No voy a decir nada sobre la frase porque no quiero tener problemas matrimoniales.

Growth Mindset

Debemos encontrar, como George, la motivación intrínseca en las cosas que hagamos. «Estudio por el disfrute de aprender y de paso apruebo».

Que cada actividad de nuestro día a día se convierta en un desafío para seguir aprendiendo y mejorando constantemente. ¿Qué prefieres, preguntar «cómo se hace» o «puedo hacerlo»?.

Siempre que te pierdas, (que te perderás) sigue el camino circular (lleno de pinchos y clavos pero circular) que se compone de lo siguiente[1]. Aquí vamos a ponerlo en números fáciles y en un listado simple porque una parte de GM es también facilitar las cosas:

1. Busca constantemente el desafío y ámalo con todas tus fuerzas
2. Disfruta con el esfuerzo que supone y observa las micro metas que vas alcanzando.
3. Analiza los fallos que vas cometiendo por el camino para tomar mejores decisiones
4. Sigue aprendiendo siempre y vuelve al punto 1 cuando lo necesites
5. Las cosas son más simples de lo que parecen. Lee el cuento del emperador y las tres preguntas, y aplícalo a tu desarrollo GM. Puedes descargarte el cuento con ayuda de este bidi:

PASOS PARA CREAR UNA MENTALIDAD GM

- Crea una mente abierta, libre, sin limitaciones y sin etiquetas.

- Céntrate en las cosas positivas, en las mejoras, en los avances.

- Conviértete en un auto para todo. Autodesarrollo-automotivación-autorresponsabilidad-autoconfianza.

- Une de manera sensata espíritu, corazón y mente. Aquí puedes meter garra, lucha, carácter... Imagina a Simeone dándote una charla. Pues coge diez de sus palabras y te servirán perfectamente.

- Confía en tu habilidad y desarróllala para alcanzar las metas.

- Desarrolla un corazón fuerte para mantenerte en esa meta el tiempo que quieras.

- Hazte cargo del proceso. Todo lo que te concierne a ti, depende de ti. Toma el control y pregúntate por tu estrategia, tu táctica, tus planes a medio y largo plazo.

- Olvídate de los validadores que te dirán si lo haces bien, mal o regular. Deja de ser tan pesado preguntando a gente a la que no le importa lo que hagas y actúa por ti mismo.

---

1   Aquí no me apetecía nada ponerte la típica gráfica de flechas circulares preciosa que verás en todas las escuelas de negocios del mundo.

CAPÍTULO 2. WHERE

QUE ALGUIEN ME DIGA DÓNDE C... ESTOY

En este capítulo encontrarás:

- TÚ, LA TIERRA Y EL UNIVERSO
- EL MUNDO QUE HEMOS CREADO
- LA PARTIDA DE PÓKER
- HOMO SAPIENS, TU ANTEPASADO DE GATILLO FÁCIL
- ENTORNO VUCAA, VUCAH, VUCAD...
- REVOLUCIÓN DIGITAL

TÚ, LA TIERRA (LA PLANA NO, NUESTRA TIERRA) Y EL UNIVERSO (O ESO QUE TE PASA IGUAL LE IMPORTA TRES PEPINOS AL UNIVERSO)

En el momento de escribir este libro, a principios de 2019, estamos en el planeta Tierra rodeados por, humano arriba humano abajo, 7.500 millones de personas en un diámetro de 12.670 kilómetros. Es mucha gente para poco sitio, sí. Es muchísima gente como para que te pares a pensar un segundo en las cosas que te rodean[42]. Te propongo un viaje desde el centro de ti mismo, tu lugar más importante, hasta el borde del Universo. Será un viaje movidito, te lo aseguro, pero vamos a ir rápido.

En ese espacio de animales, agua, tierra y metales que te parece muy grande que es la Tierra, llamada planeta Tierra pese a que el 70% es agua, unos 700 millones de seres humanos aproximadamente viven en condiciones de extrema pobreza con menos de 1,6 euros al día, según el Banco Mundial, menos de lo que vale un café. Son seres humanos iguales que tú (y si no estás como yo entre esos 700 millones de personas ya puedes empezar a agradecer la suerte que tienes y empezar a relativizar tus problemas), y eso que todavía no hemos saltado ni a la cercanísima Luna. Seguimos en la Tierra, seguimos vivos y estamos en la parte fácil. Tenemos suerte. Punto. Pero no nos quedemos aquí sentados. Dentro de unos segundos vamos a salir de nuestra pobladísima Tierra para ver desde otra perspectiva la importancia real de esas cosas que te pasan y que al Universo se la resbala, como ese contrato pendiente de firma, esa reunión absurda que no puede esperar, esa llamada de trabajo ridícula que has atendido en lugar de pasar un rato con tu hijo, o ese cliente pesado con el que estás cenando ahora mismo en lugar de ir a cenar con tu pareja.

Pues todos nosotros, incluidos los 2.000 millones que viven en la pobreza, te recuerdo que con algo así como 1 euro al día los más afortunados, vivimos dentro del Sistema Solar,

> Quiero que recuerdes que hay muchísimas personas con los mismos problemas o peores. No tengas duda. Además, el 100% de todas las cosas que te hayan pasado o te vayan a pasar ya les han pasado a otras personas antes. Eso te lo aseguro. Así que no eres tan importante y no estás solo en tu falta de importancia. Estás rodeado de personas, miles de personas a las que no sueles mirar a la cara, que comparten contigo las mismas preocupaciones, sueños, inquietudes, deseos y dudas.

---

42 Recuerda que este es uno de los objetivos «fáciles» de este libro, pararse a pensar un segundo o simplemente pararse.

PROBLEMAS DEL PRIMER MUNDO

Tú, yo y los 5.500 millones restantes de personas (voy a dejar fuera de este razonamiento a los 2.000 millones de personas que viven en situación de extrema pobreza y otros tantos que la están rozando, y que no creo que tengan tiempo, ganas, ni fuerzas para leer este libro) somos personas «súper» importantes con problemas «súper» importantes como: «no hay cobertura en el túnel y no puedo seguir viendo mi serie preferida en el AVE», «no queda mi talla de camiseta y el resto no me gusta», «el hotel de 5 estrellas está lleno y solo quedan habitaciones en el de 4», «no funciona la tarjeta de crédito porque se ha estropeado el plástico», «la playa está llena», «joder, cómo está lloviendo justo hoy que visitamos la ciudad, qué mala suerte tenemos», «me duele la espalda de estar sentado tanto rato en el sofá sin hacer nada»... Problemas del primer mundo los llaman.

que está presidido por una estrella de lo más normalita a la que llamamos Sol con un tamaño de un millón cuatrocientos mil y pico kilómetros de diámetro (es de las muy pequeñas comparada con otras). Ahora piensa un segundo la cantidad de problemas que compartimos todos esos miles de millones de personas que vivimos en uno de los planetas del Sistema Solar. Sí, hay más planetas.

Pero te he prometido un viaje al espacio. Vamos a ello.

Para salir al espacio necesito que te concentres. Sería genial que esta parte pudieras compartirla con alguien para poder cerrar los ojos, respirando bien hondo, y que esa persona te leyera estas líneas. No hay nada más maravilloso que leerle a otra persona o que te lean. Es un acto de amor compartido precioso. Si estás solo no pasa nada, sigue leyendo ya que puedes repetir el viaje las veces que quieras en tu cabeza una vez que aprendas los pasos básicos de cada salto. Y al final tienes un ejercicio de repaso.

Para este viaje te voy a contar brevemente la velocidad a la que te mueves para que te marees un poco y cojas ritmo.

Puedes hacerlo descargándote el contenido de este bidi:

Vamos a coger aire un poco, que este ejercicio ha dejado exhausto tu cerebro desentrenado. Has hecho un viaje astral por los confines del espacio. Acabas de empezar a entrenar tu cabeza para lo que se le viene encima con este libro. Tengo que confesarte ahora que ya no tienes vuelta atrás, que vas a tener que trabajar un montón, que es probable que llores, que sientas rabia, que te avergüences, que dudes de casi todo lo que creías saber, pero te prometo aprender mucho y divertirte mucho más.

Vamos con el primer ejercicio serio. Deja el libro y ve a por papel y boli. No me vale que lo anotes en el teléfono o en la *tablet*. Necesitamos papel y boli. Esto es vieja escuela[43].

---

43   Si estás leyendo esto dentro de mucho tiempo y no hay papel porque hemos destruido todos los bosques del planeta, que sepas que puedes usar cualquier cosa que escriba en la superficie que tengas a mano.

RELATIVIZAR PROBLEMAS

Anota en un papel el problema que te lleva rondando la cabeza las últimas semanas. Dale la vuelta al papel. Ahora respira y después de haber leído un par de veces todo lo que te rodea en el Universo, imagina que sales de la Tierra y llegas a la Luna. Estás sentado en uno de los cráteres y ves el precioso planeta azul que acabas de dejar atrás. Toma un par de respiraciones profundas y vuelve a saltar hacia Plutón. Pasarás por Marte, el planeta rojo. Quizás veas los robots que hemos mandado investigar dando vueltas. Ahora te toca el gigante Júpiter y a lo lejos ves los anillos de Saturno. Vamos a pararnos en el borde, dejando las piernas colgando en uno de los anillos. Es una sensación indescriptible... Urano, Neptuno y llegas a Plutón. Aquí vamos a pararnos a ver todo lo que nos separa del Sol. Lo bueno de hacerlo con la cabeza es que puedes mirar al Sol de frente y no sufrir ningún daño. Esto es algo que quiero que recuerdes cuando tu cabeza te diga cosas que te hagan daño. Cuando estés cansado de mirar al Sol, salta hasta la Nube de Oort. Ya no hace falta que pares si no quieres, pero ve mirando hacia atrás de vez en cuando. Tu próximo objetivo es cruzar toda la Vía Láctea. Es un gran trabajo, así que tómatelo con calma. De salto en salto, apoyándote en estrellas, meteoritos, supernovas, enanas, trozos de hielo o basura y sondas espaciales que deambulan por el espacio, llegarás al final de la Vía Láctea. Mira hacia atrás para admirar la inmensidad de lo que te rodea. Hace muchísimo que dejaste de ver la Tierra, el Sol y los planetas que nos rodean. Cuando estés preparado viaja hasta el final de Laniakea, nuestro amable vecindario de las galaxias. Mira hacia atrás y detente unos segundos en la sensación de infinitud que te rodea. Los colores son espectaculares, las formas no las puedes llegar a imaginar y los agujeros negros te rodean sin hacerte nada; estás a salvo. Estás en medio de la nada, camino del borde del Universo, donde espacio y tiempo cobran un sentido que no

Tú dominas lo que dice tu cabeza y tú decides lo que te hace daño y lo que no.

En 1972 lanzaron desde Cabo Cañaveral la sonda Pioneer 10[1] para explorar el espacio exterior y buscar vida inteligente. El divulgador Carl Sagan, viendo la posibilidad de que una civilización extraterrestre localizara la sonda, incluyó una placa dentro con el dibujo de un hombre y una mujer, la localización y situación del planeta Tierra y la fecha. Además de todo eso, un disco de cobre con las Variaciones Golberg de Bach del pianista Glenn Gould de 1955[2]. La sonda Pioneer 10 dejó de emitir señales en 2003, así que no tenemos ni idea de dónde está ni quién la ha podido encontrar. Se suponía que dentro de 30.000 años llegaría a Rous 248, una estrella de Tauro. A mí me resulta por lo menos curioso y agradezco mucho el detalle de incluir a Johan Sebastián en la ecuación espacial. Es buenísimo. Dar la localización de la Tierra para que la invasión sea más sencilla, con menos bajas por parte de los invasores y que nos pongan la música de Bach mientras nos aniquilan. Todo un detalle por parte de la NASA.

---

[1] Pionero 10 para los no ingleses.

[2] Yo prefiero la grabación de 1981 pero en ese momento no se había grabado todavía, así que era complicado que la hubieran metido dentro de la sonda espacial. Esta composición de Bach es una de mis favoritas y en las manos del extravagante Glenn Gould es maravillosa. No dudes en escucharla si tienes oportunidad.

---

entendemos. Cuando lo decidas (puedes seguir disfrutando del viaje el tiempo que quieras...) trata de volver a casa de la misma manera en la que has llegado hasta ahí. Deshaz tus pasos a la velocidad que desees. Disfruta del camino de vuelta sintiendo lo pequeño que eres y lo lejísimos que estás de tu móvil. Respira un par de veces cuando vuelvas a la Tierra.

Vuelve a tu papel en blanco y anota las sensaciones que has experimentado en tu pequeño viaje astral por el espacio. Escribe por lo menos tres líneas sin objetivo ni finalidad. Simplemente escribe lo que hayas sentido. Ahora dale la vuelta al papel y vuelve a lidiar con el problema que tanto te preocupaba. ¿Era tan importante? Porque creo que lo realmente importante es cómo vas a darle la vuelta a la situación y solucionarlo.

EL MUNDO QUE HEMOS CREADO (CÓMO FUNCIONAN LAS COSAS PARA EXTRATERRESTRES CURIOSOS Y A LOS QUE LES GUSTE BACH)

Si estás leyendo esto, creo que ya te quedarás hasta el final del capítulo por lo menos. Muchas veces he pensado en cómo podríamos explicar nuestro mundo si viniera un extraterrestre a conocernos. Pero que venga uno tipo ET, no me vayas a traer a uno con pinta de lagarto que quiera colonizarnos y utilizar nuestros recursos naturales[44].

En resumidas cuentas, estarán bastante más arriba en la pirámide alimenticia del Universo. Vendrán a colonizarnos. Es lo que nosotros hacemos con las vacas, las cabras, las abejas, las hormigas o las mascotas. No pinta bien que alguien quiera venir con ganas de crear una granja de humanos. Nosotros ya hemos sufrido algo parecido con Hitler y sus ideas de dominación y no salió bien para nadie.

---

[44] Pensándolo un poco, a lo mejor es perfecta la actitud de destrozo de la naturaleza que tenemos, ya que así a nadie le va a interesar un planeta sin nada que poder esquilmar porque ya nos lo habremos chupado todo nosotros antes. ¡Bien por el cambio climático!

Para colmo, la NASA suele mandar de vez en cuando la ubicación de nuestro planeta para establecer contacto con otras civilizaciones. Compartimos todo nuestro conocimiento con cualquier civilización que pueda utilizarlo. Me parece bastante ególatra por nuestra parte como si fuéramos tan importantes que damos por sentado que quien reciba nuestra comunicación será menos avanzado que nosotros y le estaremos ayudando a desarrollarse... A mí me da miedo nuestra propia estupidez.

Una vez escuché a Stephen Hawking hacer una reflexión buenísima sobre la vida inteligente que puede habitar el Universo. Decía que si alguien es capaz de llegar hasta nosotros y nosotros no somos capaces ni de llegar a Marte, querrá decir que su tecnología es mucho más avanzada que la nuestra. Y no creo que esto sea bueno para nadie.

Para tu tranquilidad, voy a compartir una reflexión que me acompaña desde hace muchos años y que me calma en días de desasosiego como el que puedes estar experimentando ahora mismo. Puedes descargártela con ayuda de este bidi:

LA PARTIDA DE PÓKER

Más o menos todo el mundo sabe lo que es el póker. Un juego de cartas donde se miente, se gana, se pierde. Hay miles de formas de jugar y miles de modalidades. Voy a explicar muy brevemente y de manera rápida en qué consiste la modalidad Texas Hold'em. Se juega con baraja francesa (del 2 al 10, después J, Q, K y As). Cuatro palos diferentes, Trébol, Picas, Corazones y Diamantes. El objetivo es conseguir la mejor jugada posible. En la modalidad Texas Holdem se reparten dos cartas al principio a cada jugador, que únicamente él conoce, y se ponen tres cartas más en la mesa a la vista de todos los jugadores. En esta primera ronda comienzan las apuestas. Puedes pasar, igualar una apuesta de un rival, descartarte y abandonar la partida, apostar lo mínimo, apostarlo todo, apostar un poco para cebar el bote final, usar un farol[45], todo está en tu

---

45   *Bluff* en inglés. Es una estrategia donde mientes sobre tus cartas para modificar el comportamiento de tus rivales. Normalmente se juega como si llevaras buenas cartas cuando tus cartas no son realmente valiosas. También puede ser a la inversa y jugar como si tus cartas fueran malas cuando en realidad no lo son.

En este caso, por orden de mejor a peor serían: escalera real (cartas consecutivas de la J al As del mismo palo), escalera de color (cartas consecutivas del mismo palo), póker (cuatro cartas iguales), full (3 cartas iguales y dos iguales), color (todas las cartas del mismo palo), escalera normal, trío, doble pareja y pareja[1].

---

1   Si no conocías el póker, acabas de aprender algo nuevo.

mano. Tú decides lo que quieres hacer. Tienes que conseguir la mejor combinación de cinco cartas posible con las dos cartas que te venían «solo para ti» y el resto de tres cartas comunes para todos. Después de esta primera ronda de apuestas o descartes (que, por cierto, se llama *flop*), se reparte de nuevo una cuarta carta a la vista de todos los jugadores. Estamos ahora en el *turn*. De nuevo ocurre como la primera ronda. Descartes, apuestas igualadas, apuestas con todo, apuestas que suben las de los rivales. Todo está otra vez en tus manos. Y llegamos al reparto de la quinta y última carta común en la mesa. Se llama *river*. El proceso de las dos rondas anteriores se repite para los jugadores que sigan vivos, se produce la confrontación final y surge un ganador. Básicamente es así. Luego hay muchas variantes, con límites, sin límites, mixto. Pero lo que aquí nos interesa es la mecánica básica del juego. Algo muy parecido a lo que sucede en la vida.

En la vida comienzas con dos cartas para formar tu grupo de cinco. En estas dos cartas están incluidas tu genética (salud, inteligencia lógica, inteligencia emocional[46], belleza, habilidades especiales...) y tus posibilidades iniciales. Hay personas que nacen en una familia acomodada, con una inteligencia superior y unas características físicas espectaculares. Estas son las personas que podemos llamar pareja de ases o rey as[47]. Lo tienen todo para ser felices. Lo tienen todo para tener la vida que quieren. Han nacido en un entorno privilegiado, con todas las facilidades, con la mejor carga genética posible. Pero eso no les garantiza nada, ya que faltan tres cartas más por aparecer y el resto de jugadores también juegan sus cartas. Porque está claro que **aquí se reparten cartas al nacer pero todo depende de cómo se jueguen las manos.** También están las personas que de primeras tienen menos suerte, con una combinación de cartas terrible. La peor

---

46   Término popularizado por Daniel Goleman en su libro de 1995 *Inteligencia Emocional* hace muchísimos años y que sigue siendo un misterio para muchísima gente. Aquí hablaremos largo y tendido de inteligencia emocional a lo largo del libro. Básicamente es la capacidad de las personas de formarse un modelo realista de sí mismas, teniendo acceso a los sentimientos y usándolos como guía de conducta, unido a la capacidad de comprender a los demás, reconocer las emociones de los otros, y todo ello asociado a la empatía y la capacidad de entender cómo se sienten y piensan otras personas.

47   Inicialmente las mejores jugadas son dos cartas iguales y el As es la más valiosa. O un As y la siguiente carta más valiosa, el rey o K.

que puedas tener. Por ejemplo, 2 y 7 de diferente palo. Son las dos cartas menores con las que no se puede hacer escalera, son bajas frente a otras para hacer agrupaciones. Se las conoce como la «jugada martillo». Más de la mitad del mundo nace con la jugada martillo. Si recuerdas lo que decíamos en el prólogo, la mitad del mundo vive con menos de un euro al día, así que es gente que en la partida de la vida ha recibido la jugada martillo o similar. Tendrán que tener suerte en el *flop* (primer reparto de tres para poder hacer una buena jugada).

El *flop* son los primeros años de vida, las decisiones que nuestros padres o tutores toman por nosotros, la salud que tenemos, las decisiones que tomamos por nosotros mismos y la suerte que nos acompaña en esta primera ronda. Las distintas combinaciones de cartas son enormes. Podemos haber nacido en un entorno martillo (2 y 7) pero en la mesa aparece otro dos más o un par de sietes, así que conseguimos cambiar las cosas con nuestro esfuerzo y dedicación en la escuela, aprovechando las oportunidades que se presenten por pequeñas que sean, como por ejemplo consiguiendo una beca de estudios y desarrollando nuestro intelecto a base de trabajo y sacrificio o dedicando nuestro empeño a lo que nos apasiona desde pequeños. Pero también podemos ver en la mesa tres cartas que no nos convienen y es legítimo descartarse en este momento, decidiendo tirar la toalla ante las dificultades. Todo está en nuestras manos. Aquí ya podemos ver que la suerte[48] influye. Esto es un tema polémico cuando lo saco a colación en las charlas y seminarios ya que suena a excusa para dejarlo todo al libre albedrío. No estamos hablando de eso. Hablo de estar en el momento adecuado en el lugar adecuado. Si no estamos ahí, complicado. Y si estás y te sale mal es porque por algún motivo tenías que estar.

La clave es seguir en constante movimiento para seguir generando momentos adecuados y lugares adecuados.

---

48   Suerte, destino, providencia, serendipia, carambola, chiripa, coincidencia, fortuna, estrella, buenaventura, potra, sino, casualidad, azar, albur... Llámalo como quieras pero que sepas que influye en nuestras vidas mucho más de lo que pensamos.

TU VIDA Y EL PÓKER

Quiero que apuntes cuáles crees que han sido las dos cartas que se te han repartido al nacer. Piensa en todas las cualidades genéticas que se te ocurran y haz un balance de cómo te ves. Por ejemplo, si eres término medio tanto en inteligencia lógica, inteligencia emocional y físico en general, y has nacido en una familia de clase media sin grandes apuros financieros, te puedes asignar dos cartas un As y una J de diferente palo o dos ochos. Son buenas cartas pero de ninguna manera ganadoras. Si por el contrario has nacido en una familia de clase muy baja, sin apenas recursos financieros, en medio de un entorno complejo, no te gusta cómo eres físicamente pero estás perfectamente sano, te puedes dar un As y un cinco por ejemplo.

Respira de manera profunda un par de veces y exhala de manera suave y continuada antes de anotar tus dos primeras cartas. Estas dos cartas serán la creencia que tú mismo te impones y que quizás te arrastre o te proporcione excusas para no haber conseguido las metas que te propusiste. Si no te apetece tener que pensar en las cartas, puedes hacerlo con tus datos reales y ver, en los distintos momentos de tu vida, qué oportunidades se te presentaron en el *flop*, el *turn* y el *river*, y cómo las aprovechaste o las dejaste pasar. También es interesante si quieres hacer el ejercicio con distintos tipos de jugadores para que puedas comparar la suerte que tienes con las cartas que recibiste.

Tanto en la vida como en el póker siempre hay gente que tiene peores cartas que tú, SIEMPRE, no lo olvides. Como mínimo agradece la suerte que tienes de poder jugar.

La vida se puede presentar como una última oportunidad de ser feliz siendo consecuente con tus primeras decisiones. Pero cuidado, tienes que ser flexible y pensar si ese *river* es el que quieres para tu vida. Recuerda que hay más partidas en otros sitios...

Y si al final no llegamos a buen puerto pero no hemos dejado de navegar, será por nuestra poca pericia como navegantes, no por el temporal que ha roto el barco. Volveremos al tema de la suerte más veces en este libro para seguir reflexionando sobre ello.

Estábamos en el *flop*. Ya tienes las cinco cartas. Ahora toca jugarlas. Aquí esta la primera de las claves de la vida. Primer momento importante. ¿Me arriesgo o soy *segurola*[49]? ¿Con lo que me estoy esforzando tendré la recompensa en el siguiente paso, o es mejor tirar la toalla y así no fracaso?, ¿me fijo en lo que pueden tener el resto o me preocupo de mí mismo y lo que puedo hacer yo, cambiar yo, desarrollar yo, y no de lo que no puedo o de lo que hacen los demás con menor esfuerzo? Aquí las preguntas son infinitas. **Te invito a que pienses cómo has jugado el flop de tu vida o cómo lo vas a jugar.** Si sientes que ya te has descartado y piensas que es tarde (lástima no haber comprado este libro antes), te cuento un pequeño secreto: apenas has gastado monedas y casi siempre vas a tener otras mesas donde jugar u otros casinos a los que acudir. Siempre hay sitio para un jugador más en muchas mesas. La vida te va a dar muchas oportunidades, muchísimas. Estáte atento a las señales. Mi consejo es que no te descartes, y si lo haces o lo has hecho ya, muévete buscando otra partida que esté a punto de comenzar. Vuelve a este punto en tu siguiente partida, quizás hasta tendrás ventaja sobre el resto de jugadores. ¿Has hecho ya tu apuesta?

Ahora llega el momento del *turn*, la cuarta carta. La decisión importante. La consolidación de lo desarrollado en la anterior jugada. Cambio de trabajo, ese ascenso que no llega, el amor me es esquivo, quiero una familia grande, no me gusta la vida que llevo... las decisiones en el *turn* son múltiples. Las posibilidades infinitas. ¿Has decidido si sigues jugando la partida o te descartas? Piensa que el esfuerzo siempre merece la pena. Y, como escuché una vez, creo que a Simeone: «El esfuerzo no es negociable, el resto de cosas sí». Piensa que todavía queda la última oportunidad, el *river*.

---

[49] Expresión muy del País Vasco para alguien que no se arriesga. Otra que también se escucha y sobre todo conocerán los jugadores de mus (parece que esto va de cartas...) es la expresión «eres un amarrategui».

HOMO SAPIENS, TU ANTEPASADO DE GATILLO FÁCIL

Vamos a ponernos en situación dentro del planeta Tierra, una vez que sabemos todo el espacio infinito que nos rodea y que nada de todo esto importa mucho a nivel universal. Así que este libro tampoco. Es importante conocer de dónde venimos para darnos cuenta de muchos de nuestros errores como especie. Estoy seguro de que cuando termines de leer estas páginas ya no le echarás la culpa de tus errores a cuestiones tuyas y tendrás un capítulo más en tu libro de excusas. De nada. A partir de ahora les echarás la culpa a tus antepasados *Homo Sapiens*. Deja que te cuente rápidamente de dónde venimos. No voy a hablar de los pájaros pinzones de Darwin o de sus tortugas, eso lo dejo para otros autores[50]. Así que vamos a hablar de nuestros antepasados evolucionados. (Me salto la parte de los dinosaurios si no te importa porque ahora no vienen a cuento).

Hace aproximadamente dos millones de años, el *Australopitecos* dio paso a los primeros humanos: el *Homo Habilis*, el *Homo Erectus*, el *Homo Neandertalis* y otras especies de *Homo* se fueron moviendo por todo el mundo buscando su sitio.

Hace 300.000 años apareció el primer *Homo Sapiens*. Empezó a cruzarse con otras especies, sobre todo con el *Neandertal*.

Hace 100.000 años seis especies de humanos habitaban la Tierra. Hoy solo quedamos nosotros, ya que el *Homo Sapiens* aniquiló al resto de especies hasta quedarse solo hace unos 40.000 años. (Somos descendientes directos de asesinos con ganas de sobrevivir y con mucha mala leche, supongo).

Aún así continuábamos siendo débiles. Habíamos descubierto el fuego (o más bien lo habíamos heredado de nuestro ancestro el *Homo Erectus*), a duras penas conseguíamos digerir carne y tubérculos pero seguíamos siendo carne de depredador; éramos el *fast food* de muchos animales que nos acechaban. Pero seguíamos siendo primates con una ametralladora. Nada del otro mundo. Estábamos a mitad de la tabla de la pirámide alimenticia. No teníamos mayor impacto, éra-

La vida puede ser una gran partida, una noche entera de partidas, una vida entera de descartes, años donde vas siempre de farol hasta que te pillan, tiempos para la locura y el riesgo, tiempos para la prudencia y la calma. Lo importante es que juegues tus cartas sabiendo muchas de las cosas que vas a aprender en este libro. Conocerás compañeros de vida increíbles, otros que no lo serán tanto, situaciones que te endurecerán, situaciones que te ablandarán. La vida es un viaje maravilloso. Disfruta de todos los *flops*, *turns* y *rivers* como si cada uno fuera el último. Y después, conociendo un poco las trampas de los trileros[1], las jugadas ganadoras, la importancia de la paciencia, el esfuerzo y la constancia, los peligros del ego, la vanidad y el exceso de confianza, es muy posible que cuando te toque recoger las fichas o abandonar para siempre las partidas estés orgulloso de tu paso por las distintas mesas.

---

1 Timador de cartas o juegos de azar que usa trucos visuales para jugar con ventaja y hacer trampas.

Uno de los poderes del *Homo Sapiens* fue su potencia de fuego. No lo descubrió pero logró domesticarlo y ponerlo a trabajar a su servicio.

---

50 En realidad fue Herbert Spencer quien cambió el término de Darwin «descendencia con modificación» a «evolución».

Podemos apreciar varios datos que explican de dónde venimos y por qué tenemos la genética que tenemos:

- Pasamos de una dieta variada a una dieta de cereales
- Pasamos de trabajar 4 horas al día a trabajar de sol a sol
- Pasamos de compartir a crear sentimiento de propiedad (propiedad viene de propio. «Esto es mío y solo mío»)
- Pasamos de realizar una actividad física intensa al sedentarismo (para proteger nuestra propiedad de ladrones y usurpadores)

mos una variante débil del chimpancé con algún que otro truco de magia bajo la manga con brillantina y chispas.

Pero algo cambió. De pronto el *Homo Sapiens* condujo a la extinción a todos los grandes mamíferos. El tigre dientes de sable, el *Elasmoterio* (una especie de búfalo gigante con un cuerno), el alce irlandés, el *Megaterio* (una especie de oso gigante), el mamut y muchos otros animales desaparecieron bajo la amenaza del gran nuevo depredador inesperado que apareció... tu tataratarabuelo. Los cazaba sin esperar el ciclo de reproducción y cada vez de manera más rápida.

¿Cómo fue esto posible si individualmente somos tan parecidos al chimpancé?[51]

Pues la respuesta de todo la tiene la masa gris de un par de kilos que tienes dentro del cráneo. El cerebro y su revolución cognitiva fueron el comienzo de todo. Es en la autoconciencia y en lo colectivo en lo que nos diferenciamos desde hace tantos años. Y desde entonces controlamos el planeta como si fuera nuestro reino, ponemos las reglas y obligamos a la naturaleza a cumplirlas.

El Homo Sapiens comenzó a cooperar de manera flexible y en masa.

Las abejas cooperan de manera rígida pero no se plantean romper el *status quo*. Otros mamíferos como los lobos cooperan de manera flexible pero en grupos pequeños, ya que se basan en la confianza mutua y el conocimiento de la manada. Nosotros lo hacemos en masa y flexiblemente.

Hemos formado redes de cooperación eficaces y sofisticadas. Por lo menos en teoría. Inventamos técnicas de caza, herramientas complejas, un comercio primitivo... Y comprendimos una palabra clave hoy en día: **adaptación.** Aprendimos de los errores y fuimos mejorando cada día.

---

51 Lo siento mucho, pero realmente no somos tan especiales como pensabas.

Growth Mindset

Los grandes logros se han basado en la cooperación en masa. Trabajamos juntos comunicando ideas desde antes y ahora lo hacemos todavía más[52].

La cooperación partió de África y se extendió por todo el planeta. Con sus mejoras, el *Homo Sapiens* dejaba tras de sí un rastro de extinción. De esta época viene nuestra pasión por destruir hábitats, contaminar, exterminar... Es algo evolutivo. Nuestra huella es de desolación y extinción.

También hoy en día hemos seguido utilizando nuestra capacidad para cooperar de manera errónea, en las cárceles, los campos de concentración, los mataderos.

¿Cómo hemos conseguido este nivel de sofisticación? Muy sencillo. El desarrollo de la parte frontal del cerebro fue el que nos dotó de imaginación y autoconciencia. Podemos crear fábulas, historias de ficción. Si todos creemos esa fábula, todos nos regimos por los mismos valores. Los animales solo se comunican para describir la realidad[53].

Creamos nuevas realidades inventadas. Sin entrar en polémicas, hemos creado un Dios para castigar a los que no obedecen y premiar a los chicos buenos. Imagina a un chimpancé que te entrega diez plátanos por la promesa de ir al cielo de los chimpancés. No lo veo la verdad. La realidad es una creación mental inventada por nosotros mismos.

La capacidad de un lenguaje complejo permitió al hombre prosperar. Dejamos de ser nómadas cazadores recolectores para convertirnos en habitantes de comunidades cada vez más grandes que se comunicaban entre sí. Las lecciones se aprendían mucho más rápido gracias al lenguaje. Hace 12.000 años apareció la revolución agrícola. Dejamos de movernos para ser granjeros. Comenzamos a dejar de tener que preocuparnos por la caza, por recolectar frutos del suelo, ya que teníamos a nuestro alcance alimento y animales domesticados a nuestro antojo. Al tener más alimentos las comunidades crecían mu-

Si nos fijamos en la evolución del *Homo Sapiens*, el tiempo que ha transcurrido desde que cazábamos mamuts hasta el día de hoy es ridículo en comparación con la evolución de otras especies. Esto tiene el lado bueno de las ventajas evolutivas que tenemos y la posición que ocupamos en la Tierra, y el lado malo de no poder asimilar toda nuestra capacidad al llegar todo demasiado pronto. En el mundo en el que vivimos, el mundo de las prisas, de la inmediatez, no tenemos oportunidad de pararnos a reflexionar sobre lo que hemos hecho y queremos seguir haciendo.

---

52   Por ejemplo, yo no conozco al lector, ni a los autores de todos los libros que he ido leyendo a lo largo de los años para desarrollar este libro, ni conozco a los diseñadores de Google donde consulto mis dudas y obtengo mis *papers* científicos.

53   Este es el motivo también de que ellos no tengan estrés como nosotros, ya que no imaginan más peligros que los que pueden captar con sus sentidos. Activan el estrés al aparecer el peligro y lo desactivan en cuanto este desaparece. No se hacen películas mentales sobre futuros ataques de depredadores.

El tiburón y el delfín llevan dos millones de años coexistiendo. Cuando la población de tiburones comienza a sobrepasar el equilibrio sobre la de los delfines, estos desarrollan capacidades para evitar los ataques de los escualos. Entonces la población de delfines crece demasiado y son los tiburones los que desarrollan su potencial para equilibrar las fuerzas de la naturaleza.

Otro de los problemas a los que nos enfrentamos como especie es nuestra rapidez para todo. La evolución tiene un ritmo natural que coloca a cada uno en su sitio. Todo de manera lenta, ordenada y tranquila. Sin forzar.

cho más rápidamente. Asentados en un solo lugar todo era más fácil que al tener que salir a buscarlo. Dejamos de movernos y empezamos a engordar. (Cada vez que vayas al gimnasio para quemar tu grasa de *Homo Sapiens* tienes que agradecérselo al primer agricultor). Ya nadie quería ser nómada pese a que los cazadores dedicaban unas tres o cuatro horas a cazar y los granjeros trabajaban de sol a sol.

Y entonces llega otro momento cumbre de la Historia: comenzamos a proteger nuestro tesoro más preciado, el trigo. Este cereal es difícil de digerir y carece de vitaminas, pero era prolífico y arrasaba con el resto de cultivos. Se convirtió en la base del alimento del *Homo Sapiens* frente a la dieta del cazador recolector (peces, carne, frutos…) Pero no fue un cambio radical. Fueron unos 50.000 años de proceso de transformación lento y gradual. Con cada generación se consolidaba y se reforzaba el engranaje. Con esta nueva forma de vida se pasó del «todo es de todos» a «esto es mío». Se empezaron a crear categorías sociales dentro de los poblados.

La penúltima gran revolución a escala después de la revolución agrícola llegó hace apenas 200 años con la Revolución Industrial. El progreso se aceleró exponencialmente para cambiarlo todo de manera brutal. La última revolución, la tecnológica, la trataremos aparte en el siguiente apartado.

Nuestra capacidad cognitiva nos ha hecho crear sistemas legales para favorecer la igualdad y que se basan en los derechos humanos. ¿Quién determina qué son los derechos humanos? No es una realidad objetiva. No es biológico.

Podemos inventar cosas positivas o negativas.

Hemos creado un sistema político inventado. No es real. No podemos ver el país de Francia como podemos ver una montaña concreta de ese país… El país es solo una historia y un grupo de normas.

Growth Mindset

La economía es otra entelequia. Es una forma de intercambio sofisticado de dinero que no tiene valor si no está respaldado por un gobierno. Hemos pasado del trueque físico, donde podíamos tocar los bienes, a confiar en un sistema para el intercambio. El billete no se come. Todo es confianza. El dinero es la única creación en la que todo el mundo cree. La religión, la política, los derechos humanos… No hay un consenso igual que con el dinero, fuente a su vez de muchos de los males de la sociedad al potenciar las diferencias entre seres humanos.

Vivimos en una realidad dual, pensamiento y realidad.

ENTORNO VUCAA, VUCAH, VUCAD… (A VER A QUIÉN SE LE OCURRE METER UNA NUEVA LETRA PARA ASUSTAR MÁS AL PERSONAL)

Todo lo que hemos dicho antes sobre el Universo, la Tierra, el *Homo Sapiens*, parece que estamos condenados a olvidarlo ya que nos inventamos acrónimos (recuerda que sigo hablándote como profe de escuela de negocios) que nos hacen distraernos del objetivo. Supongo que habrás escuchado el último y más reciente acrónimo de moda, los entornos VUCAA. Si crees que sobra una A en el VUCA (Volátil, Incierto, Complejo y Ambiguo, o como suena en inglés, Volatility, Uncertatinty, Complexity y Ambiguity), estás equivocado. Ahora el entorno también es Ágil. En alguna charla también he escuchado que es Hiperconectado, de ahí la última H del título. Lo de la D (Digital) me lo he inventado yo, pero seguro que lo dice algún gurú en un TED Talk y se pone de moda. Me encantaría que volviéramos a lo básico. Que nos dejáramos de chorradas militares como el VUCA y nos dedicáramos a manejar de verdad los entornos sin tener que definir cada cosa que vemos y no controlamos o que nos parece poco clara.

VUCA, el término tan de moda, el que debes decir en cualquier presentación que se precie para parecer que estás al tanto de lo último, de lo más novedoso, lo creó la U.S. Army War College para definir el mundo después de la Guerra Fría allá por los años 90. Es decir, el término que nos define ahora mismo como sociedad es el mismo de hace 30 años. Aquí te lanzo una pregunta para que reflexiones un poco y entrenes tu pensamiento crítico… ¿Si algo lleva 30 años siendo incierto, volátil, complejo y ambiguo no pierde un poco el efecto sorpresa?, ¿o será que lo de VUCA sirve para cualquier época de la humanidad? Porque si dices que la Edad Media era VUCA encaja, la época de la caída del Imperio Romano también era VUCA, la Revolución Industrial era VUCA… No te dejes asustar por los acrónimos.

PABLO RÁEZ

Recuerdo las muestras de cariño cuando este súper luchador perdió el combate de su vida. Todo el mundo estaba con Pablo. #FuerzaPablo #VamosPablo @DEPPablo… inundaron las redes sociales con una almohadilla y una frase de aliento (a su familia porque él difícilmente las pudo ver). En aquel momento yo mismo llamé al teléfono del Plan Nacional de Donación de Médula Ósea, el 900 102 688, concerté una cita y me hice donante de médula pasadas un par de semanas. Es así de sencillo. Una llamada de teléfono y un análisis de sangre. No te quedes en el *hashtag* y llega un poco más allá. La probabilidad de que te llamen para donar es bajísima pero si lo hacen es probable que estés ayudando a salvar una vida. Y eso le dará mucho sentido a la tuya. Te recuerdo que cada día mueren en España nueve personas SOLO por culpa de la leucemia. Piensa en lo afortunado que eres y lánzate a donar.

Existen muchos eruditos que dicen que nunca un entorno es 100% VUCA y que debemos actuar en consecuencia para no pisarnos la manguera de lo que estamos tratando de solucionar. Es muy cansado vivir como vivimos en un mundo de rojo o azul, tu teoría o la mía, la tuya y la contraria. Parece que tenemos que tener razón pese a que a nadie le importe resolver lo que tratamos de entender.

Claro que el mundo es incierto, complejo, impredecible, irreal, extraño, desconocido, confuso y mil cosas más. Lo que tenemos que hacer es empezar por conocernos a nosotros mismos para poder movernos en cualquier clase de entorno, sea VUCA, VUCAA o lo que sea.

REVOLUCIÓN DIGITAL

He querido tratar la última revolución de manera independiente, ya que puede ser el salto que nos convierta en la especie que domine la Tierra hasta que el Sol explote, o explotemos mucho antes con nuestros delirios de grandeza.

Todo es efímero en el mundo digital. Todo pasa a la velocidad de la luz, se almacena en servidores al otro lado del mundo con los que nadie jamás se volverá a conectar. Las noticias son efímeras, la tristeza es efímera… Y ahora que estás en modo «digital», quiero hablar del papel de la tecnología en la humanidad y traer a estas líneas digitales a Pablo Ráez. ¿Te acuerdas de él? Es probable que no…

Pablo Ráez murió en julio de 2017, hace casi dos años, y ya es un tema que está completamente olvidado para esta sociedad de lo efímero, donde prima la noticia fresca que en cuanto pasan un par de días está totalmente podrida.

Me ha venido Pablo a la cabeza al ver la enésima derrota de Nadal, donde se le da por retirado y muerto hasta la próxima victoria épica en la que vuelva a resucitar. He querido rescatar estas notas que guardaba para esta ocasión. Estos dos personajes son similares en cuanto a sus vidas. Dos jóvenes, deportistas y luchadores, que acabaron perdiendo sus partidos con resultados muy diferentes.

Situación de Rafa: dos *sets* a cero perdiendo en una superficie que no es la suya, con muchos más años que cuando ganó por primera vez, contra un especialista y con todos sus detractores escondidos esperando un fallo. Resultado de Rafa: derrota, aunque eso es lo menos importante. Lo importante es que perdió en el juego 28 del quinto *set* y rozó la victoria con los dedos. Actitud de campeón, lucha hasta la extenuación y detalle de gran persona al esperar al luxemburgués Müller para abandonar la pista juntos.

Y digo que por esta derrota, la vida de Nadal se asemeja un poco a Pablo Ráez. Duros golpes de la leucemia, lucha hasta el final y derrota en el último momento pese a que no dejó de ponerle ganas, ilusión y fuerza al combate[54].

Ahora te habrás quedado un poco sorprendido de por qué empezamos a hablar de la revolución digital y te cuento lo de la donación de médula. Pues simplemente es para que te des cuenta de que tenemos que aprovechar la capacidad de transmisión que tenemos de manera práctica y efectiva, no ser simples fuegos fatuos.

> Porque... ¿cuál es el objetivo de la digitalización? ¿Que las máquinas nos ahorren tiempo, que piensen por nosotros, que tengamos más tiempo libre, que tengamos más tiempo para ir a la oficina... o realmente hacer llegar mensajes importantes y que impacten en los demás? ¿Cambiar las cosas o ganar *likes*?, ¿que el asistente domótico de turno nos diga el tiempo que va a hacer en Roma mañana o cambiar las cosas?

HAZTE DONANTE DE MÉDULA

Y quiero aprovechar estas líneas para informarte de lo fácil que es ser donante de médula y lo que supone. Simplemente te hacen un análisis de sangre y pasas a formar parte de la base de datos de Donantes de Médula Ósea (REDMO).

La probabilidad de que aparezca un paciente compatible contigo es muy baja pero el primer paso es entrar en REDMO. Piensa que quizás algún día alguien de tu familia o tú mismo estés esperando un trasplante de médula. Llegado el caso de encontrar esa compatibilidad dificilísima llega la parte de la donación. (DATO IMPORTANTE, la médula ósea no tiene nada que ver con la médula espinal. No te van a pinchar en la espalda, que sé que tienes el miedo de quedarte paralítico.)

Las dos formas de donar médula son:

1. Aspiración de médula ósea del hueso de la cadera
2. Transfusión de sangre

---

54 Aprovecho este espacio para concienciar a la gente de la importancia de pensar en el resto de la humanidad. Todos compartimos sufrimientos y alegrías. Todos nos ponemos enfermos y algunos se recuperan. Todos al final acabamos muriendo, pero tienes la opción de dejar una pequeña huella. La próxima vez no te quedes solo en el post de Instagram... Actúa.

Me da un poco de miedo la inseguridad digital que tenemos. El ciber-riesgo debería ser la parte donde las empresas vuelquen sus desarrollos ya que todo parte de ser 100% seguro; hasta entonces creo que la revolución digital supondrá más miedo que impulso. Y no olvidemos que somos los seres humanos quienes estamos inventando esta tecnología que se supone nos superará dentro de unos años. Una vez escuché decir a alguien que en el futuro solo habrá dos seres vivos en las fábricas, un ser humano y un perro a su lado. La función del ser humano será alimentar al perro, quererlo y mantenerle activo. La función del perro será evitar que el ser humano toque cualquier máquina. No creo que esté lejos de la realidad que se nos viene encima.

Piensa en el coche autónomo. Hace muchos años que está inventado pero el problema son las implicaciones de las decisiones algorítmicas sobre la seguridad, la movilidad y la legalidad de los vehículos automatizados y sus ocupantes. Tampoco tengo claro el intercambio de datos sobre accidentes, pero los algoritmos y su uso y la posibilidad de que sean *hackeados* me da miedo.

Quiero que pensemos qué esperamos de esta revolución digital a la que nos estamos enfrentando en el día a día.

Quiero que analices el uso diabólico que le das a una herramienta útil como es el móvil. Por qué si antes llegabas dos minutos tarde no ibas a una cabina de teléfono a avisar a cien personas de que llegabas tarde porque te estabas depilando las axilas. No. Antes éramos más normales. Como mucho teníamos buscapersonas como los médicos por si teníamos una urgencia. Yo tuve uno de una conocida marca de refrescos que no usé jamás. Nunca respondí a ninguno de los mensajes que me llegaron.

Los grandes gurús dicen que con la creación de algoritmos antes mirábamos al pasado y ahora al futuro. Es lo único a lo que se mirará. A mí esto me suena un poco raro ya que el Machine Learning supervisado mira el pasado para predecir el futuro contemplando que el futuro se comportará de manera similar al pasado... Esto no creo que sea inteligencia artificial. Nadie es capaz de pronosticar el futuro, aunque hay miles de expertos dando diagnósticos. Como entendemos el pasado creemos que podemos predecir el futuro. La culpa es del sistema 1, que nunca cree estar equivocado.

El aprendizaje supervisado es el que trata de encontrar clústeres y patrones, pero tampoco sabe qué buscar y cae además en el error de la ley de los pequeños números. Cuando la muestra es muy pequeña, sacamos conclusiones erróneas y apresuradas. No tenemos suficientes datos y tomamos lo que nos encaja en nuestro modelo.

Si quieres leer cuatro reflexiones sobre el posible escenario futuro que se nos presenta gracias a la inteligencia artificial, el coche autónomo y el 5G, que revolucionará las redes de comunicaciones tal y como las conocemos (o por lo menos eso cree Trump y por eso quiere que China no las controle), puedes hacerlo descargándote el contenido de este bidi:

Growth Mindset

La revolución digital tiene que venir acompañada de una revolución personal para que no se convierta en el escenario de las películas de ciencia ficción donde máquinas y personas luchamos por el poder.

Debemos pensar en las personas antes que en las ventajas que nos otorga la digitalización.

¿Has pensado alguna vez en la hipocresía de las minas de estaño, donde mueren muchos trabajadores extrayendo materiales que acaban en nuestros caros iPhones? Lo mismo sucede en las minas de litio para poder desarrollar las baterías de los coches eléctricos, tan respetuosos con el medioambiente.

Últimamente existe una corriente de personas que están realizando progresivamente una desconexión digital, volviendo a sus raíces y utilizando la tecnología en lugar de que la tecnología las utilice a ellas.

Practicar la escritura creativa y la caligrafía mejora los niveles de estrés y desarrolla la creatividad. Recuerda que Steve Jobs estaba matriculado en la Universidad en Arte y Caligrafía. Por algo será.

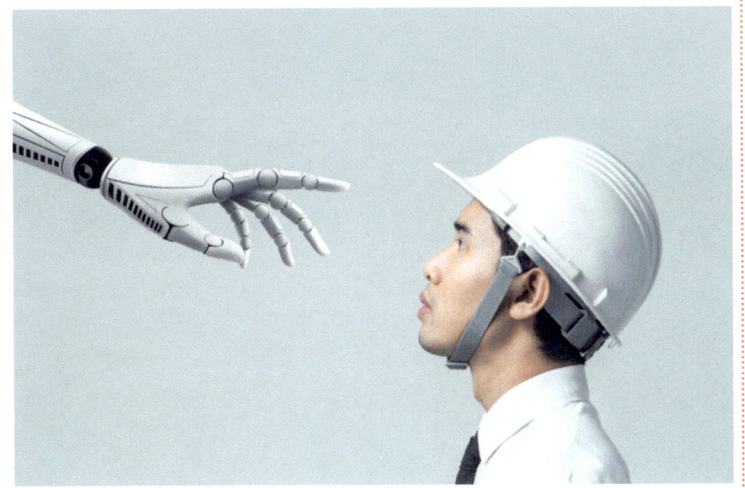

CAPÍTULO 3. WHEN

EL TIEMPO ES RELATIVAMENTE RELATIVO

En este capítulo encontrarás:

- TIME IN A BOTTLE
- PREPÁRATE PARA MORIR
- VIVIR ES FÁCIL CON LOS OJOS DE CONNOR MCLEOD
- TODOS NOS VAMOS A MORIR ALGÚN DÍA
- EGO
- PREGUNTA CAPCIOSA A LA QUE IGUAL NO QUIERES RESPONDER
- LA MUERTE COMO MAESTRA
- DOLOR Y RESPIRACIÓN
- CUESTIONA, CUESTIONA, CUESTIONA
- TIERRA-AGUA-FUEGO-AIRE

TIME IN A BOTTLE (NO PUEDES CONTROLAR EL TIEMPO APARTE DE EN TU RELOJ)

Vivimos en una sociedad donde el tiempo es el bien más preciado y funciona de manera extraña. Solo se puede intercambiar por dinero (lo hacemos a diario en nuestras empresas, en nuestras relaciones...) y no se puede comprar. Piensa por un momento en tu trabajo. En las diez horas o más que gastas cada cinco días de la semana como mínimo de tu precioso, incalculable, irremplazable tiempo en ese intercambio monetario que se produce cada mes. Tú entregas tu tiempo y ellos te entregan dinero para gastar en tu tiempo libre. Unidades monetarias por tiempo. Podrás ponerte más flamenco pensando que te pagan por tus ideas, tu talento, tu capacidad infinita de solucionar problemas, o lo que se te ocurra que hagas bien. Pero en tu contrato pone x horas por x dinero. A mí no me salen las cuentas. La ecuación tiene algún fallo por alguna parte en el que nadie quiere ponerse a pensar[55].

Presente, pasado, futuro. Solamente uno de ellos es real, realmente efímero, pero real.

Recuerda el *mindfulness* o atención al momento presente. Ya hemos hablado un poco de cómo poder respirar, de cuáles son sus beneficios y de cómo poder ser menos reactivo. Aguanta sin avanzar porque todo el camino está diseñado para ti, y porque no pararse a estar en silencio unos minutos es como conducir 2.000 km sin repostar. Al final pararás contra tu voluntad.

¿Dónde resolvemos las cosas? En el presente. ¿Desde dónde imaginas el futuro? Desde el presente. Una concentración mental con disciplina mental, concentrada y atenta nos ayudará a estar en el único momento que de verdad importa.

Gestionemos la incertidumbre en el presente. La incertidumbre respondida desde el futuro es el origen de la angustia y la ansiedad. El presente te da pistas sobre el pasado y las claves sobre el futuro.

Vida. Muerte. Tiempo... Las dudas sobre el orden de todo siguen todavía hasta su última revisión antes del final. Tal y como te dije al principio, vamos a hablar de las enseñanzas que nos da la muerte y de los aprendizajes que hemos tenido a lo largo de los años y que debemos olvidar de la vida para poder disfrutar de ella. Recuerda que llevas contigo los dos regalos

---

55   Más adelante te ofrezco un regalo en forma de ejercicio para que calcules las horas que destinas a lo que realmente te gusta... Pista: son pocas casi seguro, ya te lo anticipo.

«Todo aquello que está sujeto a surgir, está sujeto a cesar».

Proverbio budista

Esta es la gracia de la vida. Contiene a la muerte dentro de sí misma para poder tomar decisiones, para poder equivocarnos, para poder malgastar los minutos, para poder aprovecharlos al máximo, para hacer lo que queramos con el tiempo finito e indeterminado que nos han asignado el día que nacimos. De ahí mis dudas sobre empezar ahora con la vida y terminar con la muerte, o empezar valorando la muerte para terminar apreciando la vida. En la Teoría de Juegos existe una técnica que se resume básicamente en mirar hacia el futuro y jugar hacia atrás. Sabiendo lo que quiero conseguir al final, voy dando pasos hacia atrás, hacia el principio del juego para ver qué decisiones me llevan a ese escenario final deseado. Pues funciona un poco como este libro.

más impresionantes que has recibido o recibirás jamás: vivir y morir. Los dos unidos de manera inseparable. Imagina por un momento que pudieras vivir para siempre. ¿Lo has pensado alguna vez? Yo sí. Y mi reflexión es que la vida no tendría nada de gracia. Claro que al principio sería increíble poder sentir que no nos pasará nada, que saldremos ilesos de cualquier percance. Eso te daría una sensación de seguridad que ahora mismo apenas eres capaz de comprender. Sin embargo recuerda que no puedes morir pero sufres el mismo dolor que cualquiera.

Vamos a empezar por tus seres más queridos: tu pareja, tus padres, tus hijos, tus amigos, tus conocidos... Asistirás a todos y cada uno de sus funerales. Sufrirás todas y cada una de sus muertes. Es mucho dolor, ¿no? Y las personas que vayas conociendo por el camino correrán la misma suerte que ellos y el dolor será infinito salvo que te aísles de cualquier persona. Pero sigamos. Piensa en todas las decisiones que ahora te hacen dudar, te hacen perder el sueño. Piensa en todas las veces que te has arriesgado y no lo has conseguido. Todas ellas te han definido y convertido en lo que eres ahora. Pues todo eso se acabó. No importa si te equivocas; tienes infinitas oportunidades de conseguir eso que te propongas porque el tiempo para ti no existe. Así que podrás probar miles de trabajos hasta que termines con todas las ocupaciones posibles, conseguirás dominar cualquier juego que te propongas porque no tienes las limitaciones del tiempo, terminarás el doctorado en física cuántica, ingeniería de telecomunicaciones, psiquiatría o lo que te apetezca porque a base de intentarlo miles de veces acabarás sacándolo adelante. Piensa en las decisiones importantes, las decisiones triviales, el tiempo que ahora dedicas a lo que consideras de valor. Todo eso pasará a la Historia. Tienes todo el tiempo para hacerlo todo pero nunca sabrás qué es lo importante porque todo se acaba de convertir en igual. Ya no hay prioridades.

El regalo envenenado de la vida contiene en su definición su mayor tesoro, la muerte.

Growth Mindset

Vamos a imaginarnos que nuestro tiempo ha acabado, que mañana estaremos muertos (para siempre por cierto). Vamos a mirar a los ojos a esa persona que somos nosotros a punto de morir para ver qué le falta, qué cosas tiene pendientes, de qué se arrepiente y qué es lo que ya no tiene tiempo de volver a hacer. Vamos a experimentar las enseñanzas últimas de la muerte sin tener que morirnos todavía (aunque mientras realizas este viaje a tus últimos minutos puede que realmente sean los últimos, nadie lo sabe...) Este pensamiento hacia delante puede que te genere un pequeño mareo. Es normal. Todo lo que vas a experimentar a partir de ahora es perfectamente normal. Lo único que te pido es que exprimas al máximo esta experiencia para poder disfrutar ahora mismo de su zumo sin tener que esperar ni un minuto más.

La muerte es la única certeza que tenemos y el proceso de la muerte debería ser realizado en paz, con armonía, tranquilidad y serenidad. Para poder tener una buena muerte es fundamental tener una buena vida. La vida y la muerte forman un círculo que se cierra. Acercarse a la muerte es acercarse al primer momento, a la vida.

¿Qué quieres hacer con el tiempo que te queda?

Perdona; he pasado de hablar del tiempo que pasas en el trabajo, las unidades monetarias que intercambiamos por ese tiempo y quizás haya una cosa que no sabías o sobre la que tienes dudas, pese a que la has leído ya un par de veces aquí. **Tu tiempo en el planeta Tierra es finito.** Es decir, te vas a morir sí o sí. Ni van a pasar tu cerebro a un ordenador, ni van a subir tu cerebro a un *cloud*, ni vamos a ser inmortales ni estupideces de ese pelo. Te vas a morir, así que lo mejor es que sigas el siguiente súper consejo. Sigue leyendo, por favor.

PREPÁRATE PARA MORIR (PORQUE SÍ, LO SIENTO, TE VAS A MORIR AL IGUAL QUE YO Y ENCIMA NO SABEMOS CUÁNDO)

Prepárate para morir... Este iba a ser el primer título de este libro, pero quizás era demasiado extremo para que tus sensibles oídos de humano inmortal lo escucharan antes de pagar el precio que cuesta el libro.

Estoy intentando que este libro sea un entrenamiento para este viaje colocándote en una posición de importancia cero, de no creerte el centro del Universo. Espero que estés aprendiendo al leerlo como yo lo aprendí mientras lo pensaba, lo escribía y volvía a disfrutarlo. Te vuelvo a recordar que estas hojas son para que las leas las veces que necesites, para que arranques lo que quieras llevarte contigo o con lo que no estés de acuerdo, para que anotes en sus márgenes, para que taches lo que te haga daño y luego vuelvas a leerlo y te arrepientas de haberlo tachado. Ven conmigo a las horas previas a tu muerte. Déjame guiarte por favor a tu último día de vida. Antes de empezar te aviso de que vamos a prepararnos para morir porque me imagino que no estás preparado y necesitas un calentamiento como antes de hacer deporte, antes de hacer un pastel o antes de empezar un examen.

Si sigues sin tener ni idea de quién es Íñigo de Montoya, eso solo puede suponer tres cosas: la primera es que no haces caso a nadie al no haber leído la nota al pie de página. La segunda es que eres más viejo que yo (de cuarenta para arriba cuando estoy escribiendo), y no has visto esa película por cualquier motivo. La tercera es que eres más joven que yo (de cuarenta para abajo cuando lo estoy escribiendo). Sobre todo si estás en esta tercera categoría y eres más joven que yo, te invito a seguir leyendo. Si eres mayor de cuarenta puedes pasar directamente a la página 160 para utilizar el complicadísimo algoritmo que he inventado para saber cuánto tiempo te queda de vida. Esto me recuerda (te recordará) a los libros de nuestra infancia donde podías elegir el destino de tu aventura yendo a páginas diferentes. Era nuestro YouTube. Por cierto, si vas a calcular los años que te quedan de vida, recuerda volver porque si no vuelves pensaré que te has dado cuenta del poco tiempo de vida que te queda y vas a aprovecharlo. De nada por el regalo, va incluido con el libro.

Prepárate para morir. Si lo primero que te ha venido a la mente es la frase de Íñigo de Montoya en *La princesa prometida*, eres más o menos de mi generación. Un niño ochentero criado con la televisión con algún que otro pájaro en la cabeza, cada vez más canas, menos pelo y alguna que otra arruga campando a sus anchas cerca de los ojos. Lo cierto es que la película es magnífica pero la frase es épica. Cuántas veces lo habremos repetido jugando de pequeños a espadachines. (Nota para los *millenials* que tengáis entre las manos este objeto llamado libro: Antes nosotros jugábamos en la calle por muy sorprendente que os parezca, no teníamos *tablets* ni *smartphones*, y que sepáis que Mandy Pattinkin[56] no ha vuelto a hacer nada igual en toda su carrera).

«Me llamo Íñigo de Montoya. Tú mataste a mi padre. Prepárate para morir».[57]

¡Wow!

Quiero que sepas que el objetivo del capítulo no es hablar sobre la película ni hacerte sentir como un espadachín español sediento de venganza en una historia de cuento de hadas. No tiene nada que ver con eso.

Este capítulo quiere que empieces pensando en el día de tu muerte. No de manera ligera y sin sentido, como la mayoría de cosas que hacemos cuando alguien nos dice que hagamos algo. Quiero de verdad que te imagines que estás viviendo el último día de tu vida. Y quiero que lo imagines con toda la concentración de la que seas capaz. Sentir que después de ese día no habrá nada más nunca más por siempre jamás.

Puede que imagines ese día dentro de noventa años o dentro de noventa minutos, pero necesito que pienses en ello. Porque juntos vamos a preparar un examen que tarde o temprano vas a tener que hacer. La asignatura se llama «Morir» y todos vamos a pasar por ella. Si no tienes la suerte de morir de manera repentina (todo se apaga en un instante en que el tiempo

---

56   Actor semi-famoso que aparece en la serie *Mentes criminales;* interpretó a Íñigo de Montoya.

57   Si no has visto la película *La princesa prometida*, deja inmediatamente este libro y corre a verla. Después vuelves y sigues leyendo. Lo normal es que no te mueras en el proceso pero... ¿quién sabe?

y el espacio vuelven a no tener sentido para ti, así que perfecto; es lo que te deseo de corazón), entonces tu muerte tendrá como mínimo unos segundos de preaviso (en la cama de un hospital por causa de una enfermedad que te consume, gracias a una tranquila vejez donde te sentirás apagarte poco a poco, por culpa de un accidente de coche en el que no mueras al instante, al escuchar a tu médico darte el peor diagnóstico que se te ocurra con una esperanza de vida más bien corta...). Ese tiempo de preaviso, si no comienzas a estudiar lo que la muerte puede enseñarnos desde ya, será corto, así que no pienses que en ese momento vas a poder aprobar el examen porque es imposible.

VIVIR ES FÁCIL CON LOS OJOS DE CONNOR MCLEOD (HIGHLANDERS[58])...

...ya que si fuéramos inmortales, esa decisión ridícula que tomamos sin pensar no tendría importancia. Así que no voy a mentirte. La muerte nos asusta. A mí también y desde hace mucho tiempo. La hemos visto de cerca todos nosotros. Nos asusta la cantidad de personas que la alcanzan tarde o temprano. Ya te he contado cómo viví ese momento, y lo viví antes de los veinte. Ese día me marcó para siempre. «Infarto fulminante» dijeron. A día de hoy todavía tengo a veces la sensación de que el corazón se me va a parar dejando mi vida a medio resolver. Sigo luchando contra ello siempre que aparece. La aceptación sobre nuestra debilidad no me ha llegado hasta hace poco tiempo, después de mucho reflexionar, mucho sufrimiento y muchas horas de lectura sobre la vida, el vacío, el Universo, el sentido, el cerebro, el comportamiento humano, y así hasta llegar a muchos libros. Tantos que no quiero pensar en ello.

Por culpa de ese miedo tendemos a hacer una de estas dos cosas: nos aferramos a la negación («No soy yo», «no tiene nada que ver conmigo», «jamás me pasará a mí») o nos decidimos a prevenir la muerte, y pensamos que jamás nos pasará a nosotros porque comeremos sano, no fumaremos, no tendremos estrés, entrenaremos la cabeza para no perderla, no enfermaremos jamás y la muerte nunca vendrá a por nosotros.

> «Todo lo que hacemos en la vida nos convierte en lo que somos al morir».
>
> **Sogyal Rinpoché**

Nadie está preparado para morirse sin prepararse. Hay que reflexionar y pensar por y para ello. Las enseñanzas de esa preparación son maravillosas, reveladoras, impactantes, transformadoras y casi mágicas. Lo bueno es que podemos anticipar ese examen y empezar ahora mismo a estudiar el temario. Para eso estamos aquí.

---

58   *Los inmortales*, peliculón ochentero que no debes menospreciar.

La muerte. La sensación de vacío, la más absoluta nada, no volver a hablar con las personas queridas, no volver a ver una serie o una buena película, no volver a sentir el aire en la cara, no volver a sentir el amor, no volver a disfrutar de las cosas pequeñas de la vida, no volver a ver, a pensar, no volver a soñar, no saber si estamos solos en el Universo, no saber cómo será el día que se apague el Sol dentro de millones de años. Y esto solo para los creyentes con la única esperanza de una vida eterna futura de la que nadie ha escrito un post en Facebook después de disfrutarla. Para los no creyentes no hay nada. Antimateria, nada, vacío, oscuridad, no tiempo ni espacio, energía de las estrellas, infinito sin límites, eternidad detenida, todo eso nos estremece. A algunos mucho y a otros un poco pero todos sabemos lo que se siente.

Yo intento buscar una tercera vía: me estoy preparando desde hace muchos años para cuando me muera tratando de vivir la vida de una manera muy particular, la mía. Una vez escuché que deberíamos conseguir que nuestra muerte fuera un momento de felicidad, de satisfacción por el deber cumplido. Un momento donde nosotros yazcamos con una sonrisa en los labios y a nuestro alrededor todos lloran nuestra muerte. En resumen, que fuera lo contrario a nuestro nacimiento, donde nosotros somos los que lloramos y a nuestro alrededor todos ríen, felices por la llegada de un nuevo ser. Es mi objetivo. Que el día de mi muerte mi boca termine dibujando una gran sonrisa.

Pero para un poco. Sé que son muchas emociones de golpe. Vamos a parar que creo que lo necesitas.

TODOS NOS VAMOS A MORIR ALGÚN DÍA

Todos, desde el niño que acaba de nacer en el hospital hace un segundo pasando por tu hijo que se acaba de casar, tu jefe al que no soportas, tu pareja con la que llevas treinta años de vida e incluso el centenario abuelo que está fuerte como un roble y siente que la muerte no va con él porque la estadística se la salta como quien salta un charco un día de lluvia.

Y encima nos vamos a morir para siempre. No tengo mucha esperanza en que volveremos a nacer en forma de mariposa, en los ojos de nuestra mascota fallecida o reencarnados en nuestra sobrina Jacinta. No. De la vida eterna prefiero no hablar para no meterme en jardines de los que no voy a poder salir. Tampoco me da mucha confianza esa empresa rusa que te congela para después descongelarte entero si pagas mucho o solo tu cerebro si le pagas algo menos. Que se lo digan al bueno de Walt Disney que dicen que sigue congelado en algún almacén secreto de Estados Unidos esperando a que encuentren la forma de resucitarlo. Y si el almacén acaba destruido por un incendio o arrasado por un tornado, ¿qué pasa con tu cuerpo?, ¿se descongela poco a poco como la carne que dejamos la noche anterior?, ¿se rompe la cadena de frío como con los helados? Qué yuyu.

Growth Mindset

Aquí quiero llamar a uno de mis filósofos y matemáticos favoritos, Blaise Pascal, que sostuvo una interesante teoría sobre la existencia de Dios mezclándolo con las matemáticas y más concretamente con la Teoría de Juegos. Esta rama de las matemáticas, hoy en día muy de moda en Estrategia Empresarial, nos habla de las distintas posibilidades que tenemos ante sucesos que se nos presentan. Vamos a por el ejercicio.

LA APUESTA DE DIOS

El caso que nos ocupa se llamó en su época «la apuesta de Pascal». En una discusión sobre la existencia de Dios, Blaise Pascal argumentó que se trata de un juego de azar. El argumento plantea que, pese a no conocerse la existencia de Dios, lo más racional es apostar por que Dios existe. Vamos a meter la variable infierno, que no estaba contemplada en la premisa inicial, para hacerlo más interesante. Piensa en la posibilidad infinitamente remota de que al final de los finales Dios exista. Te mueres y llegas a un juicio sumarísimo con san Pedro donde te juegas ir al Cielo para el resto de la eternidad. Así que existen el Cielo, el purgatorio, el infierno, de los angelitos con tirantes, alas y que comen Philadelphia Light, el demonio malvado que se aburre del infierno y todo lo que ello conlleva. Pues lo más sensato es creer en ello, ya que no pierdes nada por creer si Dios no existe y ganas la vida eterna si al final esa posibilidad ínfima se cumple y existe. En cambio, si no crees en Dios y existe no tendrás la opción de ir al Cielo y conseguir la gloria eterna. En cambio si no existe y no crees no habrás ganado nada tampoco. Simple de nuevo, ¿no? Y además parece bastante lógico y racional[59]. ¿Estás de acuerdo con Blaise?, ¿has cambiado de opinión sobre lo que pensabas?

Según la Universidad de Oxford, más del 85% de la población mundial sigue alguna clase de religión o cree en algo superior. En el mundo habitan más de 10.000 religiones diferentes con diferentes visiones sobre la vida y la muerte. Yo creo que hemos sido nosotros los que hemos creado a Dios y no al revés. También lo pensaba Buda, que dijo «el hombre ha creado a los dioses por culpa de su miedo a la muerte». La gente no necesita promesas para el más allá; necesita ayuda en su vida en la Tierra[1].

---

[1] Yo creo que no hay una segunda oportunidad, una vida nueva después de la muerte. Es preciso pensarlo pero para mí solo es eso, un pensamiento.

---

59   En las páginas 70 y 81 ya hablamos del cerebro, por si quieres volver y repasarlo.

> **«LA APUESTA DE SMITH»**
>
> El filósofo George H. Smith da cuatro razones para tirar por tierra las palabras de Pascal. La primera razón es que Dios no existe. Los ateos han salido ganando, los creyentes han perdido muchas horas de su vida en oraciones, esfuerzos, conversaciones con Dios… La segunda parte de su argumento es lo que se denomina deismo, que acepta la existencia de Dios a través de la razón y niega cualquier intervención divina más allá de la creación del mundo. Smith decía entonces que Dios creó el mundo, dejándolo a su suerte, sin intervenir en él. No evitaría las matanzas sin sentido, las muertes injustas, la violencia… pero en este caso no tendríamos que preocuparnos pues si este Dios no interviene tampoco juzgará, premiará o castigará. Así que de nuevo son los creyentes quienes salen perdiendo ya que este Dios no les escuchará ni les hará caso alguno a la hora de su muerte. El tercer argumento afirma que Dios existe y es un ser que no castiga los errores de conciencia. Así que escucharía los motivos del ateo y no le castigaría. En cambio el creyente no se habría dejado llevar por la lógica y su creencia ciega, y únicamente por motivo de la fe pecaría. Y el cuarto argumento dice que el Dios cristiano es el único y verdadero, que castiga con el infierno a todo aquel que duda de él, por lo que lo único importante para este Dios es creer en Dios. Este Dios que es capaz de castigar también podría tornarse en un Dios que disfrutara haciendo sufrir a los cristianos con el infierno.

Si has razonado como muchos, pensarás que lo más sensato es creer en la existencia de Dios. Sale más a cuenta que no creer. Hasta el matemático que fundó la Teoría de Juegos, John Von Neumann, se convirtió al catolicismo en la proximidad de su muerte tras analizar pormenorizadamente la apuesta de Pascal. Pero no es tan fácil. Te dije que el funcionamiento del mundo es simple pero en absoluto fácil. Hay muchos pensadores que le han dado mil veces la vuelta a este calcetín. Por ejemplo, el zoólogo y divulgador Richard Dawkins argumentó que, en el caso de la existencia de un ser superior, este castigaría la hipocresía de la persona que creyera por la apuesta de Pascal. También afirma que se premiaría a la persona inteligente, no creyente y valiente que siguiera sosteniendo su posición de no creyente. En el caso de encontrarse con Dios este hombre le podría decir que su existencia había sido prácticamente improbable y no existía ninguna prueba refutable para creer. Los defensores de la apuesta de Pascal dicen que únicamente sirve para los agnósticos. Existen filósofos como el argentino Mario Bunge que afirman que todo esto de la cuestión azarosa de Dios es «científicamente falso, filosóficamente confuso, moralmente dudoso y tecnológicamente blasfemo»[60]. No quiero llegar tan lejos como el bueno de Mario, pero me interesan más los movimientos que se producen dentro de uno cuando reflexiona sobre esto que emitir juicios sobre moralidad, quién tiene la razón, etc.

Vamos a hablar un poco de la muerte, ¿me acompañas?

Lo primero que quiero que hagamos es decir varias veces en alto la palabra muerte. Es un ejercicio liberador que no tiene nada de macabro. Es lo mismo que decir vida pero al revés. Vida, vida, vida. Muerte, muerte, muerte. Es lo mismo. Cuando queremos hablar de muerte tenemos tantos sinónimos para evitar lo inevitable que se podrían hacer varios libros. Estos son algunos de los que me vienen a la cabeza y que he ido escuchando en mi vida para el sustantivo muerte o para el verbo morir: fallecimiento, defunción, óbito, deceso, fin, trance, tránsito, expiración, perecimiento, cesación, fenecimiento, irse a un lugar mejor, no estar, marcharse, apagarse, marchar sin

---

60   *Diccionario de Filosofía*, de Mario Bunge. Siglo XXI Editores S.A. 2005, página 11.

retorno, extinguirse, criar malvas, pasar a mejor vida, irse al otro barrio, espichar, palmar, cascar, sucumbir, perecer, petatear, estirar la pata, diñar, hincar el pico, liar el petate, entregar el alma. Para la personificación de la Muerte: Parca, Guadaña, Huesuda, Pelona, Calaca, Calavera, Llorona, Patas de Cabra, Calva, Catrina... Es alucinante lo que nos inventamos para no pensar en el final de nuestra existencia.

El ser humano lleva bastante tiempo compartiendo su destino unido sin remisión con la muerte. De hecho, desde el primer *Homo Sapiens* que se dignó a nacer, la muerte le ha acompañado como esa manta que se queda corta cuando la estiras para taparte y hace que se te enfríen los pies. Como una sensación que te acompaña durante toda tu vida y que no quieres escuchar.

Así que menos importancias, ¿vale? Menos pensar que tenemos todo el tiempo del mundo por delante o que tenemos varias vidas extras como en los videojuegos. Pero tenemos un enemigo que nos aleja de la conciencia de la muerte: el ego.

EGO. DESPUÉS DE LEER ESTAS LÍNEAS ESPERO QUE NO TE CREAS MUY MUY ESPECIAL

Sé que en todos los libros que rodean al mío en la estantería te dicen cosas como: «eres única», «eres especial», «no hay nadie como tú en todo el mundo», «empodérate», «puedes porque quieres» y tonterías como esas... Pero no te agobies. Como veremos más adelante, tienes mucho a tu favor. Tienes la capacidad de mejorar y ampliar tu intelecto y tu talento, y además tienes seguro un talento especial que voy a ayudarte a descubrir. Pero nada más. Hay millones de personas con tanto o más que tú de eso. No te des tanta importancia.

Conocemos perfectamente las limitaciones del mundo físico (carga de peso, alturas, capacidad de saltar por una ventana y no conseguir volar, etc.). En el mundo mental no creemos tener limitaciones e ideamos cosas imposibles de comprender (mercado de valores, sistemas de pensiones, sistemas legales con cientos de caminos diferentes...).

Cientos de miles de libros, escritos y reflexiones sobre el ego hacen que todavía parezca más grande y tenga más poder del que en realidad debería tener. Si has leído el libro en orden y me has hecho caso haciendo el ejercicio «Relativizar problemas», te habrás dado cuenta de que tú mismo eres bastante insignificante en relación con todas las estrellas que te rodean.

ME HAN ROBADO DEL EMAIL

Acabas de trabajar dos duras semanas en una presentación espectacular. Habéis colaborado todos los integrantes del equipo y tú eres el líder del proyecto. Estás orgulloso de todos y especialmente de ti mismo por el esfuerzo, el resultado y lo bueno que eres. Te darías un beso si pudieras.

A lo largo de la tarde procedes a enviar el email a tu jefe directo que tiene que llevar la presentación al consejo. Para tu sorpresa, estás en copia en el email pero han borrado cualquier clase de referencia a tu trabajo. Simplemente está el informe con la presentación y tu jefe se ha puesto todas las medallas. ¿Cómo crees que reaccionarás?

Tranquilo por favor que solo es un ejercicio inventado y sé que te has enfadado al recordar la cantidad de veces que te ha pasado, el enfado que has arrastrado semanas y la bilis que te acabaste bebiendo.

La próxima vez que borren tu nombre de un email, no valoren un trabajo que has realizado con esfuerzo, simplemente anótalo en una agenda, detallando el envío, las personas relacionadas, el trabajo realizado y los méritos profesionales que esperabas conseguir. Repítelo así durante todo un año y comprueba cómo va llenándose la agenda. Al finalizar el año en tu reunión de evaluación saca tu agenda* y lucha por lo que te has ganado. Si no consigues nada la culpa es

Debemos entender nuestras limitaciones cognitivas sabiendo que podemos flexibilizar y mejorar nuestro propio cerebro con esfuerzo, creación de hábito y perseverancia.

En realidad sobrevaloramos y sobrestimamos nuestras capacidades y lo que hacemos en el día a día.

Hacemos lo mismo con el esfuerzo. Siempre vamos a sobrestimar nuestro propio esfuerzo frente al de otros. Por eso nuestra contribución nos parece mayor de lo que en realidad es. Esta es una fuente de problemas en las empresas cuando las personas «comparan» los logros profesionales de cada uno y la consecución de objetivos.

Te reto a que preguntes si los que te rodean se consideran mejores que la media, pero que no te respondan, que se respondan a ellos mismos. La respuesta que más aparece es «soy mejor que la media». Y ahí entra el ego, que nos maneja en nuestro día a día. Domina nuestras relaciones. Si crees que a ti el ego no te controla, que tú simplemente te dejas llevar por ti mismo, te invito a que respondas con la honestidad a la que nos tienes acostumbrados a estas preguntas: ¿Cuántas veces te has enfadado porque han borrado tu nombre al reenviar tu trabajo a un superior, llevándose tu jefe directo todo el mérito?, ¿te enfadaste?, ¿te sentiste utilizado? Te voy a decir una cosa que quizás no sabías. Forma parte de tu trabajo que tu jefe directo pueda disponer de tu trabajo como le parezca. Claro que sería maravilloso que fueras tú en lugar de él a la reunión con vuestro superior, por supuesto que sería increíble si te mencionara en su *email* diciendo que tú tienes todo el mérito, que el trabajo duro lo has hecho tú, que él únicamente va a figurar y llevarse el premio. Pero las cosas no funcionan así y no verlo en gran parte es culpa de tu ego.

Vamos a distinguir los *hechos* de las *opiniones*. No es tan sencillo y creo que con este ejemplo se puede ver muy fácil. Es una situación que ha podido ocurrirte y quiero que la analicemos juntos.

EJERCICIO: EL LÁPIZ

Acabas de perder el bolígrafo de la suerte. Tienes una firma dentro de una hora y siempre has firmado con ese bolígrafo que te regaló tu abuelo en su lecho de muerte y te hizo jurar que lo protegerías con tu vida. El día se acaba de torcer y estas son algunas de las cosas que pueden pasar por tu mente. Trata de distinguir los hechos de las opiniones y las emociones que aparecen:

«Es mi mejor bolígrafo, me encanta...»	EMOCIÓN
«Sin él no me salen las cosas igual de bien...»	PREDICCIÓN
«Es mi bolígrafo de la suerte»	ETIQUETA
«Todo lo que siempre me ha salido bien ha sido con ese bolígrafo, nunca me ha fallado»	RECUERDO MAGNIFICADO
«Sin él fracasaré en el proyecto»	EXAGERACIÓN
«Seguro que alguien me lo ha robado»	SUPOSICIÓN
«Ha sido Jaime fijo; me odia desde que entré en la empresa, es un envidioso. Ya lo sabía desde el primer momento»	ETIQUETA Y SUPOSICIÓN
«Si no digo nada ahora seré el tonto de la oficina por callarme. Siempre pasa lo mismo, no digo nada y me toman el pelo»	PREDICCIÓN
«Hoy me ha quitado el bolígrafo y mañana puede ser el trabajo, mi relación de pareja o vete tú a saber. Me odia»	EXAGERACIÓN

En el momento en que vas a levantarte e ir a por Jaime, este pasa por tu lado, se agacha y recoge el bolígrafo de debajo de la mesa. Te lo da con una sonrisa y tú no sabes dónde meterte...

solo tuya por permanecer en esa empresa donde a lo largo de 365 días no han valorado tu trabajo, o tu trabajo no es tan importante y es fácilmente reemplazable. El ego se ha transformado en miedo a la piscina vacía, miedo a no saber si en otra empresa te van a pagar lo mismo por tu trabajo, miedo a que realmente tu agenda no esté tan llena como habías pensado, miedo a que tu trabajo sea normal y tu desempeño normal, miedo que si tú no haces lo que te ha pedido tu «jefe borrador de nombres» él se lo pida a otro y este lo haga igual de bien.

*Recuerda que los hechos se convierten en opiniones dos nanosegundos después de haber sucedido. O los anotas en su momento o seguro que las emociones distorsionan la realidad. Al anotar en tu agenda ese momento en que tu ego se infla de manera desmesurada, haciendo que tu organismo se enfade ante la injusticia de no haberse valorado tu trabajo y esa agenda la cojas dentro de unos meses y pienses en lo mal que lo pasaste, es muy probable que le restes toda la emoción al momento y veas la realidad de lo que pasó.

La próxima vez espera un pelín antes de reaccionar y piensa que el mundo no confabula contra ti. Tú ves una realidad que no tiene que coincidir con la realidad de las personas que te rodean y quizás ninguna de esas realidades sea real.

¿Sabes distinguir los hechos de las opiniones?

Como ves, los hechos y las opiniones son ingredientes esenciales en el camino del ego. Pero no quiero que confundas ego con auto-imagen. El ego es la valoración excesiva de uno mismo mientras que la auto-imagen es el reflejo de lo que ves en el espejo de tu mente. Debemos tratar de conectar con nosotros mismos, con nuestro yo interior, evitando que el ego se adueñe de la situación. El ego es lo que te hace sentirte mejor que los demás cuando no lo eres. Eres diferente. La única competencia que deberías sentir es contigo mismo, no con los demás.

PREGUNTA CAPCIOSA A LA QUE IGUAL NO QUIERES RESPONDER

¿Por qué vas a trabajar todos los días de tu vida al mismo sitio, hasta que lo dejes por jubilación, aburrimiento, cansancio o hayas muerto por el camino por culpa de esa enfermedad, en un accidente de coche o un infarto?

Piensa unos segundos la respuesta.

Si eres de los pocos afortunados que trabajan en lo que les apasiona, enhorabuena. Deja inmediatamente este libro y vuelve a la oficina, consulta, almacén, laboratorio, huerto, despacho, misión humanitaria o donde quiera que hagas eso que tú llamas pasión pero que el resto llamamos trabajo. Solo te pido una única reflexión: piensa en la cantidad de horas que pasas al día en tu pasión, piensa en la cantidad de gente que no conocerás, la cantidad de experiencias que no tendrás, la cantidad de problemas que nunca llegarás a conocer. Hablaremos de la pasión en capítulos siguientes. Si tienes mucha curiosidad (yo lo llamaría impaciencia pero curiosidad suena mejor), salta hasta la página 176 y echa un vistazo al ejercicio «No necesitas tener un sueño».

El siguiente grupo serían las personas que se dedican a una profesión para pasar el rato, entretenerse («qué otra cosa voy a hacer con mi tiempo»), pero su vida profesional tampoco les supone un drama (aquí puedes estar si has ganado algo en la lotería, tienes terrenos familiares que gestionas de manera tranquila, eres «cuasi-famoso» en plan *Sálvame*, hijo de cantante folclórica, *youtuber* o *influencer*, concursante de OT o GH...). Tu situación es bastante privilegiada. Sois pocos, pero tenéis bastante con lo que os ha tocado para vivir. Este ejercicio no es para vosotros. Pasad de largo entonces.

El grupo mayoritario de personas se posicionaría en el «únicamente porque me pagan». Es tan lícita como cualquier otra respuesta. Pero aquí tienes que comprender que no me parece que seas feliz en tu vida profesional. Eres una prostituta (de lujo si te pagan mucho, de bar de carretera si encima tienes la mala suerte de que te paguen poco). Sí, yo también tengo que pagar las facturas y lo hago porque me pagan, pero también porque me gusta hacerlo. Cincuenta cincuenta. Pero tú no estás en el grupo anterior, estás en este. No te gusta tu trabajo, no te gustan los atascos, no ves sentido a lo que haces, no te gusta tu jefe, entras a las ocho de la mañana y sales a las nueve de la noche, contratas a una persona desconocida para que cuide de tus hijos mientras tú estás en una oficina rodeado de miles de personas en tu misma situación…

¿Has pensado alguna vez el coste por hora de tu vida y las pocas horas libres que te quedan?

Bien, entonces voy a sacarte de esa duda con el maravilloso ejercicio que no quiero esperar a hacer contigo… ¿Has pensado cuántas horas te quedan de vida real, horas 100% para ti, horas de las que puedes disponer de verdad?

HECHOS VS. OPINIONES

«Situada frente a Central Park West, Barnes Wilson & McKellan (así se llamaba la empresa) estaba inmersa en problemas financieros. Varias decisiones erróneas habían dañado la cuenta de explotación en los últimos meses. El EBITDA era un 50% más bajo que el año anterior. Eran las 6 a.m. de una fría mañana de marzo y James Wilson se dirigía a la oficina. Los despachos de la alta dirección estaban situados en el ático. Desde la planta baja tardaba seis minutos en subir y los utilizó para seguir hablando por teléfono. Cuando entró en el despacho con mejores vistas de todos, James se dispuso a hacer su trabajo lo mejor posible. Colgó el teléfono y…».

Léelo otra vez y responde sin mirar el enunciado… Responde a las preguntas para ver si eres capaz de anotar, extraer y deducir información:

1. ¿Cómo crees que es el EBITDA de Barnes Wilson & McKellan? ¿Positivo o negativo?, ¿cuál dirías que es la cifra?
2. ¿Con quién hablaba James mientras subía al ático?
3. ¿Cuál es su puesto en la empresa?
4. ¿Cuántos años lleva James en su puesto de trabajo?
5. ¿Qué es lo primero que hará James después de colgar el teléfono?
6. ¿Cuántas plantas crees que tiene el edificio?

TRABAJO, TRABAJO, TRABAJO

En la sociedad actual, el trabajo es lo primero por lo que pregunta la gente cuando te ve y lo último en lo que piensas cuando te vas a dormir, y eso no ayuda a tener una relación sana con nosotros mismos. Vivimos en una sociedad donde se valora a las personas por lo que hacen y no por lo que son. Un ecosistema empresarial donde pasamos la mayor parte de nuestra vida sin darnos cuenta, esperando a que lleguen las vacaciones o el fin de semana, pensando en lo que vamos a hacer cuando salgamos del trabajo a última hora de la tarde, cuando nos jubilemos, cuando nos toque la lotería o cuando nuestra empresa cierre. En ese ecosistema estamos continuamente compitiendo desempeñando una labor profesional que en la mayoría de las ocasiones no nos gusta y no dice nada de nosotros.

¿CUÁNTAS HORAS DE VIDA REAL TE QUEDAN?

Vamos a ponernos en la situación estadística normal. Por ejemplo, la esperanza de vida de una mujer en España es de unos 85 años según datos de 2017. En el hombre suele ser unos cuatro años menos. Si te parece bien voy a trabajar con una media de 83 para que sea menos aburrido el tema. Tú puedes cambiar lo que quieras, poner que vas a vivir 100 años o hacer lo que te apetezca, como siempre.

Vamos a pensar en mi ejemplo de cuando trabajaba en un banco internacional. Este era más o menos mi horario. Y el tuyo es probable que sea parecido o incluso peor. Lo pongo en formato tabla para que lo pases a tu hoja de cálculo favorita y así cambies los números y juguéis entre amigos (eso sí, que todos se compren el libro, no me hagáis la mítica de «me compro el libro, que mola, y se lo paso a todos mis colegas»... No, eso no, por favor).

ACTIVIDAD	HORAS REQUERIDAS
Trabajar	11
Dormir	7
Alimentacion	2
Desplazamientos	1
Higiene	1
Deporte	0,5
Compras, recados...	0,5
TOTAL	23
Horas sobrantes	1

Aquí puedes quitar y poner lo que necesites para tus cálculos. He sido tramposo y he puesto alguna hora menos de trabajo de las que en realidad eran pero tampoco quería deprimir al personal o darle envidia, si es que trabajas todavía más...

Una hora libre al día durante los cinco días de la semana. En mi caso yo tenía 30 años cuando entré en el banco y, para hacer los cálculos fáciles, jubilándome con 65 años (jajajá) serían cinco horas libres a la semana (pero recuerda que si vas al cine un día entre semana tendrás que restar horas de sueño o de cualquier otra cosa, así que lo de cinco horas libres es un eufemismo semántico diabólico), 55 horas libres en los once meses que trabajas aproximadamente al año y 1925 horas a lo largo de tus 35 años de vida profesional... Para que lo puedas asimilar más fácilmente, esas casi dos mil horas de vida libre son 80 días. Es verdad que Willy Fog[61] dio la vuelta al mundo en esos días pero me parece un poco poco... Ahora me vendrás a decir que tienes todos los fines de semana libres y que eso no lo he contabilizado. Y también tienes tus veintitantos días de vacaciones que es cuando te pegas esos viajazos que alucinas y que te dan muchísimos *likes* en las redes sociales. Vale. Eso mola mogollón. Pero si eres sincero también me dirás que los fines de semana incluyen un viernes donde estás cansadísimo y te duermes sí o sí cuando vas al cine o al teatro, un sábado donde las horas vuelan por sí solas (y más si tienes niños que tienen partidos en lugares recónditos de la geografía española y a horarios intempestivos) y llega el maravilloso domingo al que me gustaría dedicarle un capítulo entero pero al que voy a finiquitar aquí mismo. Lágrimas. Dolor. *Valar Morghulis*. Tristeza de domingo por la tarde ante la avalancha de *emails* que entran en tu cabeza, los cientos de tareas pendientes que tienes que hacer[62] o esa comida familiar que no te apetece ni media, pero tienes que cumplir con tus pobres padres que hace que no te ven el pelo semanas. O el sábado cometiste la imprudencia de salir de fiesta o cena y te has levantado a las doce de la mañana consiguiendo que el día se vaya por la alcantarilla. Sí. El fin de semana es brutal, divertido, apasionante y cunde mucho mucho... Pero si te parece no vamos a meter las horas del fin de semana como horas de vida, ¿vale? Y las vacaciones. ¿Qué decir de las vacaciones? Ese momento de desconexión que llega aproximadamente al final de la primera semana en la playa o

Willy Fog dio la vuelta al mundo en 80 días pero tú verás si en ese tiempo puedes hacer todo lo que quieres hacer en la vida.

---

61 ¿Sabías que Willy Fog es el nombre del león de los dibujos? El personaje se llamaba Philleas Fog.

62 Ah, perdona ¿que tú también trabajas el fin de semana? Disculpa mi osadía entonces por hablar de domingos libres.

COMPRAR TIEMPO

Buda dijo que el mayor error que cometemos en la vida es pensar que tenemos tiempo. Algo gratis y que compartimos todos los seres humanos pero que ningún millonario aburrido puede comprar. Tiene el que le viene asignado de serie. Nadie es dueño de tu tiempo, solo tú puedes gastarlo porque es igual que la electricidad, que cuando no se consume… se pierde. Trabajamos por dinero para conseguir tiempo libre en nuestra vejez, sin saber si vamos a tener vejez. Así que la próxima vez que creas que trabajas para conseguir «tiempo», que sepas que el tiempo no se puede comprar. Imagina que acabas de dejar el trabajo a los 47 años, millonario después de sangre, sudor y lágrimas, después de darlo todo y sigues con una salud de hierro. Imagina todo el tiempo que has comprado que la semana después de tu jubilación te atropella un coche, tienes un accidente de tráfico, te diagnostican leucemia o simplemente te mueres durante la noche para no volver a despertar. ¿A quién le vas a dar tu tiempo en herencia?

el destino que hayas elegido cuidadosamente, la segunda semana de disfrute total sin parar de hacer planes para que se vea que estás de vacaciones sin parar un segundo no vaya a ser que me replantee mi vida y por qué demonios no puede ser así todos los días de mi vida. Y llegamos a la semana de vacaciones, que yo llamo «domingociones». La semana de «domingociones». La tercera semana donde empiezas a mirar el correo poco a poco[63], la semana en la que entras en «modo trabajo» preparando las cosas para volver a tope. Para que el primer día te suelte un jefe la expresión que más úlceras ha provocado en la historia de la humanidad: «¿Has cargado bien las pilas?...». WTF, pero qué soy, ¿un móvil? No tengo que cargar las pilas porque hace lustros que dejaron de funcionar cada vez que me lo preguntas todos los días de septiembre de los últimos nueve años. Así que si te parece, las vacaciones las voy a dejar fuera de mi cálculo de horas de vida real. Son una especie de paréntesis necesario para no morir en la oficina. O para que consigas separarte de tu mujer e hijos si es que no les tenías mucho aprecio o no los soportabas demasiado. Esto te puede pasar y pasa a menudo porque no les conoces. Recuerda que cada día que llegas de ese trabajo tan importante que haces, tus hijos están dormidos. No lo olvides, «señor mayor que nos acompaña y al que llamamos papá o mamá porque nos lo han dicho así desde el principio» (esto es lo que piensan muchos hijos de sus padres súper trabajadores exitosos y perfectos). ¿Quién es ese señor tan majo al que vemos media hora todos los días?

Volvamos al cálculo. Hasta que nos jubilemos disfrutaremos de 80 días libres maravillosos en días sueltos de una hora de duración y llegaremos a la ansiada jubilación donde viviremos con una pareja a la que hace 35 años que no vemos apenas, unos hijos que se han largado de casa hace diez años por lo menos, unos amigos que han desaparecido por el camino y ninguna afición cultivada en estos maravillosos años de próspera vida profesional llena de éxitos y premios que cogen polvo en el desván.

---

63 Ah, perdona, ¿que tú también has trabajado las semanas anteriores un poco o un mucho? Lo siento entonces.

Ahora vamos a calcular las horas libres que tendremos entre los 65 y los 83, cuando aparecerá nuestra esquela en el periódico.

ACTIVIDAD	HORAS REQUERIDAS
Afición-hobbie	3
Dormir	8
Alimentacion	3
Desplazamientos	2
Higiene	1
Deporte	1
Compras, recados...	1
TOTAL	19
Horas sobrantes	5

Cinco horas libres (las aficiones o hobbies podría entrar aquí pero quizás no tengas ninguno así que esas horas se perderán por el desagüe mirando por la ventana posiblemente) durante 7 días, 52 semanas y 35 años. Son 2660 días. En años son siete. Así que dentro de siete años te morirás. Te va a dar tiempo de hacer todo lo que quieres?, ¿te va a respetar la salud?...

De lo que podemos hacer con todas esas maravillosas horas que acabas de calcular, de los 65 hasta los 83, hablaremos en capítulos aparte, que sé que esto de las 80 horas no te ha gustado nada.

Sentimos que la vida pasa, que el tiempo corre demasiado pero no nos damos cuenta de que nosotros llevamos esas zapatillas puestas. Tú puedes decidir parar. El tiempo correrá como tú quieras.

«Tu tiempo es limitado, no lo malgastes viviendo la vida de otra persona».

Steve Jobs

PIENSA EN CADA SITUACIÓN CUÁL ES LA VISIÓN REAL DEL TIEMPO

Piensa en lo que suponen tres años para el estudiante universitario que abandona al cuarto año para no volver. Piensa en lo que supone un año para el estudiante de colegio que repite por no esforzarse lo suficiente. Piensa en lo que supone un mes para los padres que pierden a su bebé en el último mes de embarazo. Piensa en lo que supone una hora para los amantes separados por miles de kilómetros. Piensa en lo que supone un minuto para la persona que pierde el metro y pierde su trabajo. Piensa en lo que supone un segundo para la persona que acaba de morir delante de ti en ese accidente de coche. Piensa en lo que supone una décima de segundo para el ganador de la medalla de plata en unas Olimpiadas después de cuatro años luchando por el oro.

Piensa en todas las horas, minutos y segundos que tienes de regalo cada día que abres los ojos por la mañana. Día a día. El tiempo tiene la importancia que tú le quieras dar. Habrá días que lo quieras malgastar, que salgas solo a correr sin rumbo. Habrá días que quieras que vaya despacio, como si fueras un anciano tranquilo. Habrá días que no sepas que has corrido y muchos que estés corriendo hacia ninguna parte. Pero piensa en lo que supone el tiempo.

Mira estas dos imágenes. Cada uno de los recuadros son cuarenta años representados en semanas. (Aproximadamente, porque no he querido perder tiempo en contar todos y cada uno de los cuadritos ya que estamos hablando de que el tiempo es importante).

Si no me crees en eso de que el tiempo es relativo, pon el cronómetro en marcha y prueba a sujetar una taza de té hirviendo durante veinte segundos. Suéltala y ahora mira tu serie favorita durante veinte segundos. ¿Ha pasado el mismo tiempo si no hubieras tenido un reloj controlándolo?

«El tiempo es lento para los que esperan, rápido para los que temen, largo para los que sufren, corto para los que disfrutan pero para los que aman es eterno».

William Shakespeare

Tacha lo que hayas vivido y el resto es lo que te queda por vivir... Si estás en la cuarentena como yo, pues la primera de las imágenes te la has comido ya. Lo siento. Solo te queda la otra. Así que aprovecha el poquísimo tiempo, intrascendente para el Universo, que nos queda.

Todos los segundos son importantes. Valora tu tiempo y el de los demás. Volvemos a los dos lobos que tenemos en nuestro interior. En este caso uno es alimentado para seguir adelante, para desarrollarse, para crecer. El otro para no hacer las cosas, para dormir un poco más, «para qué, si total...». Piensa de nuevo cuál quieres alimentar porque, en caso de duda ganará el más fuerte, el que esté más presente. Recuerda que la vida te enseña a aprovechar el tiempo. El tiempo te enseña lo que vale la vida. Creo que el tiempo lo puedes manejar tú como quieras; siento que tenemos tiempo de sobra cuando lo observo. El ritmo lo marcas tú.

Hemos empezado hablando del ego y acabamos viendo que solo vamos a vivir aproximadamente 80 días mientras pasamos el resto en la oficina, en atascos o sentados en la taza del inodoro. Qué poco glamur tenía esto del ego al final, ¿no?

El tiempo es súper cuántico. En función del observador se comporta de maneras diferentes. A veces corre para unos y se frena para otros.

LA MUERTE COMO MAESTRA

> Para los médicos, la muerte es simplemente lo opuesto a la vida. Es un suceso físico marcado por cambios fisiológicos. Estás funcionando como una máquina perfecta, llega la muerte y la desconecta. Fin. Lo más complicado para ellos es aliviar el sufrimiento, pero se apoyan en que la mayoría de la gente se consuela con el más allá para no pensar demasiado en el proceso como tal. Esa actitud de «trabajo» es el reflejo cultural hacia la muerte que persiste en nuestra sociedad. No aprendemos nada de ella, es algo inevitable y el médico solo puede alargarte la vida en la medida de sus posibilidades. Podría asemejarse a llevar el coche al mecánico. Primero has tenido que pasar la ITV y pagar el impuesto de circulación. Cuando el coche entra al taller, el mecánico intentará por todos los medios volver a arrancarlo, que vuelva a funcio-

LA MUERTE A LO LARGO DE LA HISTORIA

Si quieres leer algo más acerca de la muerte, puedes hacerlo descargándote el contenido de este bidi:

El propósito de la vida es hacer mejores a los que nos rodean. El propósito de la vida es tomar conciencia de nuestra humanidad compartiendo un recurso maravilloso, que compartimos todos y cada uno de nosotros: la muerte como maestra de vida.

nar sin un solo ruido como hacía años atrás y te dirá todo lo que ha tenido que hacer mientras tú le miras con cara de no saber de qué te está hablando. Cambiará piezas, sustituirá aceites, revisará presiones y te contará el proceso. Lo mismo que hacen en un hospital, ¿no? Pero con la diferencia de que cuando el coche muere va al chatarrero y por lo menos recuperan alguna pieza que sirve para otros coches… ¡Anda! Como los transplantes, ¿no? ¿A que resulta que al final somos un reflejo de la sociedad y no nos habíamos dado cuenta? Pero hay una gran diferencia, porque en este caso nosotros somos el coche que va a terminar en el desguace.

Aquí está el primer error que cometemos como sociedad: creernos que somos máquinas infalibles que encima tienen la capacidad de arreglar otras máquinas infalibles. Cuando el médico lo consigue se siente un superhombre y nosotros, máquinas arregladas en el último segundo, comenzamos a dejar de preocuparnos por las tonterías que nos preocupaban antes de entrar en el taller. Pero solamente lo hacemos desde el punto de vista de la vida, no pensamos nunca desde el punto de vista de la muerte. Analizar la muerte, nuestra muerte, nos enseña el propósito de la vida. No es ser rico, poderoso, feliz o famoso. No.

El propósito de la vida es crecer en sabiduría y aprender a amar mejor a los demás.

No veas la muerte como el final del camino porque no siempre nos espera tras una larga y próspera vida. Imaginamos que la muerte llegará «al final», «después de todo»… Pero estas únicamente son expresiones que producen la cómoda ilusión de la distancia segura. La muerte no te acogerá en sus brazos cuando tengas 94 años, estés sentado en el porche de tu casa abrazado a tus hijos y con una sonrisa después de toda una vida de felicidad, dicha y momentos preciosos. No.

Growth Mindset

La muerte está escondida en cada cruce de carreteras cada día de tu vida, agazapada en cada esquina cada noche, siempre en mitad del momento en que suceden todas las cosas que no planificas.

Tiene truco y yo se lo he visto. Podemos disfrazarnos con sus ropas. Podemos escuchar lo que tiene que decirnos. Podemos coger su sabiduría ya mismo. Te invito a que reflexiones sobre esta preciosa historia.

En sus orígenes fue un cuento persa que ha sido adaptado a muchas culturas diferentes, con distintos personajes sin cambiar su sentido. A mí me apetece adaptarlo a la España del siglo XVIII con Carlos III como protagonista. Mi versión del cuento dice así:

La muerte es la maestra que está escondida. No sabemos cuándo nos la vamos a encontrar y estoy seguro de que piensas que «eso le va a pasar antes a otro». Lo siento pero estás equivocado. ¿Acaso piensas que la persona que va a morir dentro de un par de horas en el accidente de tráfico del día estaba pensando que hoy era su último día en la Tierra? ¿No crees que le encantaría poder despedirse de todos sus seres queridos, decirle todo lo que piensa a su jefe, darle el último consejo genial a su hijo?... No nos damos cuenta pero no hace falta llegar a ese momento porque las enseñanzas de la muerte están a disposición de todos y en todo momento.

CUENTO: LA MUERTE Y CARLOS III

«Una mañana de junio de 1764, mandó Carlos III a su mejor criado a la plaza de la Iglesia de San Ildefonso, donde se instalaba el mercado al aire libre, lugar de reunión de toda clase de vendedores ambulantes y productos provenientes de todo el reino. Gregorio, que así se llamaba su fiel criado, partió raudo a la plaza en busca de carne de ternera y lechugas para la cena pues era bien sabido que el rey Carlos III padecía de insomnio y buscaba su remedio en la lechuga de su cena habitual, la «ensalada real labrada». Al llegar a la plaza Gregorio comprobó asustado que la Muerte estaba en una esquina, sin llamar la atención del resto de personas de su alrededor. En un momento en el que se cruzaron la mirada, la Muerte le hizo un gesto que parecía invitarle a acercarse. Gregorio, visiblemente afectado, volvió corriendo en busca de su querido rey. Al llegar a su lado y haciendo uso de la buena relación que le unía con el monarca, le pidió el favor de poder cabalgar en el más veloz de sus caballos. Extrañado, Carlos III le respondió:

Me parece una historia que ilustra a la perfección la vida y la muerte, los pasos que damos hacia nuestro destino. Somos dueños de lo que hacemos y enemigos de nuestras decisiones pero cada respiración nos conduce un poco más al momento de nuestra muerte. Es un pensamiento muy potente que podría llevarte a la más absoluta de las quietudes, lo cual sería un error ya que entonces estarías definiendo tu destino, una vida vacía donde tú mismo habrías cerrado las puertas de tu cárcel y asegurado sus barrotes.

—¿Para qué quieres ahora el caballo, Gregorio? Nunca me habías pedido tal cosa.

—Para huir, su Alteza. Acabo de ver a la Muerte en la plaza, justo en la esquina donde compro la carne. Me ha hecho un gesto para que me acercara a ella. Voy a poner rumbo a Salamanca y esperaré ahí escondido hasta que se olvide de mí. Se lo ruego, tenga piedad.

El rey, preocupado al ver a su fiel criado muerto de miedo, no dudó en darle el caballo que le pedía. Vio como se alejaba a todo galope rumbo a Salamanca, a unas 60 leguas de distancia. El viaje le llevaría todo el día.

Por curiosidad, el rey decidió acercarse él mismo a la plaza donde Gregorio había visto a la Muerte un rato antes. Prepararon todo el cortejo para la visita al mercado y al llegar el monarca pudo comprobar que efectivamente la Muerte descansaba en una esquina, justo al lado del vendedor de carne, tal y como había dicho Gregorio.

—Muerte, ¿por qué has llamado esta mañana a mi fiel criado Gregorio?

—¿Llamado? No era un gesto de llamada sino un gesto de sorpresa al verle en la plaza de San Ildefonso. Me ha sorprendido mucho verle aquí.

—¿Cuál es la razón de tu sorpresa? Es habitual en él acudir a este mercado en busca de alimentos.

—La sorpresa era verle aquí pues esta noche tenía una cita con él en Salamanca.

Pensar que en el momento antes de morir tendremos la claridad mental, la fuerza física y la estabilidad emocional para afrontar ese paso de toda una vida sin haberlo preparado antes es absolutamente ridículo. Es como querer presentarte al examen más importante de toda tu vida sin haber estudiado ni un minuto, sin haber acudido a clase y para mucha gente sin saber ni de qué asignatura tenían que examinarse.

Growth Mindset

Reflexionar sobre la muerte impacta sobre la vida que vivimos, aparte de darnos pistas para ver cómo querremos afrontar el momento de nuestra muerte.

Voy a empezar a hablar de algo que nos servirá como ejercicio para pensar en la muerte, pensar en la vida y escuchar nuestro interior. Se llama meditación. Pero no te asustes, no tiene nada de filosofía oriental, espíritus o cosas que te puedas imaginar o hayas escuchado. Vamos a hablar de respirar. Únicamente de respiración. No vamos a volver a usar la palabra meditación para que no pienses que es algo difícil o que tú no puedes hacer. Solo se trata de respirar, ya que si lo piensas bien lo único que podemos controlar de nuestro organismo es la respiración. No podemos controlar el latido del corazón, no podemos controlar al hígado o al páncreas, no podemos controlar el estómago y la digestión; lo único que depende de nosotros es aprender a respirar. Y eso también lo vas a hacer aquí.

Así que para poder empezar a hablar de la muerte quizás sea bueno empezar a hablar de la respiración. Como ves, la transición para mostrarte tu propia muerte está siendo muy suave; lo hacemos así para que puedas saborear toda la experiencia, relamerte con los resquicios y no caerte por el precipicio. Y también, no te voy a engañar, porque llevas toda tu vida esquivando la palabra muerte con símiles y frases vacías, así que hay que ir poco a poco.

Nuestro cuerpo es un conjunto orgánico e interdependiente que trabaja en armonía desde que nace hasta que muere. Todos vivimos igual, interaccionando con relaciones que repercuten a todo el sistema, internas y externas. Atentos a esto que es importante. Cuerpo y mente unidos por la respiración. Ya lo decían Astérix y Obélix: «mens sana in corpore sano».

DOLOR Y RESPIRACIÓN

¿Qué prefieres, que Mike Tyson no te dé tres puñetazos o que yo te dé 300 euros? Es un poco pregunta trampa pero la mayoría de la gente prefiere evitar una paliza de Tyson antes que recibir dinero. Después estaría la situación de cada uno, pero creo que con la metáfora se entiende lo que quiero transmitir. Aristóteles[64] entendía el placer como la ausencia de dolor. Si le preguntas a un enfermo crónico te dirá lo mismo sin dudar.

En el día a día estamos constantemente reaccionando a todo. Somos máquinas reactivas con miles de impulsos que nos obligan a reaccionar. Lo mismo hacemos con el dolor y la muerte. Huimos de ellos con el siguiente estímulo que nos ofrece este loco mundo. De una u otra manera siempre tendremos incomodidad. Debemos vivir con ello afrontándolo, no huyendo. Estoy seguro que de haber escuchado tantas veces en estas hojas la palabra muerte hasta puede que le estés empezando a perder el miedo.

---

64   Otro de los filósofos del colegio al que quizás no le hiciste mucho caso. Pues era discípulo de Platón, que a su vez te recuerdo que era discípulo de Sócrates.

EL DOLOR

Debemos ver los dos extremos del dolor. Ignorarlo es un extremo; no lo podemos ignorar. El otro extremo es sucumbir a él y ser arrastrados. Cuando llega tienes la expectativa de que se vaya; entonces el dolor cada vez crece más y la expectativa también. No debemos centrarnos en las expectativas. La vida real, al igual que nuestro dolor, está llena de expectativas, ganas de complacer al otro para que cumpla después con nuestras expectativas. Entonces aparecen la impaciencia y la frustración. Como con el dolor, debemos tratarla como si fuera un desconocido donde no hay que tener expectativas ya que no sabemos nada de él.

Cualquier momento sin dolor es mucho más placentero que la sensación más agradable del mundo.

En nuestra vida diaria, en cuanto nos duele algo nos tomamos un remedio y medicinas, pero así solo ignoramos el dolor. Con la meditación entrenamos ese dolor y muchas otras cosas. Bueno, te he mentido aunque sea solo un poco; quizás sí voy a hablar de vez en cuando de meditación, pero solo para indicarte el proceso físico de permanecer atento a la respiración, ¿de acuerdo? No somos capaces de aguantar el hambre y comemos rápidamente; lo mismo pasa con el dolor de cabeza. No damos tiempo a la experimentación para identificar el origen de ese dolor. Cuando estamos en una huida permanente del dolor, sea del tipo que sea, entramos en modo pánico. Es como estar en un atasco y pretender que pase más rápido solo porque cerremos los ojos. En pánico gastamos demasiada energía. Pues siempre estamos en modo pánico.

> Cuando luchamos contra el dolor, en lugar de afrontarlo (es dolor y va a seguir ahí por lo menos un buen rato), no aportamos el oxígeno necesario al cuerpo, lo que genera más estrés y sufrimiento. La mayoría del tiempo estamos en modo resistencia o en modo patrón de lucha. Existe otro modo que es estar, sin juicios, sin modos. Simplemente estar. Para ello, nuestro objeto primario de atención debe ser la respiración.

La respiración es clave para manejar las expectativas y cultivar la paciencia. Con la meditación (lo siento) vamos a entrenarnos para la incertidumbre. Vamos al ejercicio práctico. No tengas miedo. Es fundamental para poder mirarnos después en el espejo de la muerte. Solo se trata de respirar. Llevas haciéndolo toda tu vida de manera inconsciente así que tan mal no lo harás.

EL TRUCO ESTÁ EN RESPIRAR

Para este ejercicio necesitas como mínimo cinco minutos libres de tu día. Sí, lo sé, es muchísimo pedir. Pero es importante. Atrévete a poner el teléfono en modo avión para que nadie te moleste. Si no puedes por tu profesión, estoy seguro de que sabrás encontrar cinco minutos donde puedas estar desconectado. Si no puedes me apiado de ti porque lo tienes crudo. Ahora activa la alarma para dentro de cinco minutos. También tienes Apps chulas que controlan el tiempo de meditación (lo siento) y terminan con ruidos molones. Pero lo que quieras. No es necesaria la ceremonia. Solo vamos a respirar. Lo primero que te pediría es que buscaras una postura cómoda, sentado o tumbado (es probable que te duermas, no pasa nada). Ahora cogemos un par de respiraciones profundas por la nariz y echamos el aire por la boca, sintiendo como entra el oxigeno en nuestro cuerpo y como sale. A partir de aquí vamos a respirar únicamente por la nariz, tomando aire y expulsándolo por la nariz. Te ofrezco dos técnicas de respiración; utiliza la que mejor te siente, la que más te guste o la que te sea más cómoda.

Te voy a dar un pequeño truco para tu próximo atasco y si vives en una gran ciudad será mañana seguramente. La próxima vez que estés atascado, no pienses en el atasco como individuo. Piensa en un océano de sufrimiento de muchas personas que comparten contigo la misma situación. Si no te lo tomas como algo personal y lo ves como algo compartido, la experiencia te aseguro que será diferente.

La primera es sencilla. Cada vez que tomes aire repite en el silencio de tu mente la palabra «inhala». Puedes decir la palabra que quieras, «inhala» es la que yo uso. Y cuando expulses el aire por la nariz, vuelve a repetir en el silencio de tu mente la palabra «exhala». De nuevo puedes repetir la palabra que quieras. El ejercicio es ese. Nada más.

La técnica número dos es un poco más compleja y te permitirá relajarte todavía más y aumentar tu capacidad pulmonar al mismo tiempo. Consiste en tomar aire por la nariz y contar mentalmente por ejemplo hasta tres. Retén el aire en ese momento y cuando lo expulses cuenta mentalmente hasta seis. Listo. Cuando vayas aumentando tu capacidad puedes inspirar hasta el número que quieras y siempre expirar el doble de ese número. Otra vez simple. ¿Listo? Pues ahora activa la alarma del móvil, cierra los ojos y respira por primera vez en tu vida, sintiendo la respiración.

¿Qué tal?, ¿sigues ahí? Alucinante esto de respirar de manera consciente, ¿no? Termina el ejercicio anotando en un cuaderno las sensaciones que hayas experimentado para tener un

Convertirnos en algo más allá de nosotros, fuera de lo espiritual, la bondad.

La muerte está presente en todo en la vida porque morir es inevitable e íntimo.

Podemos sentir sin aferrarnos. Saboreamos la vida, cada momento, bueno o malo. La temporalidad nos ayuda a aceptar el cambio.

diario de respiración. Porque los deberes son que hagas esto todos los días el tiempo que te apetezca o seas capaz de arañarle a tu frenético día. Los beneficios son espectaculares. Quizás esta primera vez se te ha hecho corto, has pensado que no habías puesto bien la alarma. O puede ser que se te haya pasado en un segundo y hayas abierto los ojos relajado y tranquilo. Piensa que ya hemos dicho que el tiempo es un juicio emocional. También hay quien en estos cinco minutos se duerme. La experiencia es de cada uno. Anota las tuyas y vete explorando. Por cierto, acabas de meditar. Si era tu primera vez, enhorabuena.

CUESTIONA, CUESTIONA, CUESTIONA

Las ideas fijas y las creencias nos hacen vivir en modo piloto automático. Creemos saberlo todo pero casi siempre estamos equivocados. **Cuando cuestionamos abrimos la mente.** Cuando tenemos una relación cercana con la muerte, la vida es menos seria, nos aferramos menos, nos desprendemos más fácilmente. Y nos da la visión de que todos moriremos, así que eso es lo primero que compartimos. La muerte nos hace apreciar la vida, su hermosura, el hecho de estar vivos y nos conecta a todos ya que es la última etapa del desarrollo personal de todas las personas sin excepción ni condición social.

No tenemos que separarla de la vida que se acumula; nos expone a múltiples oportunidades de aprender si somos afortunados, prestamos atención y no nos perdemos las cosas. Debemos enfrentarnos a lo incierto sabiendo lo único cierto: que nos vamos a morir.

Pero entre todos hemos decidido no hablar de la muerte. La esquivamos, manejamos eufemismos o directamente la evitamos. Tocamos madera, nos cambiamos de carril para no ir detrás de un coche fúnebre... Podemos huir pero no escondernos. No nos gusta cómo termina la peli; recuerda que Jack al final no se sube a la puerta flotante con Rose.[65]

---

[65] *Spoiler* de *Titanic*. Lo siento pero si no has visto *Titanic* no sé si este libro es para ti... Y, por cierto, Jack entraba de sobra en aquella inmensa plancha flotante. Desde entonces siento una extraña sensación cuando veo a Kate Winslet, y eso que es una de las personalidades GM.

Todas las cosas pasan... todas. Todo está hecho para terminar o ser terminado. Mis plantas de tomate, a las que les dedico tiempo en mis ratos de ocio, se mueren siempre. Todo se desvanece ante nosotros. Las sensaciones, los olores, las miradas, este libro; todo es temporal, efímero y fugaz. La muerte es segura, aunque la forma en que se presentará es impredecible.

El fin de la acumulación es la dispersión. Todas las relaciones terminarán en separación. Todas. Reflexionar sobre esto, que los cuerpos morirán, nos ayuda hoy a relajarnos. Estamos tan distanciados de la muerte que la gente mira la pantalla en lugar de a la persona que está muriendo en los hospitales.

- Reunirse significa inevitablemente separarse
- La temporalidad es la puerta a la posibilidad
- No esperes para liberarte de rencores, de resentimientos

TIERRA-AGUA-FUEGO-AIRE

Una estrella explotó en nuestra galaxia, arrojando polvo y gas formando nuestro sistema solar miles de millones de años después. Una vez fuimos estrellas brillantes ahora enfriadas. Luz del sol cristalizada en forma humana.

La cualidad más radiante del ser es el aspecto etéreo de su existencia, la conciencia de la finitud.

La vida está en constante flujo cambiante. Somos cosas sólidas en un mundo variable. Todo se mueve menos yo... menuda mentira gorda.

Aprendemos demasiado pronto a evitar lo indeseable, a ocultarlo. Queremos que nuestros padres nos quieran porque nuestra supervivencia depende de ello. Se nos condiciona a actuar de una manera determinada. Este patrón –buscar la aprobación y evitar la reprobación– se repite a lo largo de toda la vida.

Escondemos bajo la superficie de nuestra conciencia lo que tememos que amenace nuestra supervivencia, así que presentamos al mundo lo que creemos que nos permitirá obtener lo que necesitamos.

Dureza y suavidad de la tierra, fluidez y cohesión del agua, osadía y calor del fuego, quietud y movimiento del aire.

«Para la gota de agua es gloria entrar en el río».

GHALIB

CAPÍTULO 4. WHAT FOR

ENCUENTRA TU RAZÓN PARA HACER LO QUE QUIERA QUE HAGAS

En este capítulo encontrarás:

- ENCUENTRA TU RAZÓN
- NO ESPERES IMPACIENTE
- CARPE DIEM
- CÓMO SER UN LÍDER GM
- GANANDO PRESENCIA EJECUTIVA GM
- ESTRATEGIA DE LIDERAZGO GM
- CALENDARIZAR

ENCUENTRA TU RAZÓN[66]

Vamos a comenzar con una serie de frases para ir calentando motores. Y sí, lo siento, son frases que no quieres escuchar. Son frases del tipo «tú no puedes hacerlo», «es imposible» y «si quieres... es muy probable que no puedas»[67].

Quiero que leas estas frases con atención y espero que entiendas el sentido de las mismas (y no te enfades):

1. No vas a jugar el año que viene la final de la Champions League si no has jugado nunca al fútbol y encima tienes 36 años.
2. No vas a cantar el año que viene en la Scala de Milán como soprano solista si no has entrenado la voz, no sabes solfeo, desafinas y cantas mal.
3. No vas a ser presidente de la multinacional en la que trabajas si llevas diez años en el mismo puesto, no haces nada por aumentar tu formación, no sabes lo que significa la palabra esfuerzo y no te sacrificas por conseguir un ascenso próximo.

Podríamos seguir así durante miles de páginas pero espero que hayas pillado la indirecta. Hay cosas en la vida que no podemos hacer. Punto. Si alguien te dice lo contrario, miente. Primero debemos conocernos para poder potenciar lo que realmente debe ser potenciado. Aunque quizás seas de los afortunados que desde pequeños tienen un sueño...

> «El pájaro no canta porque es feliz, es feliz porque canta».
>
> **Proverbio chino**

La única receta posible consiste en ser conscientes de nuestras habilidades, talentos y aptitudes, y usar nuestros recursos para maximizarlos. Pero esto no es fácil.

---

66   Esta frase la dice el Dalai Lama. Puedes hacerte una camiseta con ella.

67   Ya sé que quizás esperabas un libro de autoayuda donde te dieran mensajes de buen rollo, te animaran a escalar el Everest con los ojos cerrados. Muchos venden una simplicidad que puede resultar dañina porque es una falsa sensación de seguridad. ¡Atrévete a fracasar! ¡Sal de tu zona de confort y ponte en riesgo para crecer! ¡¡Pon el foco!!... La gente asiente con la cabeza con emoción sin caer en la cuenta de que no sabe dónde poner el foco... ¡Dónde c... poner el foco! Muchos supuestos «gurús» de la autoayuda ofrecen conclusiones sabias pero no dan claves sobre qué hacer o dónde poner el foco y las respuestas simples distraen y te alejan de plantearte preguntas más fundamentales.

Padre e hijo en la vida real interpretan a padre e hijo en la ficción. Ya conocimos a este personaje GM en la página 115.

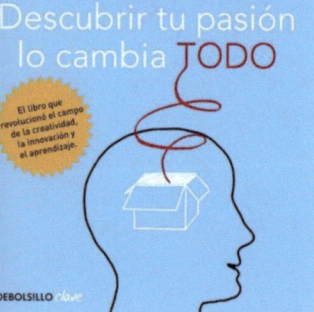

NO NECESITAS TENER UN SUEÑO

Hoy en día, la televisión, los libros de autoayuda, los deportes, las películas (sobre todo de Hollywood) y las series te dan a entender que necesitas tener un sueño sobre el que erigir toda tu existencia. Algunas veces lo vestirán de pasión, otras veces lo llamaran vocación. Pongamos por ejemplo la película *En busca de la felicidad* de Will Smith. Preciosa historia de sueño americano-historia real-lacrimógena-happy ending donde a un futuro millonario le pasa de todo, desde un divorcio a dormir en la calle. Hasta aquí todo mola mucho. El problema viene en una de las escenas más famosas y que he visto hasta en clases en escuelas de negocios, colegios y demás centros formativos. Hay un momento donde el niño (de unos ocho años) está jugando a baloncesto, mete un par de tiros a canasta y dice en voz alta: «voy a ser profesional», o algo parecido. Entonces el padre lanza un tiro horroroso pegando al tablero[68]. Cuando ve el resultado de su tiro, le dice al hijo que no piense en ser profesional, que como mucho será un jugador mediocre como lo ha sido él. Más o menos el diálogo es así. Entonces el director maneja nuestras emociones subiendo el volumen de una música preciosa mientras la cámara se centra en el niño enfadado tirando el balón fuera del campo como queriendo decir que abandona el baloncesto. El padre, visiblemente preocupado, se apoya en la verja y suelta su súper frase que dice así:

«No dejes que nadie te diga que no puedes hacer algo, ni tan siquiera yo. Si tienes un sueño tienes que protegerlo y cuidarlo. Las personas que no pueden hacer eso que tú sueñas te dirán que no se puede hacer».

Fin de la cita cinéfila.

La idea es perfecta. La puesta en escena es perfecta. La intención es perfecta. El problema es que vivimos en el mundo real, y la realidad siempre supera a la ficción, aunque a veces no lo parezca. Es maravilloso el sueño del niño de ser profesional (como podría haber dicho ser astronauta, bombero, ingeniero, jardinero o cualquier otra cosa que se te ocurra). Maravilloso. Pero el ser humano tiene una capacidad brutal para malinterpretar los mensajes.

---

68   Aquí Will Smith demuestra sus dotes de ¿actor? ya que en la serie que le dio la fama, *El Príncipe de Bel-Air,* aparecía jugando a baloncesto cada dos por tres y haciéndolo razonablemente bien.

Growth Mindset

Para ayudarme quiero llamar al estrado a Sir Ken Robinson, que habla de todo ello en su libro *El Elemento*. Aquí el Sr. Robinson habla de las cosas que te encanta hacer y que se te dan bien. Esta segunda parte la gente la suele olvidar. Las aptitudes naturales y las inclinaciones naturales. Así que es importante conocerse y saber en qué situaciones de la vida tenemos ventaja por nuestras habilidades innatas. Si tienes un sueño, protégelo, cuídalo y trata de que se adapte a lo que sabes o realmente puedes hacer con las cartas que te han repartido.

Aquí viene mi reflexión (*thug alert*): Si tienes un sueño, llamémoslo pequeño, difícil pero alcanzable, físicamente posible, seguramente pasará tiempo hasta que lo consigas. Si no lo consigues serás mejor persona, el karma te deberá una, habrás aprendido por el camino, bla, bla, bla... Pero si tienes un sueño de los gordos, de los que solamente son para unos pocos elegidos (el palmarés de Rafa Nadal, ir al espacio como Pedro Duque, cambiar la historia política como hizo Abraham Lincoln...), entonces pasarás todo tu tiempo dedicado a ese sueño. Todas las horas de tu vida serán el alimento de ese sueño. Todas tus relaciones estarán después de ese sueño. Todo estará después de ese sueño. Y cuando por fin lo consigas, quizás te des cuenta de que sigues vacío. Que tu sueño era solo un sueño. Que no has disfrutado de los pequeños momentos. Que la vida ha pasado y no te has dado cuenta.

Disfruta los pequeños momentos, por favor.

Vamos con el enorme porcentaje de población mundial que no tiene un sueño, una vocación clara, ni idea de que es lo que realmente le gusta o se le da bien. Si estás en este grupo, enhorabuena; somos muchos los que estamos igual que tú. Te voy a decir un secreto, solo para tus oídos... No pasa nada por no tener un sueño. No pasa nada por no tener una vocación. No pasa nada por no saber qué quieres estudiar. No pasa nada si cambias mil veces en busca de ese sueño que quizás nunca llegue. Porque llegará un momento en que quizás te sientas vacío por la falta de sueños. Quizás te sientas que no vales, que has perdido el tiempo. Error y de los gordos. No pienses eso porque tú sí has podido disfrutar de los momentos. Tú si te has parado mil veces sin saber por qué te parabas. Tú sigues buscando hasta el día que dejes de poder seguir buscando.

Si tienes un sueño, enhorabuena. Ve a por ello con todas tus fuerzas. Cada uno gasta el poco tiempo que tiene en la vida como quiere. Es algo bueno que hacer con el tiempo. Si encima es un gran sueño, pasarás la mayor parte de tu vida dedicando todos tus minutos a ese gran sueño, y cuando lo alcances habrás triunfado. En ese momento de triunfo estarás en el borde del abismo de la más que probable falta de sentido de tu logro. Menuda faena, ¿no? Pero no te preocupes ya que estarás bastante cerca del momento de tu muerte, con lo que tampoco importará mucho que hayas perdido casi toda tu vida en conseguir tu sueño. Yo prefiero tener micro-sueños. Ser micro-ambicioso. Plantearme metas a corto plazo. Si tienes un gran sueño, disfruta del camino hasta llegar al abismo. Y si no te ves capacitado para grandes catedrales haz pequeñas ermitas increíbles.

> «El problema con la paciencia es que implica que esperamos algo para mejorar, que ocurrirá algo bueno. Constancia es la capacidad de aguantar en lo real momento a momento».
>
> **Maestro Roshi**

CARPE DIEM NO ES:

- Me voy a comprar el coche 10.000 euros más caro aunque no tengo dinero, porque ya se sabe… *carpe diem.*
- Voy a acostarme con mi compañero de oficina y serle infiel a mi marido porque ya se sabe… *carpe diem.*
- Voy a pedir un préstamo para comprarme un Rolex porque siempre ha sido mi ilusión y, como se dice,… *carpe diem.*

NO ESPERES IMPACIENTEMENTE

Aceptar que es inevitable que todo termine nos anima a no vivir esperando. Debemos vivir comprometidos con el momento actual. No nos aferremos a nuestras opiniones y deseos. No concentremos las esperanzas en un futuro mejor sino en el presente.

Como los afluentes, la vida es una sucesión de momentos que se unen creando un continuo. No podemos retener los buenos momentos para siempre.

Y yo soy el primero al que le encanta la buena vida, no soy asceta. Solo hablo de vivir en armonía con el cambio. Ir de una experiencia positiva a la siguiente es ser un fantasma hambriento. La verdad de la vida es que lo único que no cambia es que la vida cambia. Hay que aceptar la verdad de las cosas, llamarlas por su nombre, no aferrarse al pasado y ponerse en sincronía con la verdad de las circunstancias presentes.

CARPE DIEM

En estos momentos estoy seguro de que te has alegrado de que aparezca el famoso *carpe diem*. Si la primera vez que lo escuchaste fue en *El club de los poetas muertos* como yo, somos de la misma generación. ¡Toma conexión! En la escena de «oled las rosas mientras podáis», cuando el profesor Keating enseña a sus jóvenes alumnos las fotos de los alumnos de hace cien años. Todos están muertos. Es una oda maravillosa a la vida.

Ahora bien, *carpe diem* no es «hago lo que me sale de los huevos porque voy a morir y que apechugue el siguiente». No, nada de eso. *Carpe diem* es «aprovecha la vida a tope porque te vas a morir». Pero siempre teniendo en cuenta a las personas que te rodean, sin hacer daño, sin ser egoísta, compartiendo, respetando, explorando y no dejando huellas negativas a tu paso.

Sé prudente. Sé honesto. Sé bondadoso. Comparte. Respeta.

Entonces sí, *carpe diem,* y vive la vida a tope, no te dejes nada detrás.

Growth Mindset

CÓMO SER UN LÍDER GM

Una de las partes importantes del GM incluye a las personas que trabajan para nosotros. Si no eres jefe, estas líneas quizás te suenen lejanas y extrañas, pero piensa que seguramente trabajas para alguien o con personas cuya colaboración tienes que pedir en algún momento. Es una de las partes del «para qué hacemos las cosas».

> «Lo más importante en la vida es que lo más importante sea lo más importante».
>
> STEPHEN COVEY

Debemos influir aunque no seamos líderes.

Debemos convertirnos en líderes. Si tienes la suerte de tener personas a tu cargo, quiero que entiendas la responsabilidad que ello conlleva. Está en tu mano que las personas se desarrollen a tu lado, que alcen el vuelo cuando ya no puedan seguir creciendo contigo, que sigan confiando en ti y tengan una referencia de ti como mentor el resto de sus vidas.

También puedes ser un líder GM en la vida sin necesidad de tener personas a tu cargo:

- Recuerda que controlas el 50% de las variables en tu relación con las otras personas... Todo lo que sale de ti depende de ti. El otro 50% depende de los demás, pero a nada que estés en sintonía y lleves un 10% de su parte a tu terreno es fácil que veas que podrás conseguir lo que quieras.
- Con interés, compasión, consideración.
- Sabrás expresar sentimientos y cuando tengas un día malo sabrás que solo es eso, un día malo. No es toda tu vida. Cada día empieza de cero con 24 horas de regalo para poder hacer con ellas lo que quieras, lo que te atrevas a hacer. Acepta el día malo y piensa que esto también pasará...

Cuando lideremos personas es importante tener en cuenta que debemos tratar de ser líderes Growth Mindset y no gestores Fixed Mindset.

No es lo mismo ser **gestor** (realiza una tarea concreta) que **líder** (que es una práctica 24 horas).

Mientras que el gestor es un experto, orientado a la acción, informado, dedicado a la táctica, el líder es perspicaz, visionario, influyente y enfocado a la estrategia.

El líder influye e inspira, desarrolla el talento e involucra a todas las partes con equipos potentes. El líder debe preparar el camino al futuro.

Es importante gestionar tu impacto en los demás porque ganarás reputación entre tus empleados y podrás influir en la gente que te rodea.

Es importante mantener la calma en los momentos difíciles y para ello es fundamental desarrollar inteligencia emocional, un conjunto de habilidades básicas que ayudan a controlar y expresar las emociones, la capacidad de interpretar las de los demás y responder a ellas de manera adecuada en todo momento.

Debemos cambiar la mentalidad y adaptar la manera de pensar. Seremos líderes con las cualidades de ser estratégicos, innovadores e influyentes.

Es fundamental impulsar el autoconocimiento. Debemos conocernos, saber cuáles son nuestras fortalezas, cuál es el valor que añadimos a nuestro desempeño profesional y conocer hasta dónde llega nuestro impacto en las personas que nos rodean.

El líder GM genera *feedback*, busca evaluaciones para poder mejorar y siempre está en constante desarrollo con sus personas más cercanas. No tiene miedo de preguntar sobre su desempeño ya que sabe que eso es clave para crecer. Las preguntas siempre son concretas y específicas.

Los líderes GM piden, dan y reciben feedback de calidad para alcanzar sus objetivos.

El líder GM escucha sin juzgar, es accesible y tiene en cuenta todos los puntos de vista. Es una persona justa y tolera el estrés de manera decidida. Ve con perspectiva de largo plazo y mira siempre hacia delante. Es la forma en la que podrá conectar, comprender, motivar e inspirar.

Las empresas contratan basándose en las capacidades profesionales y despiden por las capacidades personales. ¿No sería interesante incluir en el CV nuestras capacidades emocionales, nuestros logros emocionales? La próxima vez que tengas una entrevista atrévete a sacar este punto fundamental para el desarrollo de tus equipos.

GANANDO PRESENCIA EJECUTIVA GM

La presencia ejecutiva GM, también llamado el factor X de los líderes, es la cualidad de una persona que presenta fácilmente, gestiona sus reacciones y capta la atención de una sala sin necesidad de hablar. Es una capacidad que consigue un equilibrio entre términos en apariencia antagónicos:

Fortaleza vulnerable, decisión flexible, estrategia creativa son algunas de las claves de la presencia ejecutiva.

Es algo que se valora por su impacto ya que es la parte intangible que suele cerrar los contratos.

Growth Mindset

> La presencia ejecutiva incluye mantener el contacto visual, tener una presencia sólida y estable, agradecer y tener educación, una expresión clara y comprensible. Son valores clásicos que no pasan de moda.

Siempre se presenta como alguien interactivo y flexible, atento a las respuestas del interlocutor. No está escuchando únicamente esperando a que el otro termine para hablar, sino que utiliza las palabras que escucha para modular su discurso.

¿Cuántas veces te has cruzado con un líder sin saber que lo era simplemente por la presencia que irradiaba a su alrededor? Tú también puedes conseguirlo desarrollando inteligencia emocional y autoconocimiento, utilizando el sentido común y valores que hoy en día parecen olvidados.

La presencia ejecutiva convierte al líder en líder de opinión, siendo referencia para competidores y clientes. Siempre al día para mantenerse al día del mundo que le rodea.

ESTRATEGIA DE LIDERAZGO GM

La visión panorámica nos ayudará a conseguir ver la foto completa. Tu visión GM debe expandirse lo máximo que te permita tu cerebro. Muchas veces es interesante dar un paso atrás. Te enseño cómo.

Técnica Doncic stepback

Cuando Luka Doncic está en posición de tirar un triple y tiene al defensor encima, siempre da un paso atrás para ganar distancia y perspectiva. Es una muy buena técnica que puedes aplicar siempre que te encuentres con un obstáculo en el camino.

La próxima vez que tengas que enfrentarte a algo, da un paso atrás para ver la foto en todo su encuadre.

EL LÍDER GM TIENE CLARA SU AUTOESTIMA[1]

La vida con baja autoestima es una clara desventaja para la felicidad, la productividad y las relaciones personales.

La autoestima se puede definir como la confianza en nuestra capacidad de pensar y enfrentarnos a los desafíos de la vida, manteniendo nuestro derecho a triunfar y ser felices, respetables y dignos.

La esencia de la autoestima es confiar en la propia mente y saber que somos merecedores de ese estado de felicidad. Así estaremos mejor preparados para hacer frente a los problemas.

Para ello necesitamos el coraje para tolerar la felicidad sin sabotearnos a nosotros mismos.

La autoestima proporciona una contribución esencial para el proceso vital, siendo indispensable para un desarrollo saludable de la supervivencia.

Quiérete por favor, eres un líder GM.

---

1 Autoestima, concepto interesante que se mezcla a veces con soberbia o chulería de manera errónea.

No te concentres en las personas que más directamente trabajen contigo; mira el resto de la organización y cómo poder crear equipos multidisciplinares.

Cambia los patrones de medida, innova en los ratios y la toma de decisiones. Si algo se hace desde hace mucho tiempo de una manera y funciona puedes ver una nueva forma de hacerlo. Mira nuevas posibilidades con nuevas perspectivas analizando siempre el impacto de tus decisiones estratégicas.

Conoce los tiempos, aprende cuándo es bueno buscar el momento perfecto. A veces es mejor llegar segundo y mantenerse que llegar el primero y morir. ¿Qué prefieres ser, colono o pionero?

CALENDARIZAR

Técnica clave para llevar tu agenda de la mejor manera posible. ¡¡Calendarizar hasta el ocio!! Cualquier cosa que queramos hacer debemos ponerla por escrito en nuestra agenda para que podamos hacer seguimiento, ver el proceso del desarrollo y los días que lleva sin ser rematada. Visualizar y anotar ya que al hacer esto visualizamos cómo sacarlo adelante.

- **Cuándo**
- **Cómo**
- **Dónde**

QUIÉN ERES

Rellena tus fortalezas y tus áreas de mejora cada mes y elige una de cada listado para potenciarla.

Growth Mindset

FEEDBACK

Para que el feedback sea real tiene que cumplir estas partes:

- **Agradecer**

- **Escuchar y pensar antes de responder**

- **Reformular**

- **Ser positivo, no defensivo**

- **Mente abierta**

- **Preguntar cosas claras y concretas**

- **No tomarlo como algo personal**

Si quieres aumentar tu inteligencia emocional puedes centrarte en aumentar la conciencia de ti mismo, controlar tus impulsos bajo presión (lenguaje corporal y tono de voz) y tener un propósito claro cuando interactúes con el resto de tu equipo, conectando con las personas y escuchándoles a todos.

CAPÍTULO 5. WHAT

ES UNA SEGUNDA VUELTA PARA EL PRIMER CAPÍTULO

En este capítulo encontrarás:

- REVÁLIDA DEL PRIMER CAPÍTULO
- FÓRMULA DE LA LONGEVIDAD
- HIPOCRESÍA INCOHERENTE
- EGOÍSMO EXAGERADO
- PERFECCIONISMO PSICÓTICO
- VER ERRORES AJENOS COMO UN HALCÓN
- FALTA DE VALORES Y ÉTICA
- PROCRASTINACIÓN
- GRATIFICACIÓN INMEDIATA
- TREPAS Y PERSONAJES QUE NOS RONDAN EN EL TRABAJO
- ACTITUD POSITIVA SIEMPRE
- LISTADO SECRETO

Growth Mindset

REVÁLIDA DEL PRIMER CAPÍTULO[69]

Hemos comenzado viendo lo infinito del Universo y lo ridículos que somos. Microscópicos. Somos poca cosa a nivel espacial por mucho que seamos polvo de estrellas, que todos vengamos del Big Bang y poesías similares. Somos frágiles, poco importantes, casi intrascendentes, y en un par de siglos el mundo no sabrá que hemos existido. Por lo que no veo mejor momento para volver a tirar de una frase que repito en casi todas las clases y seminarios y que las personas que me rodean escuchan mucho, y es la siguiente:

«Casi nada de lo que sucede es tan importante».

Ya sé que la hemos puesto antes. Ya sé que lo sabes. Qué pesado. Pero te recuerdo que el trato era aprender por repetición, así que bien por tu memoria. Porque casi nada de lo que te pasa es tan importante.

Voy a contarte una anécdota que me parece muy ilustrativa para ver la influencia del entorno.

Jim Smith tiene 50 años y lleva 23 en la cárcel por tráfico de drogas, homicidio en grado de tentativa y robo con violencia. Le quedan 58 años más de condena y es probable que no vuelva a conocer la libertad porque su actitud en la cárcel es violenta y de no aceptación.

A los 17 años Jim Smith tuvo su primer hijo, Justin. Tras una infancia de palizas y abusos, Justin actualmente cumple condena en una cárcel a 210 kilómetros de la de su padre por violación, homicidio en primer grado y tráfico de drogas. A lo largo de su vida ha pasado cinco años ingresado en centros de desintoxicación sin éxito. Lleva dos intentos de fuga de la cárcel, tiene tres hijos a los que hace demasiados años que no ve y que no quieren saber nada de él. A sus 33 años no ve salida a su situación. Divorciado dos veces, sin ninguna esperanza de poder cambiar su situación, Justin es un hombre desesperado que ve como su vida se apagó hace años.

Hay veces que piensas que no puede salir peor o que ya estás en el umbral máximo de sufrimiento. Pero todo depende de cómo afrontes la situación. El sol siempre saldrá al día siguiente. La lluvia parará en algún momento. El dolor cesará. La alegría volverá.

No eres el único al que le ha pasado, no estás solo y todo depende de cómo manejes tu Growth Mindset porque el entorno es igual para todos.

---

[69] Si sabes lo que es la reválida o la has sufrido en tus carnes es que te queda menos tiempo todavía...

Siempre puedes ver los momentos, como mínimo, de dos maneras diferentes. Esta es otra de las claves del GM. Siempre hay más de una opción y debemos ser creativos para poder mirar fuera de la caja. ¿Cómo vas a afrontar esa dificultad que lleva rondándote tanto tiempo? ¿En serio no vas a superar nunca que esa persona especial haya muerto? ¿Realmente es tan importante que se haya cancelado el contrato dos días antes de su firma? Te acaban de dejar… ¿no hay más personas en el mundo a las que puedas amar? Has perdido el vuelo y hasta mañana no sale otro, ¿por qué no sales del aeropuerto a conocer la ciudad? Piénsalo la próxima vez que creas que tu problema es importante.

Hace treinta y tres años, justo diez meses después de nacer Justin, Jim Smith sostenía en sus brazos al pequeño Tommy. Tras una infancia de palizas y abusos, con 33 años Tommy es licenciado *cum laude* por Brown, director regional de una de las mayores empresas *retail* de USA, hándicap 9,3 de golf, está felizmente casado con Megan y es padre de dos mellizos a los que adora. Visita a Justin todas las semanas y trata de ayudarle a salir de su situación.

Hace unas semanas se les preguntó a ambos por separado: ¿Por qué has dirigido tu vida por ese camino? Los dos hermanos respondieron lo mismo:

¿En qué otra cosa podría haberme convertido después de haber crecido con un padre como el mío?

No voy a ser *naif* y no reconocer que la vida te puede pegar —y seguro que te los ha pegado ya— un par de puñetazos que ni los que daba Mike Tyson en el Madison Square Garden en sus inicios. Y claro que hay momentos realmente importantes, como el nacimiento de un hijo, las épocas de amor o todo lo relacionado con la salud, que es una de las cosas que menos valoramos ya que la damos por supuesta, que viene de fábrica. No tenemos que preocuparnos por nada y siempre estaremos bien hasta que algo cambia y entonces queremos hacer todo lo que no hemos hecho cuando estábamos sanos porque nos entran las prisas. La vida se para y el mundo se te cae a los pies. Momentos que no están previstos en tu agenda. Pero hasta estos poquísimos momentos realmente importantes se pueden ver siempre de dos maneras diferentes. Podemos verlos como una dificultad insalvable que nos marcará para siempre y nos llenará de dolor, nos arrastrará por el fango, nos dejará en el suelo sin capacidad de reacción, o podemos verlos como una oportunidad para aprovechar, levantarnos de la lona y salir fortalecidos de la situación.

Porque el mundo te puede parecer injusto, y estoy seguro de que lo es. Porque la vida no es justa. Creo que no es justo que se muera una niña de dos años. Creo que no es justo que el

1% de la humanidad tenga el 82% de la riqueza[70]. Creo que no es justo que haya tantos millones de personas que pasan hambre cada día. Creo que ninguna persona debería morir antes de los cincuenta años. Creo que las personas deberían poder ser más libres y vivir en paz.

Bajando ahora a nuestro mundo con nuestros problemas de primer mundo, creo que hay mucha gente con gran talento que no tiene oportunidad de triunfar. Y eso no es justo. Creo que hay mucha gente a la que las circunstancias le pesan demasiado y no sabe cómo avanzar. Y eso no es justo. Tampoco creo que sea justo que haya gente que tenga ansiedad, depresión y tristeza. Y desde luego que haya mucha gente que tiene mucho menos de lo que merece. Pero esas personas quiero que se pregunten si están haciendo todo lo posible por darle la vuelta a la situación. Quiero preguntarles si han aprendido de sus errores. Quiero conocer su motivación para hacer las cosas. Quiero saber las veces que escucharon al miedo darles consejos y le hicieron caso. Porque también pienso que la vida siempre nos está ofreciendo oportunidades, retos y alternativas, pero no podemos dejarnos guiar por el miedo. Y tenemos que ser nosotros los que veamos esas oportunidades y agarremos el toro por los cuernos. Excusas hay miles. Siempre nos resulta más fácil para reparar nuestra frágil autoestima ayudarnos de una excusa (que suele ser buenísima) que atacar directamente el error y enfrentarnos a nuestra humanidad. Pero lo que tenemos que hacer es centrarnos en lo que podemos hacer, centrarnos en la solución más que en el problema. Tiger Woods, uno de los mejores jugadores de golf de la Historia y claro ejemplo de GM, entrenaba con su padre todos los días con las máximas molestias posibles para cuando, llegado el momento de competir, ninguna pudiera distraerle de su objetivo. Y es una persona GM porque ha conocido la gloria, el éxito y el descenso a los infiernos en su vida personal y profesional, donde se ha visto completamente solo y abandonado. Como el Ave Fénix, ha resurgido de sus cenizas volviendo a ganar el Masters de Augusta en 2019. Todos los que le abandonaron en sus malos momentos han llamado a su puerta para felicitarle.

---

70 Oxfam International, 22 de enero de 2018.

PIENSA EN NEIL ARMSTRONG

En la biografía de Neil Armstrong, el primer hombre en pisar la Luna, James R. Hansen, nos cuenta el que en mi opinión es el momento más importante de la vida del famoso astronauta. Y no me estoy refiriendo al momento del alunizaje, cuando pronunció sus famosas palabras al bajar por la escalera del Eagle: «un pequeño paso para un hombre y un gran paso para la humanidad»[1]. Yo creo que el momento más importante de su vida fue cuando murió Karen, su hija de dos años por culpa de un tumor maligno en el encéfalo. Muchas otras personas estarían perfectamente excusadas al descartarse para siempre de la vida con semejante pérdida. Neil Armstrong nunca olvidó a su hija pero se dedicó a honrar su memoria con su esfuerzo y sacrificio. Visto en perspectiva, quizás si su hija no hubiera muerto en enero de 1962 él no habría cambiado de vida y habría decidido entrar en abril de 1962 en el programa Gemini, solo tres meses después de su muerte.

---

1 Dean Armstrong, hermano de Neil, dijo en un documental que la frase en cuestión –discutida hasta la saciedad pues en el audio de la misión espacial se escuchó entrecortada y en realidad en inglés es «thats one small step for a man» no «for man», es decir «para un hombre» y no «para el hombre», que tiene un significado muy distinto y es como se interpretó en su momento–, se le ocurrió a Neil unas semanas antes del viaje lunar. Estaban jugando ambos al Risk cuando Neil le pasó una nota con la frase escrita, a lo que Dean respondió que era fabulosa.

A mí me gusta mucho jugar al golf y cualquier jugador de golf, al igual que yo, podría escribir perfectamente el libro *1001 excusas en un campo de golf*. La pelota, el palo, el césped, el viento, la lluvia, el sol, el cansancio, te has movido, han hablado y me han molestado… son muchas más de mil.

«Tanto si piensas que puedes como si piensas que no puedes, estás en lo cierto».

Henry Ford[1]

---

1 Presidente de la Ford Motor Company. Tenía el sueño de fabricar el coche americano que todo americano se pudiera comprar. Opinaba que, cuando tenemos una certeza, la mente es como un imán, captando señales que a otros les pasan desapercibidas. Lo dijo después de reconocer que se le ocurrió la idea de la cadena de montaje al pasar por el matadero en Detroit, viendo cómo despiezaban los animales colgados de unos ganchos.

Así que una gran parte de lo que te pasa depende de ti, y ahora empezamos a tener claro que estamos llenos de errores evolutivos, creencias que nos limitan, lenguaje que nos lleva a decisiones equivocadas y rodeados de situaciones del entorno que nos ponen las cosas difíciles. También sabemos que nuestro tiempo es finito. Que tenemos un destino común a todos los seres que habitan el planeta, la muerte. Así que vamos a ver cómo poder vivir los pocos años que nos han sido otorgados de la mejor manera posible, incluso alargando la fecha de nuestra muerte con calidad de vida y ganas de vivir a tope.

FÓRMULA DE LA LONGEVIDAD

Así que vamos a hablar de vejez. Porque una vida GM es una vida para ser vivida los máximos años posibles. Este libro va de viajes, y la vida es el más alucinante de todos. De vivir más años y mejores. En este caso únicamente hablo de longevidad como vida plena, donde pueda disfrutar de la vida sin importar los años que indique mi carnet. Poder caminar, leer, ver una película, una buena siesta, disfrutar de un atardecer, beber una copa de vino o comer con mis seres queridos. Este listado de cosas son las que más aprecian y valoran las personas que están a las puertas de la muerte cuando se les ha preguntado. ¿Te das cuenta de que casi todas son gratuitas? Algo tendrá la sabiduría de la experiencia cuando todo el mundo añora lo mismo. Nadie habla de su cartera de acciones, de sus cinco coches o de su mansión en el lago Como.

Llegados a este punto vamos a intentar calcular una fórmula de la longevidad. Vamos a trabajar como científicos después de haber aprendido tantas cosas a lo largo de estas páginas. Ya hemos hablado de que puedes modular tu talento, tu intelecto con esfuerzo y perseverancia. Pero, ¿qué parte de nuestra genética está relacionada con la longevidad?, ¿cómo podemos cuidar el cuerpo para alargar su fecha de caducidad?

Nuestro cuerpo tiene aproximadamente 35 trillones de células. Se reemplazan cada ocho años con algún daño acumulativo. Por eso una persona de setenta años envejece 100 veces más rápido que una de diez. Y la ciencia nos dice que la capacidad máxima aproximada del cuerpo humano es de 95 años.

Siempre hay excepciones, pero son una entre millones. Lo curioso es que la esperanza de vida es de 85 años. ¿Qué pasa con esos diez años que faltan?

En un estudio llamado «el estudio de gemelos daneses» se demostró que nuestra genética únicamente influye en nuestra longevidad aproximadamente el 20%; el resto es entorno, alimentación, calidad de vida y la forma en la que nos relacionamos con lo que nos rodea. En 1995, el Registro de Gemelos de Dinamarca elaboró un estudio con 2872 pares de gemelos daneses nacidos entre 1870 y 1900 para entender cuáles son los secretos de la longevidad. El estudio halló que la mayoría de los mellizos y los gemelos, con genes idénticos, mueren en momentos diferentes, muchas veces con más de diez años de diferencia.

El estudio revelaba que la longevidad tiene poca relación con la herencia; la influencia de los genes se mueve entre el 15 y el 25%. Entre los lugares que destacan por ser los más longevos están Okinawa, en Japón; Bama, en China; Symi, en Grecia; Cerdeña, en Italia; Nicoya, en Costa Rica y la comunidad de adventistas del séptimo día de Loma Linda en Estados Unidos.

En Okinawa comen con colores vivos y ocho veces más tofu que en USA y la regla de Confucio «Hara, Hatchi, Bu», que te recuerda que dejes de comer cuando llegues al 80% de la sensación de estar saciado y ayudados de técnicas como plato pequeño, comida alejada de la mesa para que vayas a servirte. Recuerda que el estómago tarda treinta minutos en reconocer que está saciado, así que con la técnica 80% le facilitamos el trabajo.

En la isla de Symi se mantienen ocupados toda su vida afanados en la pesca, la jardinería y el pastoreo que forman parte de su rutina diaria. Siempre acompañan sus comidas de pescado fresco y verduras con ensalada, AOVE y vino tinto.

En Cerdeña la gente hace una dieta basada en vegetales, beben vino de la zona con triple presencia de polifenoles llamado Cannonau y comen quesos ricos en Omega 3, los ácidos grasos de las ovejas que se alimentan de pastos naturales y sin pienso. Los ancianos son venerados por su edad y sabiduría y amados por la estructura social. A más edad más valor social y sabiduría. Todo esto añade seis años a su esperanza de vida. La altura o el peso de tus padres explica entre el 80 y el 90% de tu altura o de tu peso, pero solo el 3% de tu longevidad puede ser explicado por cuántos años vivieron tus padres.

DESMONTANDO UN PAR DE MITOS SOBRE LA LONGEVIDAD

No estamos programados para ser longevos sino para reproducirnos con éxito. Tus genes no quieren vivir más años; quieren que otros los vivan[1]. Lo siento, pero tampoco estamos diseñados para ser felices para siempre.

1. Si te esfuerzas al máximo en cuidarte, si sigues al pie de la letra los consejos de médicos, fisioterapeutas, endocrinólogos y gurús del *wellbeing*, vivirás 100 años. FALSO. Solo 1 de cada 5.000 llega a los 100 años, posibilidades bajas de llegar a los 100 años si aprobaste estadística en su momento.

2. Puedes retrasar el envejecimiento. FALSO. Hay cientos de causas para envejecer. Privación de oxígeno en el cerebro que matará tus células para siempre. Forzar las rodillas destrozará tus cartílagos y no se regeneran. Las arterias se obstruyen. El cerebro se degenera rápidamente ocasionando Alzheimer… Hay demasiadas cosas que pueden fallar y hacernos envejecer como para pensar que podemos retrasar el envejecimiento.

---

1 Éxito reproductivo es la capacidad de tener una edad en la que tengas hijos y la siguiente generación tenga hijos, y así hasta el infinito. Somos máquinas reproductoras.

Enfermedades que se consideran hereditarias no lo son tanto según recientes hallazgos. El Instituto Karolinska de Estocolmo analizó los índices de cáncer en más de 40.000 pares de mellizos nórdicos. Encontró que únicamente los cánceres de mama, próstata y colorrectal tenían un componente genético perceptible. Y no era demasiado alto. Si un gemelo tenía uno de esos cánceres, la probabilidad de que el otro gemelo lo desarrollara era menor a un 15 por ciento.

Estas poblaciones centenarias tienen un propósito claro en sus vidas y poseen un fuerte sentimiento de pertenencia social, además de una relación con la vida menos «estresada» que la que tenemos a nuestro alrededor.

Fuera de estos reductos de gente centenaria encontramos a los que se decantan por la paleo dieta, la dieta Atkins, la dieta de la zona, los ayunos. Hay gente que medita durante horas y practica yoga de manera compulsiva. Hay gente que hace ejercicio físico seis días por semana. Nada de eso nos importa ahora mismo. Vamos a reducirlo a las claves básicas que son denominador común de las culturas centenarias y luego que cada uno haga lo que quiera.

Así que entre la mezcla de culturas y estilos de vida hay confusión sobre qué es lo mejor para vivir más y mejor. Moda por lo orgánico, yoga, tofu, meditación, súper alimentos, suplementos vitamínicos, resveratrol, la espiritualidad, aumentar las relaciones sociales, etc. Pues todas estas cosas tienen que ver y alguna más. Aunque hay una variable común a todas: nuestra relación con la vejez.

Lo que tienen en común todas las culturas longevas es la forma en la que tratan a sus mayores.

La extensión de la vida está determinada por una mezcla de eventos cósmicos y no existe una manera de predecirlos. Los factores incluyen la genética, enfermedades, nutrición, estrés, los nueve meses de embarazo, heridas y accidentes, además de millones de sucesos azarosos, como por ejemplo las mutaciones en un gen de una célula que desemboquen en un cáncer. Algunas enfermedades como el Alzheimer y las relacionadas con el corazón se encuentran más ligadas a las historias familiares que otras, como la mayoría de los cánceres y el Parkinson. Pero la predisposición no es una garantía de que el individuo vaya a desarrollar la enfermedad. La mayoría no sufre esa hacia la que estaba predispuesto.

MÁS DE LO QUE TE RODEA

Hay muchas situaciones que a veces no vemos de la manera correcta y que nos impiden saltar más alto. Si esto no te gusta, no es mi culpa. Ahí tienes ya mi excusa...

EXCUSAS VENDO, LAS TENGO BARATITAS

Este será uno de los ejercicios que hagas más rápido y de manera mecánica ya que estamos entrenados para ello desde que nacemos. ¿Te acuerdas de Raúl? Lo conocimos en el capítulo 1. Era el operario de taller al que no ascendían y no ponía ninguna excusa. Nunca.

Growth Mindset

Quiero que escribas (donde quieras, ya no te digo nada) las cinco excusas que más utilices para no haber entregado el informe que te pidieron hace tres meses y tenías que tener para hoy. Recuerda que tampoco es tan importante haberlo entregado. Sí, quizás te despidan, pero tú sabías que tenías que entregarlo a tiempo hacía tres meses. Quizás involuntariamente has procrastinado la entrega para que no seas tú la persona que decide irse del trabajo sino que sean ellos quienes te despidan, por lo que entonces no es tan importante. Pero si para ti el trabajo es lo más importante, reflexiona sobre por qué no lo tenías hecho antes.

Una vez tengas las cinco excusas anotadas, elige aquella con la que menos identificado te sientas. Será la elegida para salir de la lista y no la podrás utilizar nunca más.

Repite este ejercicio todas las veces que pongas una excusa en cualquier situación personal o profesional. No has sacado la basura, no has ido al gimnasio, no te has acordado de esa fecha importante para tu pareja, no has ido a la función del colegio de tu hijo...

Es una buena forma de darnos cuenta de los motivos por los que hacemos las cosas y por los que las dejamos de hacer. Con la repetición del ejercicio conseguimos automatizar los procesos para no repetirlos y tratar de priorizar en nuestras vidas. ¿Cuál es tu excusa para no hacer este ejercicio?

Para que veas lo importante que es *El Quijote* en nuestras vidas, la cantidad de enseñanzas que se aplican de sus líneas, las miles de frases que se le otorgan sin ton ni son al ingenioso hidalgo, te voy a poner un pequeño ejemplo gracias de nuevo a la televisión. Si eres suscriptor de Netflix, cosa por la cual te felicito, habrás visto la serie española *Elite*, donde se utiliza una frase que mucha gente relaciona con *El Quijote* y hemos oído en más de una ocasión en oficinas y cenas de empresa: «Ladran, luego cabalgamos». Estoy seguro de que la habías escuchado. Pues esta frase no aparece en *El Quijote* sino en un poema de 1808 de Wolfgang Von Goethe llamado «Ladran» que ilustro aquí:

En busca de fortuna y de placeres. Más siempre atrás nos ladran, Ladran con fuerza... Quisieran los perros del potrero. Por siempre acompañarnos. Pero sus estridentes ladridos. Solo son señal de que cabalgamos.

Ahora no tenemos excusas para enfrentarnos a algunos de los problemas que ahogan el planeta. No voy a hablar de problemas macro: pobreza, hambre, contaminación, racismo, calentamiento global, delincuencia, guerra, cáncer, SIDA, todas las enfermedades en general, agua potable, energía, falta de oportunidades profesionales, lucha de clases sociales, aumento descontrolado de la población, la falta de privacidad en Internet, etc. No. Aquí vamos a hablar de los micro problemas del ser humano, que son los que generan los macro problemas.

CLAVES DE LA LONGEVIDAD

1. No hacer ejercicio sino introducir el ejercicio en tu día a día. La gente centenaria camina, está en el jardín, sube escaleras, trabaja la huerta… Estudios recientes demuestran que el *crossfit* funciona mejor porque son movimientos naturales que llevamos haciendo miles de años. Nuestros antepasados trogloditas no levantaban mancuernas y si arrastraban animales muertos hasta sus cuevas.

2. Actitud positiva. Reducir el ritmo de vida diario. El estrés inflama tu cuerpo. Parando quince minutos al día puedes revertir esa inflamación.

3. Todos tienen algo en común. Tienen un propósito vital. Llenan sus vidas de actividad que les llena.

4. Comer de manera sabia. Beber una copa de vino al día. Vegetales de colores y la regla del 80% de saciedad.

5. Conexión. Amor. Pertenencia social. Rodéate de las personas adecuadas[1].

---

1 Si las tres personas que te rodean critican a menudo tienes más del 60% de posibilidades de criticar.

De alguno de ellos, porque esta lista daría para hacer varias enciclopedias[71]. Hipocresía incoherente, ego desmesurado, egoísmo exagerado, perfeccionismo psicótico, falta de valores, falta de ética, falta de compasión, exceso de pasotismo, gratificación inmediata, refuerzo sin esfuerzo, corrupción codiciosa, búsqueda de respuestas fáciles, gurús baratos que solucionan vidas en minutos, famosos sin mérito alguno que hablan de lo que no saben, consumo y abuso de libros de autoayuda milagrosos…

Así es como funciona este mundo; creemos saber muchas cosas con certezas desconocidas y las defendemos como si nos fuera la vida en ello. Y ya lo has aprendido en la primera parte con el mini test de cultura general errónea[72].

Si quieres saber más sobre lo que opino de las respuestas fáciles y los falsos gurús, puedes hacerlo descargándote el contenido de este bidi:

TÉCNICA STEVE JOBS PARA UNA DISCUSIÓN

Steve Jobs tenía una forma de resolución de las discusiones cuando no estaban de acuerdo con él. La gente que formaba parte de sus equipos de trabajo, conociendo su carácter volcánico y su pasión ilimitada, le solía preguntar: ¿cómo se solventan las cuestiones cuando alguien no está de acuerdo con lo que estás diciendo? Steve lo tenía muy claro. Él decía lo siguiente: «cuando no comparten mi punto de vista me limito a tomarme el tiempo necesario para explicarlo mejor, de manera que lo entiendan correctamente».

---

71 Antes había una cosa que se llamaba enciclopedia. Un montón de libros físicos gordos que se tenían que consultar para hacer los trabajos que te mandaban en el colegio. Tener una buena enciclopedia era un símbolo de estatus social. Había vendedores de enciclopedias por las casas… En serio, no es troleo.

72 Pero no te quedes en la cultura porque el ejemplo sirve para aplicarlo cuando estés rojo de ira porque alguien te lleva la contraria.

Si lo vemos de manera práctica, la técnica es bastante buena y estas reflexiones las comparten las personas que tenían que lidiar a diario con él. Cuando exponemos nuestra postura muchas veces, la otra persona rechaza nuestros argumentos. De manera que podemos tomarnos unos días para ordenar nuestros pensamientos y volver a explicarlos de nuevo.

Al volver a la carga una segunda vez pueden pasar estas cosas: que te digan de acuerdo, que se den cuenta de que tienes razón y dejen de contrargumentar, o que el debate no sea concluyente pero estemos mucho más trabajados para seguir con lo que habíamos propuesto al principio.

Hoy en día en muchas ocasiones te enfrentarás a un debate, una charla dialéctica en la que tendrás que hacerte entender y entender a las personas que hablen contigo. No consiste en imponerse por la fuerza. El que demuestra llega a la solución, el que argumenta lleva a una resolución.

De esto va este libro, de darte herramientas para que puedas defender lo que piensas con criterio y volver a tocar esos pequeños contratiempos en forma de errores o pequeños *glitchs* que tenemos en nuestro código que nos hacen nuestra existencia un poco más complicada. Vamos con la segunda ronda de maravillas en forma de errores sobre las cosas que podrían mejorar de manera sustancial si nos fijamos en ellas un poco.

Este podría ser un listado de argumentación básica a tener en cuenta:

- No atacarás a la persona por su ideología, pensamiento o características físicas sino al argumento de manera aséptica.
- No afirmarás que algo es verdadero o falso porque ignores la causa de su origen.
- No afirmarás que si algo es verdad porque lo piensa mucha gente.
- No pedirás que tu oponente demuestre lo contrario si tú haces una afirmación gratuita y sin sentido.
- No reducirás el argumento a dos únicas posibilidades.
- No extrapolarás lo particular a lo general.
- No ridiculizarás el argumento o lo exagerarás para facilitar el ataque.
- Si no hay relación lógica no asumirás una correlación directa entre A y B.
- La conclusión debe ser extraída de las premisas.
- El pasado no indica que sea la causa del presente.

HIPOCRESÍA INCOHERENTE

Aquí vamos a hablar de dos términos que deberían chocar y que la gente hace chocar con ganas: hipocresía y coherencia. Vivimos rodeados de hipocresía, unida a una incoherencia suprema. Me refiero a la hipocresía como la cualidad de expresar emociones, ideas y pensamientos contrarios a los que estamos experimentando realmente o que tenemos como creencia o guía espiritual. O la capacidad de fingir sentimientos o cualidades que contradicen lo que realmente se piensa o se siente. A mí me gusta mucho la definición de Noam Chomsky[73] que

---

73   Destacado lingüista americano. Contribuyó al desarrollo de la ciencia cognitiva, criticando con dureza el conductismo de Skinner, uno de los psicólogos precursores del estudio de la conducta.

¿Es mejor callar para no herir o herir por callar? Piénsalo la próxima vez que sonrías en lugar de mostrar tu verdadera cara ante la injusticia, piensa en tu próximo silencio ante esa situación que consideras injusta, piensa en ayudar de manera desinteresada.

LOBEZNO

En uno de mis cómics favoritos recuerdo que a Lobezno le rompen todos los huesos para poder reconstruirlo de un metal indestructible[1]. Existe el dolor, existe el sufrimiento y tenemos que enfrentarnos a ellos. Es la única forma de conseguir salir del estado de dolor y poder alcanzar un estado de placer. Pero para eso tenemos que conocernos, cosa que espero que consigamos hacer por lo menos un poco con estas humildes líneas.

dijo que la hipocresía es la negativa de aplicarnos a nosotros los mismos los valores que aplicamos a otros.

En estos tiempos de corrección política, la hipocresía nos permite mostrar lo que se desea que se vea y ocultar lo que realmente pensamos o hacemos. Preconizar valores en apariencia «correctos, nobles o admirables» mientras se aplican otros totalmente diferentes en nuestras vidas reales, por lo que la hipocresía puede ser mal entendida como una contribución al respeto y la convivencia mutua. Un adalid de buenas formas y el mantenimiento de la paz social. Un arma arrojadiza contra la sinceridad. Un engrasador de la convivencia donde todos los conflictos son evitados. Pero si decimos lo que realmente pensamos o sentimos de una persona, podemos entrar en una situación de incomodidad que nadie desea. Aquí tenemos un nudo gordiano[74] de los gordos. Porque cuando estamos hablando de una persona que deliberadamente está dañando a alguien pero queremos mantener un perfil bajo y sin conflictos, la hipocresía nos sirve para poder convivir.

La gran mayoría de las veces la forma de solucionar un problema incluye afrontar el dolor de manera directa y afrontar el sufrimiento que puede conllevar ese enfrentamiento. Tenemos que luchar contra la hipocresía, mantener unos valores que nos permitan vivir en sociedad siendo ejemplo. Para no ser hipócritas la clave es conocerse a uno mismo y promover la autoconciencia.

NO TIENES EL REMEDIO

Aquí solo te pido que pienses, no que escribas. Imagina una situación en la que una persona está haciéndole mucho daño a un ser querido. No tenemos duda de que es una persona tóxica que envenena a nuestro ser querido con sus actitudes, comentarios, ideas y movimientos todos los minutos de su vida. En todas las reuniones familia-

---

1 Cómic de Marvel donde Lobezno es un mutante con una capacidad de regeneración asombrosa. Un organismo gubernamental quiere crear un arma humana revistiendo todo su esqueleto de adamantium, un metal basado en el vibranium, prácticamente indestructible.

74 Fue Alejandro Magno quien consiguió desatar el nudo gordiano. Lo habrás visto muchas veces dibujado. Es una especie de serpiente enroscada, un nudo infinito sin comienzo ni final, una pescadilla que se muerde la cola para entendernos. El nudo era imposible de desatar hasta que llegó nuestro amigo Alex (permíteme la confianza), le pegó un mandoble con su espada y lo cortó por la mitad. Solucionado.

res convivimos con las dos personas y seguimos viendo el daño. De hecho nuestro ser querido nos reconoce el dolor, la tristeza y el apego que siente por esa persona tóxica. Pero nosotros nunca decimos nada para no romper la paz social, para no romper el frágil equilibrio sobre el que se sustenta todo. Nunca llevamos la contraria, nunca decimos sobre lo que pensamos, en definitiva, nunca actuamos. ¿Cuál es la postura adecuada?, ¿seguir con nuestra actitud hipócrita, manteniendo una paz de mentira que no beneficia a nadie pero no genera más problemas, o enfrentarnos al problema directamente? También podemos pensar que la persona que está haciendo daño tiene su propia situación por la que alguien o algo le hace daño. Compartimos el dolor pero rehusamos la verdad.

Es algo muy habitual. Empatizamos con los problemas de los demás y damos recetas magistrales como un vendedor de crecepelo del Oeste americano. El problema es cuando te pasa a ti directamente y ya no es tan fácil aplicar esa solución ni pensar de manera clara.

Te pido encarecidamente que te pongas en la situación como si la hubieras vivido mil veces. Te pido que pienses en ese hermano, ese amigo o ese hijo que está sufriendo. Te pido que pienses en lo políticamente correcto, en vivir en armonía, en no romper los frágiles equilibrios. Está claro que tenemos miedo a que nuestro ser querido se enfrente a una realidad que nosotros vemos desde fuera. No queremos que nos recuerden algo como «consejos vendo y para mí no tengo», «ver la paja en el ojo ajeno y no ver la viga en el propio» y muchos más. La hipocresía nos libra de todos esos juicios. Desde este punto de vista no es la clásica hipocresía del político ladrón que proclama la lucha contra el robo, la hipocresía del marido adúltero que defiende todos los domingos en la iglesia la unidad familiar y la fidelidad. Podemos ser muy hipócritas por mantener una convivencia de mentira cuando realmente sabemos que debemos hacer justo lo contrario de lo que mostramos. Debemos enfrentarnos a la persona tóxica para que no siga haciendo daño a nuestro ser querido, debemos cesar en nuestra actitud infiel o romper con nuestro matrimonio, pero nunca debemos

HIPOCRESÍA

El origen del término hipocresía viene de la antigua Grecia. Al parecer a los actores de teatro les llamaban *hipócritas*. No tenía más connotación que definir el trabajo que desarrollaban sobre las tablas. Más tarde los propios griegos utilizaron el término para definir a las personas que actuaban en la vida real. Existe en la sociedad una cierta noción de que la hipocresía es positiva y beneficia al ser humano. Es una excusa fabulosa, ya que los individuos tienden a explicar sus acciones por culpa del entorno pero las comportamientos de otros son condición obligatoria de las características innatas de su propia genética.

Si todos fuéramos 100% sinceros, ¿qué pasaría?, ¿sería todo tan terrible? Quizás al principio sí pero luego el mundo sería un lugar mucho más puro en el que habitar, mucho más compasivo.

> «Hay cosas que para saberlas bien no basta con haberlas aprendido».
>
> Lucio Anneo Séneca

¿Cuándo fue la última vez que cediste el paso en un ceda el paso? Seguro que no lo recuerdas porque quizás no lo hayas hecho nunca. ¿Cuándo fue la última vez que dejaste pasar a ese coche que estaba tratando de meter el morro descaradamente desde el otro carril? Si estás pensando que tú también tienes prisa, que tienes derecho a pasar tanto como él, que es un sinvergüenza que no respeta la cola, empatiza por un segundo con esa persona. Si no sabes lo que significa empatizar, la RAE nos dice que es… Es simplemente ponerse en sus zapatos, lo que te decían tus abuelos y a ellos sus abuelos. También lo decía Immanuel Kant.[1]

---

[1] Sí, el mismo del colegio de las clases de Filosofía. Si sigue sin sonarte su nombre salía en un anuncio de coches de hace muchísimos años. Lo puedes ver en YouTube donde un jefe antiguo pretendía dejar en evidencia a un joven sobradamente preparado al soltar una frase chula de Kant que en realidad es de Séneca, o eso dicen.

jugar dos partidas con las mismas cartas. **¿Convivencia hipócrita o realidad dolorosa? Tú decides...**

La coherencia es el otro concepto que aparecía en el título del capítulo. O más bien la incoherencia, que sería más o menos uno de mis sinónimos favoritos para la hipocresía. La incoherencia hace mucho daño. Esta especie de oxímoron «hipocresía incoherente» hace referencia a los constantes cambios en nuestro modo de actuar. Y aquí aparece una palabra de la que hablaremos muchas veces y en muchos contextos: el cambio. Cambio, coherencia, adaptación, avance, aprendizaje, retroceso... hay muchos tipos de cambios. En este caso el cambio del que hablo es la parte de no mantener un mínimo de coherencia en nuestros actos. Si somos hipócritas pues somos hipócritas, pero no podemos ser hipócritas incoherentes, no podemos ser hipócritas cuando nos conviene. Como ahora estamos pensando desde mi cerebro y como me apetece darte mi opinión, creo sinceramente que no debemos ser hipócritas y que debemos ser coherentes. Piensa en el coste emocional que te supone el mantenimiento de esa paz social, la cantidad de veces que has tenido dolor de estómago por no decir lo que pensabas, la cantidad de horas de sueño que has perdido por no seguir lo que te decía tu corazón. No estoy hablando de «sincericidio». No estoy hablando de no tener el respeto necesario para no convertirnos en salvajes. Estoy hablando de actuar con el corazón, de nobleza, de valores.

EGOÍSMO EXAGERADO

Yo, mí, me, conmigo. Esto es algo que recuerdo que enseñaban en el cole pero no sé con qué motivo. Me quiere sonar a los pronombres personales pero tampoco es el tema ahora. Nos enseñan en el colegio a pensar en nosotros mismos y luego en mí mismo y luego en me mismo que no sé lo que es eso de la forma neutra y el conmigo, que implica a otra persona pero lo decimos al final y así lo necesitamos menos.

Todos somos egoístas. Todos. Desde tu madre a la madre Teresa de Calcuta y hasta la monja que espera delante de ti en el supermercado. Todos queremos sentirnos bien con nosotros mismos. Todos queremos ser felices. Todos queremos hacer algo importante. Todos queremos ayudar desinteresadamente para llenar, aunque sea un poquito, a nuestro amigo ego. Y he puesto en los ejemplos a las tres personas que me vienen a la cabeza como las menos egoístas del planeta. Nuestra madre que daría su vida por nosotros, la madre Teresa que dio su vida por los pobres y necesitados y una monja anónima que ha dado su vida a Dios. Pero... ¿son altruistas o lo hacen por la inyección de dopamina de ayudar al prójimo, por salvar su alma antes del destino final? Yo realmente no lo sé y por eso lo pongo aquí, para que reflexiones conmigo. Es cierto que el egoísmo de estas personas es bueno para el mundo, hace la vida mejor para todos, así que espero que hayas entendido por dónde van los tiros. Sí, habla de tu egoísmo ante la vida. De pensar en ti por encima de los demás. Si tienes dudas, piensa en la Madre Teresa. ¿Su gozo hace que los demás estén mejor o peor?

Kant hablaba del imperativo categórico. Se trata de un constructo[75] racional que trata la cualidad de la humanidad como un fin y no como un medio para conseguir algo. En una frase fácil –ya que este libro es para facilitarte la vida–, venía a decir que es una proposición que se debe hacer porque es necesaria, sin más consideraciones. «No debo matar», «no debo robar», «no debo dañar», «debo ayudar», «debo ser honrado», «debo ser bueno», «debo tratar a los demás como quiero que me traten»... La próxima vez que hagas algo piensa en el imperativo categórico y observa si pasa por su filtro de no necesitar más consideraciones para hacerlo. Es una buena técnica para ir haciéndole la pelota al karma.

Estos personajes como Kant, Séneca, etc. son viejos, lo reconozco. Son de otra época, lo reconozco. Pero son fundamentales para que el mundo siga sobre sus raíles. Y sé perfectamente que citarlos en una cena, pese a que conseguirías que tus amigos levantaran los ojos del móvil por unos segundos, te convertiría en un paria social para los restos. «Cultureta», «friki», «viejuno», serían algunos de los calificativos que recibirías junto a posibles preguntas sobre si alguno de esos tíos de los que hablas tiene canal de Twich o juega al Fortnite. Mi recomendación es que no dejes de leer a los clásicos si tienes oportunidad, y si no también, pero eso lo repetiremos mil ve-

BUENAS ACCIONES

Vamos a tratar de cambiar el mundo cambiando alguno de nuestros pequeños actos cotidianos. Durante un mes dedícate a los siguientes retos en tu día a día y comprueba resultados. Es la forma de generar buenas vibraciones en tu entorno y hacer que la gente te imite[1].

Dejar pasar en los pasos de cebra. En todos. Al hacerlo, haz un pequeño gesto para que la persona que está en el paso de cebra sepa que la estás dejando pasar. La inmensa mayoría de las veces te lo agradecerán con algún leve y muchas veces casi imperceptible gesto. Es genial.

Dejar pasar en caso de duda cuando vas en coche, facilitar las maniobras a la gente, permitir que alguien salga de un párking y se incorpore a tu carril... Lo mismo de antes, pequeños gestos, y verás la reacción de la gente. Alguno hasta te sonreirá. Es genial.

---

75 Término psicológico que indica una cualidad que no puede ser medida de manera cuantitativa como la memoria, la razón, la humanidad...

1 Si has visto la película de la que hemos hablado antes, *Cadena de favores,* ya sabes de qué va esto.

ces en la parte de lecturas obligatorias. Si te da vergüenza que te vean leyendo esa clase de literatura subversiva, me parece que el *ebook* para eso es perfecto y además son libros que son baratísimos y alguno seguro que es gratis. ¿Lo ves?[76]

PERFECCIONISMO PSICÓTICO

Llegamos a uno de los puntos calientes de los problemillas del primer mundo. Aquí es muy probable que tengas ganas de saltarte esta parte porque «tú no eres perfeccionista». Pero déjame por favor que siga hablando. Me mola mucho romper la cuarta pared contigo pero sin llegar al podcast porque creo que la lectura es muy importante para desarrollar áreas de tu cerebro que se están atrofiando con las nuevas tecnologías, con lo fácil que nos lo ponen todo ahora y con la ley del mínimo esfuerzo. Recuerdo mi época de colegio; las monjas eran expertas en *mindset* porque no dejaban de recordarme que debía esforzarme más, que debía perseverar aunque no me daban herramientas ni metodología. No tenía ejercicios como los que te doy a ti y te explico los motivos para desarrollar esta mentalidad. Este mensaje es para mi ex directora del colegio, Pilar Urretavizcaya, que me decía que siempre usaba la ley del mínimo esfuerzo para todo. No voy a decir que no tenía razón, ya que en mi despacho tengo un cartel donde pone la palabra ESFUERZO en letras gigantes. Pero ser «bastante bueno» o «suficiente» es la asignación óptima de recursos aceptando las limitaciones de la vida. Y eso no es la ley del mínimo esfuerzo. También me decían que de muy pequeño tiraba la piedra y escondía la mano. Luego cambié bastante, pero vaya con las monjitas, la caña que daban y eso que era el típico niño majete y bueno.

  El ser humano no es feliz siempre. Nada es siempre plenamente. Y nos creemos perfectos. Tenemos miedo al resultado imperfecto, al fracaso y al posterior desvanecimiento de la idea de convertirnos en la persona con el tipo de vida que siempre habíamos imaginado.

> Abrirle la puerta a alguien que vaya cargado de bolsas, dejar el asiento en el transporte público. En resumidas cuentas, facilitarles la vida a los demás y que no piensen que el mundo no tiene remedio, porque lo tiene y está en nuestras manos que se vea.

> «Nada es siempre plenamente. Todo pasará».
>
> **EBER DOSIL**

Las personas con miedo al fracaso acaban por no sacar provecho a su potencial. Solo tenemos dos opciones: fracasar en el aprendizaje o aprender a fracasar.

---

[76] Para mi libro no lo quiero pero para esos usos de lecturas vergonzantes es un dispositivo perfecto. ¿O pensabas que las pornomamás que devoraban *50 sombras de Grey* iban con sus libros debajo del brazo a recoger a sus hijos al colegio?

A nadie le gusta fracasar, por lo que tenemos que tener aversión al fracaso pero no desarrollar temor al fracaso.

La aversión al fracaso nos conduce al esfuerzo y la toma de precauciones. En cambio, el temor intenso nos paraliza impidiéndonos tomar los riesgos necesarios para el crecimiento personal.

SOY PERFECTO Y NO DELEGO

Indica si te has sentido identificado con alguna de estas situaciones poniendo una X en la casilla que corresponda. Por favor, ya que es solo para tus ojos, hazlo con sinceridad. Nadie te está escuchando, nadie te está evaluando, nadie te está poniendo nota, y, sobre todo, no tienes que impresionar a nadie y menos a la persona que tienes delante en el espejo, te conoce perfectamente...

- Solamente tú puedes acabar ese trabajo pendiente. ¿Delegar?, ¿quién, yo? ¿Te refieres a que supervise su trabajo para que cumpla con mis estándares de calidad que son únicos en la empresa, no?
- Las metas que te marcas son a menudo inalcanzables
- Vives en el blanco o negro. Todo o nada. Matrícula de Honor o desastre
- Estás obsesionado con la meta y olvidas a menudo el recorrido
- Siempre estás defendiéndote, esperando una evaluación positiva
- Tu palabra fetiche es «pero»
- Tienes dentro de ti un libro llamado «1001 excusas para...» que utilizas en cualquier momento
- No perdonas los errores ajenos porque tampoco ni tú ni nadie perdona los tuyos

Perfeccionismo. Perfecto. Está perfecto. Eres perfecta. Suena bien, ¿no? Tenemos la sensación de que lo perfecto es lo que nos piden en nuestros trabajos, en nuestras relaciones amorosas y amistosas, en nuestros desempeños deportivos, en nuestro día a día. Pues buena noticia: lo perfecto no existe en la vida real. Aquí no hay nada perfecto. Lo perfecto es enemigo de lo bueno. Nunca nada es perfecto. Si vas a empezar a hablarme de círculos, cuadrados, circunferencias perfectas, gracias porque me das la entrada para el siguiente capítulo. Qué nervios, ¿eh? Pues espera un poco que este capítulo está intrínsecamente relacionado con el siguiente. Ahora piensa: ¿cuántas veces te has casado con un círculo?, ¿has discutido alguna vez con una circunferencia?, ¿el informe que has hecho durante horas lo ha presentado tu amigo el cuadrado?, ¿has sentido amor correspondido de un paralelogramo?, ¿el triángulo equilátero con el que vives ha dejado la ropa tirada por el suelo otra vez?... Si has contestado afirmativamente a alguna de estas preguntas deja de leer este libro y vuelve a tu nave espacial por favor. Seguro que en tu planeta alguien te extraña y mucho. Para los que vean que la vida real no tiene nada de perfecta, sigamos.

REALIZISMO

Vamos a cambiar perfeccionismo por «realizismo» (sí, con z, que ya sé que habías detectado el fallo). Es una mezcla de realizable y realismo. Seremos «realizistas». Es como la z de Dabiz el de Diverxo. Esto no va de: «si lo deseas con todo tu ser, conseguirás esa vida perfecta que te mereces». No quiero que rechaces la realidad. La realidad es como es pero está en tu mano verla como tú quieras y afrontarla con todas las armas posibles. Volvemos al ejemplo del póker. Dos personas con las mismas cartas jugarán la partida de maneras muy distintas.

Vamos a empezar a dejar de ser perfeccionistas y a pasar a convertirnos en la mejor versión de nosotros mismos que podamos, en una versión realizable.

Vamos a dejar el perfeccionismo atrás. La doctrina del término medio, «el medio dorado». La virtud está entre la insuficiencia y el exceso de la cualidad en cuestión. Busca ese medio con ayuda del «realizismo».

«Realizismo» es psicología positiva. Es saber que la vida no es una ecuación lineal.

Realizismo es saber que la vida no es una línea recta, que tiene más curvas que una carretera de montaña.

• Te suele entrar «parálisis por el análisis»	
• Te consideras sacrificado y te esfuerzas al máximo pero no sabes por qué procrastinas mucho...	
• No sales de tu círculo de confort donde lo haces de maravilla no vaya a ser que entres en el siguiente círculo donde no lo harás tan bien y la liemos...	
• Si no decido, todas las posibilidades siguen abiertas y todo es posible (por lo que si no lo intento, no fracasaré)	

Si tienes al menos una marca en la columna de la derecha, bienvenido al club de los perfeccionistas. Sois un montón de miembros, aunque muchos no saben que están incluidos en el selecto club. Ahora quizás puedas decirme que quieres hacer las cosas perfectas porque no te gusta fracasar. Te diré un secreto: a nadie le gusta fracasar, pero una cosa es aversión al fracaso y otra temor intenso y paralizante ante un posible fracaso. Tenemos miedo al fracaso y a dejar de convertirnos en la persona que habíamos imaginado.

Te voy a proponer un juego.

Cada vez que pienses en fracaso, piensa en la palabra resultado.

Cuando acometas cualquier empresa siempre obtendrás un resultado, aunque no siempre será un fracaso. Algunas veces el resultado será el esperado, otras será contrario a nuestros intereses. Siempre resultado, nunca fracaso (siempre-nunca es muy perfeccionista, sé que lo has vuelto a pensar).

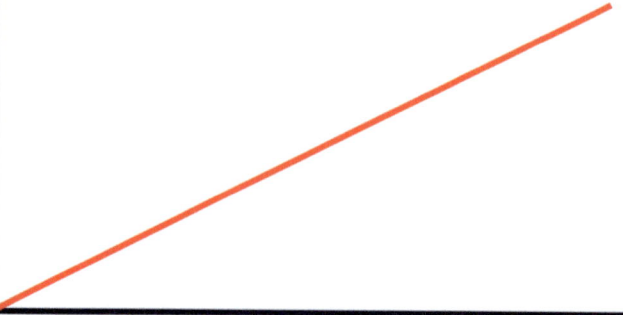

Camino hacia el éxito del perfeccionista.

Growth Mindset

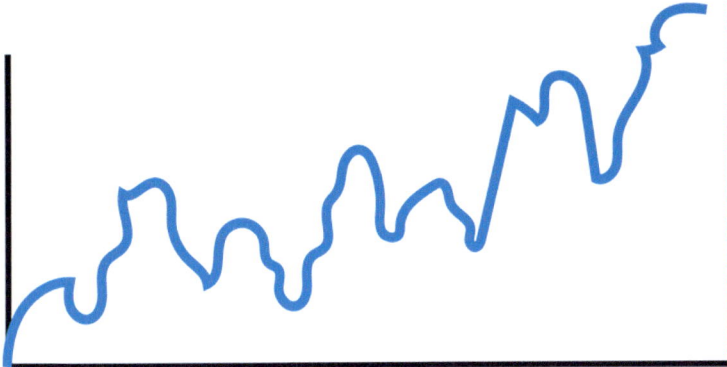

Camino hacia el éxito del «realizista».

Una vez escuché a un monje decir que hay que prepararse para el río de la vida. «Realizismo» es recorrer el río de la vida lleno de dificultades, corrientes de emociones descontroladas, sabiendo que están ahí y que tenemos que conseguir superarlas.

Una frase que a mí me gusta mucho es:

> «Cuando lleguemos a ese río, hablaremos de ese puente».
>
> JULIO CÉSAR

Es una frase que resume perfectamente la filosofía de este libro. Afronta las cosas cuando lleguen, si es que alguna vez llegan. Así que prepárate para la realidad del río de la vida con el ejercicio Niágara. En la vida tendremos dificultades y momentos de debilidad. Prepara tu cuerpo para cualquier situación. Las rocas, los rápidos y los problemas de los que hablamos en Niágara son enfermedades, vejez, pérdida de seres queridos, dolor físico, dolor emocional, sufrimiento... Son cosas reales que tarde o temprano llegarán. Si nos pillan preparados podremos superarlas. No hablamos de tonterías, celos, dudas, miedos, apegos, expectativas. No. Esas son las cosas para las que nuestro cerebro hace planes y cálculos absurdos. Aquí hablamos de otra cosa.

NIÁGARA

Vamos a diseñar la barca en la que quieres navegar. Habrá gente que únicamente se dedicará a esquivar los obstáculos sin haber preparado la barca. Seguro que consiguen solventarlos todos. El problema es que llegarán al final del río donde les esperan las Cataratas del Niágara con una caída por lo menos divertida. La ventaja es que sabemos que habrá rápidos, por lo que tendrá que ser una barca ágil. También habrá rocas, por lo que tendrá que ser una barca fuerte. Habrá momentos en los que no sepamos qué dirección tomar, por lo que necesitaremos un buen sistema de GPS y mapas actualizados. Muchos serán los que solo elijan los caminos conocidos y señalizados para llegar sanos y salvos al final, habiéndose perdido gran parte de la diversión del viaje. Muchos remarán con todas sus fuerzas contra corriente, chocando con las rocas y terminando con la barca hundida. Otros se bajarán de la barca para subirse a otras embarcaciones aparentemente mejores. Conoceremos gente que saldrá del río por propia voluntad o porque el río los expulse. Lo importante es

> saber que existe todo eso y mucho más, que debemos convivir con lo bueno, lo malo y lo regular. Acuérdate de Kant y que tus movimientos no perjudiquen a otros y les ayuden. Llega al final del río y encuentra los caminos que conducen a tierra firme justo antes de las cataratas, donde tendrás la mejor vista que hayas imaginado jamás.

Pero antes de pasar al siguiente capítulo relacionado con este sobre el perfeccionismo, recuerda lo que hemos dicho: que nada es siempre plenamente. Puedes ser realizista en algunos momentos, cambiar a perfeccionista, ser un término medio. Todo fluye, así que fluye con ello.

> «Soy capaz de encontrar defectos hasta en el Paraíso».
>
> **Henry David Thoreau**

VER ERRORES AJENOS COMO UN HALCÓN (PERFECCIONISMO SEGUNDA PARTE)

Este perfeccionismo los seres humanos lo llevamos de serie. Somos capaces de ver los errores ajenos de manera rápida, limpia y efectiva. Siempre para ayudar al compañero, ¿no? Recuerda esa vez que estabas reunido en tu importante puesto de trabajo en tu importante multinacional escuchando una importante historia de la que no recuerdas nada y viste que la persona que llevaba más de dos horas proponiendo una batería de mejoras para tu departamento (alguna de las cuales te pareció interesante y productiva, por cierto) acaba de cometer un pequeño error. Un error dentro de las dos horas de propuestas sobre las que ni tú, ni nadie de tu equipo había reflexionado. Ninguno os habíais esforzado en desarrollarlas. Pero ha aparecido ese pequeño fallo. Tranquilos, todos que ahí estás tú para resolverlo. ¿Te ha pasado alguna vez? ¿Le has sacado un fallo a un profesor? ¿Has dicho que la paella que ha preparado otra persona con todo su esfuerzo estaba buena pero le faltaba un poco de caldo? ¿Has visto el pequeño fallo de *track-record** en la película que te ha entretenido durante un par de horas cuando el protagonista tenía la copa vacía y ahora la tiene llena por arte de magia? ¿Has encontrado ya los errores de este libro en lugar de quedarte con lo bueno? Me parece tan importante, lo hace tanta gente, es tan molesto, es tan

---

*Fallo en una película donde hay un cambio repentino sin venir a cuento. Son fallos de montaje al elegir las tomas de entre cientos de tomas diferentes de una misma escena. De repente es de noche, vasos que se llenan o vacían en un segundo, coches que cambian de matrícula, etc. Se les llama gazapos y hay verdaderos profesionales en detectarlos. ¿Con qué motivo?, ¿van a reeditar la película entera gracias a su aportación?, ¿era tan importante en la trama para no dejar de decirlo?... Ah, es cierto. Si tú hubieras estado en ese puesto, eso no hubiera pasado. Bien hecho, perfeccionista. Has aportado mucho valor al planeta. ¡¡¡Sigue así!!!

dañino, que quiero darle la importancia que se merece para que tu cerebro pueda absorberlo de manera cómoda.

El perfeccionismo se puede traducir como «tengo un miedo terrible al fracaso». El perfeccionista fuerza su mundo de fantasía en línea recta para tratar de encajarlo con el mundo real y sufre a tope. Al ver que es imposible empieza a evitar las actividades nuevas y complicadas para evitar el fracaso. Así vuelve a la casilla de salida con el doble de miedo al fracaso en la siguiente ronda. El «realizista» tampoco quiere fracasar, pero sabe que es la única forma de aprender. Cada resultado no esperado (recuerda que nos íbamos a quitar poco a poco la palabra fracaso) es una oportunidad nueva para descubrir un nuevo camino, un *feedback* que nos da la vida.

El perfeccionista está obsesionado con la consecución del objetivo, con la meta, olvidando por completo el recorrido, que considera como un obstáculo a superar. Podemos imaginar el cansancio que tiene que sentir ante semejante carrera de obstáculos. Nunca está en el presente, obsesionado como está por llegar a la meta. El realizista considera el camino como algo necesario para alcanzar el objetivo, tratando de disfrutar de todo lo que aparezca frente a él. Con cada paso que damos estamos definiendo lo que nos encontraremos más adelante.

¿Cuál es el beneficio que obtienes por ver los defectos ajenos?, ¿qué ganas echando la culpa de tus errores a las personas que te rodean?, ¿de qué te sirve ver sus fallos cuando no te preocupas de arreglar los tuyos, que son los que realmente te frenan para ser la mejor versión de ti mismo?

Deja ya de ver las cosas que la gente hace mal. Piensa que lo que tú sientes como fallos ellos lo pueden ver como aprendizajes. No eres un juez en un concurso de gimnasia rítmica, no eres un árbitro en la final de la Champions, no eres un policía controlando que la gente no se salte los semáforos (si eres una de estas tres cosas cuando estés leyendo esto, hazlo solo cuando te paguen por ello; no lo hagas con tu pareja, tus hijos, tus familiares o tus amigos). Piensa por qué te resulta tan fácil ver los fallos ajenos pero no atiendes a los propios. Lo de «la paja en el ojo ajeno y la viga en el propio» ya lo expresaba de maravilla. Aquí viene un ejercicio a sumar a nuestro viejo amigo Kant. Prepárate porque ahora toca el turno de... ¡¡¡Sócrates!!!

Conviértete en la mejor versión de ti mismo y no te fijes en lo que hacen o dejan de hacer los demás.

QUIÉN ES MEJOR

Eres el responsable último de seleccionar a la persona que falta en tu equipo para cerrar el círculo. Es el puesto que hace que todo encaje y pueda fluir. En el proceso de selección quedan dos candidatos, un estudiante que explora y se pierde, que tropieza en el camino de descubrirse y otro con un expediente académico brillante que ha vivido encerrado en su burbuja. Sé sincero, recuerda que nadie te está mirando.

¿A quién eliges de los dos y por qué?

Como quizás sabrás, Sócrates[1] no dejó una sola línea escrita ya que pensaba que cada uno debía formarse sus propias ideas. Esta fábula de los tres filtros vamos a suponer que la escribió alguno de sus discípulos como Platón (que mucha gente piensa que era mayor que Sócrates, ¿y tú?), Jenofonte, Aristipo y Antístenes.

---

1   No me refiero al futbolista brasileño que tiraba penaltis de tacón. No. Es el filósofo de barba blanca y toga.

EL TRIPLE DE SÓCRATES

Ya que sabes lo que es el imperativo categórico para guiarte en la vida, ahora vamos a probar otra cosa que lo complementa. Este ejercicio es peligroso porque puede dejarte sin hablar durante una larga temporada. Úsalo con prudencia y precaución. Se llama los tres filtros de Sócrates[77]. Aquí quiero que hagas un ejercicio doble. Vamos a seguir con la duda sobre todo. Quiero que dudes, investigues, reflexiones y te quedes con lo que creas oportuno. Imagina por un momento un rumor que has escuchado de tu compañero de oficina al que encima no le tienes demasiado aprecio. No pierdes tiempo en contárselo a tu compañero al que apodan «Radio-Patio» con motivo. Pero antes de hacerlo, te pido que pases la información que has recibido por el primero de los filtros de Sócrates. El filtro de la verdad. ¿Es cierto lo que has escuchado de tu compañero?, ¿lo has comprobado?, ¿no será otra ocasión para que el «difama que algo queda» gane la partida? Una vez pasado ese filtro estaremos en disposición de pasar al siguiente. Rápidamente entras en el ascensor con la garantía de la veracidad del rumor[78]. (Creo que no hace falta decir que si no pasa este filtro, salgas del ascensor y vuelvas a tu mesa). Pero si seguimos, antes de pulsar el botón para llegar a la planta de «Radio-Patio» debes aplicar el segundo filtro. El filtro de la bondad. ¿Es bueno lo que has escuchado de tu compañero? Porque si no es bueno no tiene mucho sentido que vayas por ahí aireándolo a los cuatro vientos. Estamos ante el tercer filtro. Suponemos que es bueno y es cierto, y antes de cruzar el umbral de la puerta lo que te acaban de decir tiene que pasar el tercer filtro. El filtro de la utilidad o la necesidad. ¿Es útil de alguna manera lo que queremos contar de esa persona o es necesario por algún motivo? Porque

---

77   Lo he querido llamar así porque es el nombre conocido que tiene por una fábula donde Sócrates charlaba con uno de sus alumnos.

78   Esto es un oxímoron, claro. Como rumor veraz...

si no es útil o necesario es mejor que no digamos nada. Recuerda el triple filtro: Verdad, bondad y necesidad. Muchísimas de las situaciones de tu día a día estoy seguro de que no pasan ni uno de los tres filtros. Utiliza el filtro como te apetezca, eres libre. Quizás haya que pasar los tres antes de decir algo. Puede que seas una persona para la que únicamente uno de los filtros sea más que suficiente. En cualquier caso lo importante es que tengas en cuenta este ejercicio. Te prometo que te ahorrará muchos problemas y te aliviará más de lo que imaginas. Como decíamos al principio, si encima le metes el imperativo categórico a tus acciones puede que alucines con los resultados.

> «Dos caminos se bifurcaban en un bosque y yo tomé el menos transitado. Y eso hizo toda la diferencia».
>
> Robert Frost, *El camino no elegido*

La verdad es que me encanta Sócrates porque él mismo se consideraba como un tábano que aguijoneaba a los demás para que no se durmieran y siguieran dudando y pensando. Siento que este libro tiene el mismo propósito. Es un aguijonazo para tus sentidos; quizás te pique demasiado y te tengas que poner crema o trates de aplastar al mosquito, pero es para ti, de verdad.

Una solución rápida y fácil para que empieces a dejar de ser perfeccionista y te vuelvas «realizista» es llamar a nuestro amigo Wilfred Pareto. Estoy seguro de que en tu empresa habrá aparecido alguna vez un jefe, un consultor o un autodenominado gurú sacando la regla de Pareto para arreglar cualquier asunto peliagudo. Es muy habitual escuchar en círculos empresariales la frase:

> «Cuando uno no quiere ver un defecto propio, no hace más que verlo en los demás».
>
> Leonard Newman

«El 20% de tus clientes te dará el 80% de tus resultados».

Pues ahí está Pareto. La regla del 80-20. La vamos a aplicar para nuestro próximo ejercicio.

Te recuerdo que...

En la aviación militar, los pilotos tienen 24 horas para declarar su error tras haberlo cometido y entonces no pasa nada. Pasadas las 24 horas, les castigan si se descubre su error y no lo han dicho previamente. La vida sería maravillosa con este estilo de liderazgo. Normalmente, cuando cometemos un error en el trabajo nos afanamos en borrar sus rastros, ocultar pruebas y no reconocerlo esperando que pase desapercibido. Esto solo hace que el error sea más grande, tu capacidad de resolver problemas más pequeña, y tu vergüenza y ansiedad crezcan cada día hasta que llegue el momento en que te descubran porque, ¡sorpresa!, en vez de: siempre te descubren, es cuestión de tiempo.

NO ME HABLES A MÍ DE PARETO

Vamos a partir de una premisa básica. Con el 20% de tu esfuerzo tenemos que conseguir sacar el 80% del trabajo. Sé que es difícil para un perfecto perfeccionista como tú pero vamos a por ello. Recuerda: 20% de esfuerzo 80% de rendimiento. Piensa en tu próximo informe rutinario, memorando sencillo, presentación recurrente o *email* facilón que tienes que hacer mañana en tu oficina. Piensa que normalmente suele ser algo a lo que le dedicas cuatro horas. Pues vamos a dedicar como mucho tres cuartos de hora en tenerlo al 80% de la perfección que tenemos en nuestra cabeza. Si es algo que te lleva menos tiempo, aplica el 20% del tiempo que sueles tardar normalmente. Pero yo he visto con mis propios ojos cómo compañeros míos de oficina redactaban un *email* que podrían presentar al Premio Planeta sin miedo a la vergüenza. Cientos de líneas con una prosa adornada, cientos de expresiones borradas, anotadas y vueltas a borrar. Buscando la perfección en su redacción, comprensión y realización. Prueba a destinar el 20% del tiempo habitual y comprueba los resultados, contrasta las repercusiones, analiza los posibles problemas increíbles que puede generarte tener tres horas para destinarlas a temas más importantes de tu trabajo, tu salud o tu vida en general. Piensa si la persona que va a recibir el *email* o va a escuchar la presentación va a destinar el mismo tiempo que tú has malgastado en hacerla. Piensa que quizás es una persona que quiera aprovechar el tiempo y le baste el 80% de la calidad que tú tienes en tu cabeza (a lo mejor tu 80% de calidad es su tope de calidad, no lo sé). Abandona el perfeccionismo, el encontrar el mejor momento para hacer algo, la frase perfecta, la expresión correcta o la acción más adecuada. Actúa sin tanto análisis, sal de la parálisis por el análisis, por favor. Gracias.

Los equipos bien liderados tienen seguridad psicológica. Es decir, confianza en que ningún miembro del equipo será menospreciado, castigado o ridiculizado por pedir ayuda o fracasar en una tarea. Los miembros del equipo se sentirán cómodos fallando y aprenderán mutuamente de sus fallos. Entonces aumentan los errores declarados y desaparecen los errores reales.

El concepto que quiero introducir se llama «regresión a la media». Sé que te sonará muy estadístico y quizás hayas decidido que ha sido un completo error entrar en mi cerebro, pero tranquilidad. Para ilustrar el concepto de regresión a la media voy a usar el ejemplo que uso de uno de mis referentes en psicología del comportamiento, Amos Tversky. En uno de sus experimentos, en el Ejército israelí comprobaron el grado de eficacia de la clásica bronca de un jefe a un subordinado ante un mal resultado. El caso se centró en el desempeño de los pilotos. Cuando hacían su trabajo de manera no esperada se les daba una reprimenda en público para que mejoraran su comportamiento. Al día siguiente de la bronca el nivel del piloto subía de manera clara. El jefe no decía nada. Pasaban los días hasta que volvía a llegar un día donde su nivel volvía a bajar. De nuevo el latigazo de la bronca y vuelta a subir de nivel. Los jefes estaban convencidos de que eran ellos los que generaban las mejoras y que los días en que no había látigo el piloto simplemente se relajaba y bajaba su nivel. Para su sorpresa, Amos les habló de la regresión a la media, que explica que el comportamiento del piloto a lo largo del tiempo tendrá altos, bajos y días normales. Al final siempre tenderá a la media de su desempeño, haya látigo o no. Los resultados fueron concluyentes cuando desaparecieron las broncas y los pilotos volvían a subir de nivel con la misma frecuencia del experimento anterior. Para que puedas situarte y hagas tuyo el ejemplo, te doy la referencia de dónde he visto yo este problema de regresión a la media de manera más clara. En el banco donde trabajaba (y tengo constancia de que en muchísimas multinacionales lo hacen igual, por no decir en todas pero hablo de mi experiencia) se hacían multiconferencias en las que un jefe con un látigo imaginario lo agitaba los días que no se conseguían el resultado que él consideraba suficiente. El proceso era el siguiente, más o menos. Creo que es muy visual. Más o menos como el Ejército israelí:

1. Día de resultados normal
2. Día de resultados buenos
3. Día de relajación
4. Día de látigo para reactivar
5. Día de resultados buenos
6. Día de resultados normal
7. Día de látigo... y así *ad infinitum*

CASO SOBRE JOHNSON&JOHNSON, TOMA DE DECISIONES Y ERRORES

El problema es el siguiente: jefe que le pide a empleado que decida sobre una línea de negocio estratégica. Delega en esa persona el 100% de la decisión. El empleado se equivoca y la decisión resulta un desastre. Lo importante aquí es observar dos cosas: la primera es la delegación en una persona de confianza de una decisión importante. Porque mucha gente entiende delegar como «hazme el recado que a mí no me da tiempo y me da pereza». No es eso. Delegar es dejar en otro la decisión y asumir las consecuencias como si la decisión la hubieras tomado tú solo. La segunda situación todavía más importante que la primera es lo que el jefe le dijo a su empleado. Más o menos era algo como «Gracias, has tomado una decisión y has fallado. Quiero gente que tome decisiones. Te felicito por tomar decisiones. Quiero que sepas que si vuelves a fallar aquí te despediré. Espero que tomes muchas más decisiones correctas y entiendas que vas a obtener más fracasos que éxitos». Es verdad que el tío es un poco extremo y solamente te da una oportunidad para hacerlo bien, pero también es verdad que muchas veces la vida no tiene segundas oportunidades, así que no me parece mal su actitud. ¿Qué opinas tú?

ANTIPROCRASTINACIÓN. LAS 4DS

Aquí nos referimos a todas esas tareas rutinarias, automáticas, obligatorias pero incómodas que tenemos que hacer en el día a día, como responder a una serie de *emails*, realizar los *reports* de cada día, recoger la mesa cuando comemos…

La técnica se llama las 4Ds y es maravillosa. No dejes de aplicarla cada vez que la necesites.

- **DO IT.** Cuando una tarea la podemos hacer antes de dos minutos, la hacemos.
- **DELEGATE IT.** Cuando la tarea no la podemos hacer en menos de dos minutos, trataremos de delegarla. Muchas veces podemos delegar las tareas que se nos asignan.
- **DEFEAR IT.** Cuando la tarea no la podamos hacer en dos minutos y no la podamos delegar, tenemos que buscarle un sitio en la agenda. Debemos calendarizarla. Con fecha y hora, cerrando nuestra agenda como si fuera la reunión mas importante del mundo.
- **DROP IT.** Si no cumple cualquiera de los 3 pasos anteriores, la soltaremos. No tenemos que hacer esa tarea.

Los días con resultados no esperados, las frases eran las obvias que estás pensando: «si no me enfado no se consiguen las cosas», «no puedo dejar ni un solo día sin controlar», «a mí no me gusta tener que estar con el látigo, pero es la única solución»… Pues lo siento mucho, jefe. Las personas (siempre hay excepciones y en toda distribución existe un 5% de personas por arriba que siempre se comportarán igual de bien y un 5% de personas que siempre se comportarán igual de mal) por lo general tienden a la regresión a la media. Habrá días buenos, malos, regulares, neutros… sin necesidad de que tengan sobre sus cabezas una espada de Damocles pendiente de caer a la primera de cambio. ¿Has sentido en tus carnes alguna vez la regresión a la media?

FALTA DE VALORES Y ÉTICA. PASOTISMO PASOTA

Otro temita complicado. Los valores. ¿Los valores de quién? Pues los valores universales, los que cumplen los tres filtros, el imperativo categórico y todo lo que se te ocurra para aportar algo al mundo y sobre lo que en el día a día no te da tiempo a pararte a reflexionar. Este es tu momento. Y encima se me ocurre meter la palabra ética para liar todavía más el tema.

Busca la ética que haga ganar a todos. Busca la ética que ayude a crear un mundo mejor. Esta parte es muy simple; con que sigas esta máxima no fallarás jamás…

«¿Esto que voy a hacer es ético?».
Si tienes dudas, es que no hay dudas.
No es ético.

PROCRASTINACIÓN

Uno de los mayores males de nuestra era. Supongo que nuestros antepasados también la sufrían, aunque de otro modo. Es cierto que solamente trabajaban unas cuatro horas al día (buscando comida básicamente) y que no tenían modo de alimentarse si no tenían éxito, pero las pinturas, las ceremonias que hacían entre ellos, la burocracia (seguro que tenían burocracia, eso no es un invento nuevo) les darían ganas de procrastinar. Si tienes la suerte de haber llegado hasta aquí sin saber qué significa este término te advierto de que es muy probable que seas un procrastinador.

Simplemente consiste en no hacer caso del refrán «no dejes para mañana lo que puedas hacer hoy». Como ves, de nuevo se cumple mi máxima de que todo está inventado ya pero le pones una palabra rara.

El dueño de Alibaba, entre muchas de sus locuras, habla de su empresa como la empresa 996 (si no sabes lo que es, aquí lo tienes: una jornada laboral de 9 de la mañana a 9 de la noche durante 6 días a la semana. ¿Cómo te quedas?) y mola.

GRATIFICACIÓN INMEDIATA

El problema *millenial* por excelencia. Todo lo tienes al momento, no tienes que esperar para obtener nada. Todo tiene que llegar ahora. Ya es tarde para ti. Si quieres saber cómo era mi vida en mis queridos años ochenta, entenderás por qué yo no sé qué es eso de gratificación inmediata. Puedes hacerlo descargándote el contenido de este bidi:

SACA EL MÓVIL DE LA ECUACIÓN

La próxima vez que tengas un evento con amigos, familia, trabajo... prueba a escuchar a las personas que tienes delante. No dejes el teléfono en la mesa. Ni boca arriba ni boca abajo. Déjalo en el coche, en la cazadora, en el bolso y en silencio. No va a pasar nada. El mundo seguirá girando. La conversación comenzará a fluir entre vosotros. Escucharás la voz de alguno de tus compañeros de velada que quizás hace años que no escuchabas. Te vas a sorprender de las caras de la gente, de sus reacciones, de escucharles mientras les miras a los ojos. Es un mundo nuevo. Prometido. Plantéale a toda la mesa que haga lo mismo con sus

> teléfonos. Empezad de manera suave, por ejemplo media hora las primeras veces, después una hora y luego le vais cogiendo el gustillo. Es una actividad de riesgo pero merece la pena. Prometido.
>
> Otro día podéis hacer preguntas sobre vuestra vida, conoceros de la misma manera que conocéis a los famosos del cine o la televisión.

QUERIDO LECTOR MILLENIAL

Asumir lo que somos y lo que tenemos es el primer paso para poder avanzar.

La frustración de los jóvenes cada vez es mayor y la culpa parece recaer en los padres. No existe la tolerancia a la frustración, nada les puede salir mal y carecen de recursos emocionales para afrontar sus problemas. Sus relaciones son frágiles y volátiles por culpa de las redes sociales y los grupos de *playstation* donde «quedan como si fuera un ágora» (esto es mío). El nivel de estrés que vivimos es inasumible. Desarrollar el cerebro social y compartir emociones es clave pese a que es arma de doble filo, ya que aumenta los niveles de preocupación e interés por mantener vínculos y eso conduce a la inquietud y la angustia vital. Fomentar la relación personal, compartir el malestar es fundamental para evitar la frustración. Nuestra sociedad es competición pura e individual, lo que genera problemas de salud. Debemos aprender a adaptarnos y ser conscientes de la realidad real. Abarcar más de lo que podemos es contraproducente. De ahí los objetivos de este libro y no únicamente el decir «tú eres responsable, apáñatelas como puedas».

Te voy a contar lo que opina de vuestra generación un gurú como Simon Sinek. ¿Lo conoces? Cuando veas algo de él, léelo. Si eres *millenial* esto va para ti. Si lideras *millenials* esto va para ti. Si tus hijos son *millenials* esto va para ti... Y si tienes alguna duda, consulta con Simon Sinek, experto en este campo de los *millenials*. Puedes descargar un breve resumen de sus ideas más importantes con ayuda de este bidi:

TREPAS Y PERSONAJES QUE NOS RONDAN EN EL TRABAJO

Personas cuyos cuerpos están hechos de agua 70% (de la cual la baba es el 12%), cafeína 8%, ambición 10%, estupidez 12% (pensad más porcentajes porque puede ser divertido crear un Frankenstein de empleado).

Hay gente que odia el fútbol pero lo controla a tope para tener conversaciones de oficina. Lo mismo que los fumadores sociales, que solo fuman para salir y tener un rato de comunicación social con otros fumadores que hacen lo mismo que ellos...

¿Cómo podemos luchar con todos esos petardos profesionales y otros seres que quizás hayan conseguido que pierdas la fe en la humanidad? Simple pero no fácil de nuevo.

NO CULPAR A OTROS
Deja de buscar fantasmas que te han echado mal de ojo. No hay una mano negra contra ti y no tienes mala suerte ni eres gafe. Dejar de mirar hacia fuera para encontrar respuestas es el principio de mantener una actitud sana y positiva. La he llamado cero porque es obligatoria; sin ella el resto no funcionará.

ACTITUD POSITIVA SIEMPRE. THINK POSITIVE

Te dejo cinco puntos para mantener una actitud positiva y mirando hacia arriba, pese a que te caguen las palomas o te encuentres con los monstruos como las que acabas de leer.

1. **No culpar a otros.**

2. **Dar las gracias.**

3. **No te lo tomes como algo personal.** No sobrestimes lo que dice la gente; muchas veces son tonterías. La mayoría de la gente no quiere hacerte daño y destruirte; eres tú quien miras mal muchas veces. Tu jefe es tu jefe en el trabajo, pero fuera de ahí es una persona normal, igual que tú, con las mismas preocupaciones o quizás más. Lo que pasa en Las Vegas se queda en Las Vegas.

4. **Let it go.** No existe un lugar en el mundo sin molestias. Siempre vas a tener algo en mayor o menor medida que te incomode.

Suelta ese mal rollo que arrastras desde hace tiempo, no te quedes con la ansiedad, la frustración y la inseguridad. Hazlo por ti, sé egoísta.

La vida es un *rally* de desafíos constantes con muchas curvas, cambios de rasante, averías, pinchazos y salidas de carretera. Sigue conduciendo siempre y no olvides parar a repostar las veces que haga falta.

CARTA EN EL OCÉANO

Escribe una carta de agradecimiento a una persona que hace tiempo no ves pero que te ayuda (o te ayudó) en algún momento de tu vida. No se la envíes. Visítala y léesela en persona.

5. **Céntrate en la mejora.** No te quedes en lo malo y no sobre-reacciones. No seas un *drama queen* en una obra de teatro vital. Recuerda que todo pasa, que todo es temporal. Si ves lo malo siempre, cambia el chip para mejorar tu vida, piensa que te recuperarás y sigue adelante.

LISTADO SECRETO

Voy a pasarte mi listado secreto de *tips* para la vida. Una guía rápida alfabética para memorizar[79].

A. **Amablemente amable.** Sé amable con las personas que te rodean. Ellos también están rodeados de personas con personas que quieren ser amables. Recupera las buenas costumbres de educación; es lo único que nos diferencia de las bestias. Cede el asiento a los mayores, aprende a comer educadamente, ayuda a las personas que lo necesiten. No tengas vergüenza porque lo que ganas es mucho.

B. **Buenos amigos.** Los amigos, conocidos y demás vienen y van, pero hay un pequeño puñado de buenos amigos que debes conservar con cariño y esfuerzo. Si ellos no llaman, llama tú. Si quieres ver a alguien, llama tú. No esperes a que la gente te llame. Posiblemente estén liados con sus vidas sin tiempo, y no conozcan todo lo que tú has conocido ni hayan leído este libro.

C. **Cantando y bailando bajo la lluvia.** Canta más y baila más. Recuerda que el que baila su mal espanta. Necesitamos la música para expresarnos, para movernos, para bailar aunque llueva, porque si llueve chapotearemos de felicidad.

D. **Diario de gratitud.** Escribe cada día lo bueno que te ocurre. Aunque sean cinco líneas, pero que reflejen lo que llevas dentro y puedas sonreírle a la vida. Todos los días al

---

79   Todo lo que vas a leer lo has leído, visto, oído en vídeos, charlas, libros, amigos, jefes. Pero no por eso voy a dejar de repetirlo, de recordarlo y de conseguir por repetición hebbiana que se grabe a fuego en tu melón.

Growth Mindset

acostarte. Escribe todos los días las cosas buenas que te pasan, las cosas que agradeces.

E. Efímera belleza. Disfruta de la belleza y la fuerza de la juventud. Nunca lo entenderás hasta que se vaya de repente, hasta que empieces a ver las primeras arrugas, hasta que la piel empiece a caerse. Pero dentro de 5, 10, 15 o 20 años, cuando veas una foto tuya te darás cuenta del mundo alucinante que tenías ante ti y de tu belleza espectacular. Y no hagas caso a las revistas de belleza; solo harán que te sientas feo, así que busca en tu álbum de fotos y piensa que hoy es el día que más guapo vas a estar del resto de tu vida.

F. Fuera lo malo. Recuerda los elogios y olvida las faltas y los insultos y no guardes rencor; no merece la pena. El orgullo es una cosa un poco ridícula porque solo lo disfrutas tú y creo que tampoco te hace tanto bien, ¿no?

G. Gracias. Agradece. Di gracias. Es una de las palabras más bonitas y que más puertas abre junto a por favor. Dicen que es la palabra que más nos gusta escuchar es nuestro nombre. Pues prueba a meter en el pódium a gracias y por favor. También molan mucho.

H. Hermanos. Llévate bien con tus hermanos. Son tu vínculo con el pasado y probablemente te acompañarán en el futuro cuando todos los demás no estén. Lleváis carga genética similar y habéis compartido mucho.

I. Instrucción. Lee todas las instrucciones, aunque luego decidas que no las sigues. Conoce las normas para poder jugar el juego de la vida. Si no sigues las normas será porque has valorado que es mejor para el mundo que así sea, y no solo para ti. Y piensa bien esa frase que se dice por ahí de que es mucho mejor pedir perdón que pedir permiso. Evalúa tus decisiones.

Ten cuidado con los consejos que recibes pero ten paciencia con quien te los da. Los consejos son una forma de nostalgia. Es una forma de sacarlos de una caja vieja, limpiarlos, quitarles las partes feas y reciclarlos, dándole mucho más valor del que en realidad tienen. Ten paciencia.

J. Jubilado aconsejador.

K. **Karma raro.** Acepta que la vida no es justa y no te preocupes por el futuro. O preocúpate si quieres pero sabiendo que tu preocupación no le importa nada al futuro. Los problemas de verdad, en los que nunca habías pensado, son los que te sorprenden a las cinco de la tarde un martes cualquiera.

L. **Liante lioso.** No juegues con los sentimientos de la gente y no dejes que la gente juegue con los tuyos. Sé honesto y guíate por valores que sean universales, no los que solo te sirvan a ti y en determinadas circunstancias.

M. **Medita, estira y relájate.** Cuida de ti mismo, de tu cuerpo, de tu alimento y de tu piel. Párate a respirar. Observa. Si no tienes tiempo para ti quizás la vida que estás viviendo no tenga mucho sentido.

N. **No aprobación.** No busques la aprobación de los demás. La validación constante es cansina, aburrida y muchas veces absurda porque cada uno de nosotros es diferente y los consejos que le sirven a Pepe no le sirven a José.

O. **Otelo el celoso.** No tengas celos, no merece la pena. Las personas que quieran estar a tu lado estarán mientras tú lo merezcas y te esfuerces por hacer que estén felices contigo. Estarán mientras les des lo mismo que tú les pides.

P. **Padres.** Aprende a entender y perdonar a tus padres. Será tarde cuando ellos no estén y lo hacen lo mejor que pueden con las herramientas que tienen, que a veces son pocas y rudimentarias. Si eres padre te resultará más fácil entender este punto.

Q. **Queja inútil.** La mitad de las veces ganas y la otra pierdes. Aunque creas que contigo no va esta estadística, al final la moneda caerá por el otro lado.

R. **Resta ego.** Hagas lo que hagas no te enorgullezcas ni te critiques demasiado. Recuerda que vas a morir para siempre, así que no eres tan importante.

Growth Mindset

S. Deporte. Haz deporte, muévete, levántate de la silla y cuida tus rodillas; te dolerán cuando menos te lo esperes. El deporte te mantendrá activo y sano durante más tiempo y las sensaciones que te proporcionará serán todas buenas.

T. Todo a todos. Todo lo que te ha pasado o te va a pasar, ya le ha pasado a otro, así que no eres tan especial. Relativiza. Si no estás de acuerdo, piensa en algo que te haya pasado y tú mismo te darás cuenta de que es ridículo que pienses que eres el único al que le ha ocurrido eso.

U. Umbral de riesgo. Haz todos los días algo que temas después de haber analizado las posibles consecuencias y puesto en la balanza la dicotomía riesgo-beneficio.

Siempre se termina cogiendo al mentiroso, no sé si antes que al cojo, pero se le termina cogiendo.

V. Verdad. Di la verdad, es la mejor parte de todo. Y no pienses que a ti no te van a pillar en esa mentira que lleva tiempo rondando tu estómago y tu cabeza.

W. World travel. Viaja todo lo que puedas. Viaja solo, acompañado, a la otra punta del mundo o al pueblo de tus padres. No dejes de aprender en cada viaje de culturas diferentes, aprende lo que te parezca interesante y comparte lo que sepas tú.

X. X men lector de mentes. Sabemos lo que hace una persona, sabemos lo que dice una persona, sabemos cómo se comporta una persona, pero no sabemos lo que piensa. No creas que puedes leer el pensamiento de las personas. No puedes leer la mente, no puedes. No eres el profesor Xavier de los X-men.

Y. Yoda anciano. Respeta a los mayores, porque si tienes suerte serás uno de ellos algún día y te gustará que te traten como un ser humano y no como una camiseta vieja.

Z. Zahorí vital. No te sientas culpable si no sabes qué quieres de la vida y sigue explorando y preguntando. Investiga, muévete y duda de todo.

219

CAPÍTULO 6. WILL

QUERER ES PODER

En este capítulo encontrarás:

- SI QUIERES ESTÁS EN MEJOR SITUACIÓN PARA PODER CONSEGUIRLO QUE SI NO QUIERES, ASÍ QUE «UP TO YOU»
- EL PELIGROSO MUNDO DE LAS PALABRAS
- LLEGA EL MOMENTO DE ELEGIR... ¿QUIERES EVOLUCIONAR?
- OBJETIVO ANUAL GM
- IKIGAI
- PROCESO DE SUEÑO Y RUTINA MAÑANERA

SI QUIERES ESTÁS EN MEJOR SITUACIÓN PARA PODER CONSEGUIRLO QUE SI NO QUIERES, ASÍ QUE «UP TO YOU»

Creo que está quedando claro que el movimiento se demuestra andando, que tenemos que estar en el hacer más que en el poder. Muévete. Hace muchos años hubo un anuncio en televisión[80] que decía «o te mueves o caducas». Otra frase que le escuché a un amigo argentino es un poco más divertida... «Cocodrilo que se duerme es cartera». Así que esto del movimiento no es nuevo, es algo de toda la vida, como todas las cosas que hemos venido diciendo aquí, sentido común.

> **«Cuando no sepas qué hacer con tu vida, no te quedes parado, haz algo y ese algo te llevará a donde debes estar».**

Y, ¿hasta cuándo me tengo que quedar en ese nuevo lugar?... Hasta que lo sepas.

Si has llegado hasta aquí, de nuevo te doy mi más sincera enhorabuena. Te doy las gracias por la confianza y te felicito por el esfuerzo[81].

HERRAMIENTA JOSÉ MARÍA GARCÍA

Voy a tratar de ilustrarlo con una pequeña anécdota sobre dos trabajadores de una empresa ficticia llamada Butanito S.L. (en honor al gran José María García, que quizás me esté leyendo...)

José Luis ayer tuvo un resultado excelente con el cliente. Una operación fantástica de gran impacto en la cuenta de resultados. ¿Cómo reaccionas? Felicitaciones y alabanzas. Es el mejor del equipo. «Nunca me fallas, ¡¡crack!!».

Alberto ayer tuvo un fallo gordo con el cliente. La operación se ha caído y has perdido una parte de tu bonus. ¿Cómo

---

80 Sí, antes veíamos anuncios en televisión que interrumpían nuestros programas, películas o series, haciendo eternas las veladas frente a la televisión.

81 Quizás esto te suene raro porque estarás acostumbrado a que nadie te felicite por nada.

«El halago debilita».

José María García

¿Estás de acuerdo con esta frase? La mayoría de los directivos con los que trabajo y a los que les pregunto creen en ello a pies juntillas. No halagar, antes muertos. Iker Casillas también lo ha reflejado alguna vez en sus entrevistas. Hay una parte comprensible, ya que estamos rodeados de personas que no rinden lo esperado, que no quieren progresar, o que simplemente no han tenido la suerte de leer este libro y no saben que pueden cambiar, que pueden mejorar, que no tienen un cerebro fijo para el resto de su vida. Personas que están hartas de repetir frases como: «soy tonto», «no tengo buena memoria», «nunca he conseguido hacerlo bien», «esto no es para mí», «a mí esto no se me da bien»...

El halago no debilita, el halago refuerza. El halago premia el esfuerzo. El halago premia la constancia. El halago premia la dedicación. Yo siempre prefiero que me halaguen cuando lo hago bien.

«Si pego un puñetazo encima de la mesa, estos vagos se mueven y si les felicito, estos sinvergüenzas se relajan. Error fatal...»

REGRESIÓN A LA MEDIA

La regresión a la media es el fenómeno por el cual, si una variable es extrema en su primera medición, tenderá a estar más cerca de la media en su segunda medición y, paradójicamente, si es extrema en su segunda medición, tenderá a haber estado más cerca de la media en la primera.

reaccionas? Bronca y de las gordas. «Esto no puede volver a pasar». Le metes las gomas hasta apretar a tope. «Este se va a enterar...».

A los dos días, José Luis no ha producido nada en el día. Ni rastro del comportamiento espectacular de ayer. Cero en su casillero de operaciones. ¿Cómo reaccionas? «Estaba claro. Después de la súper operación y el halago, se relaja y a pasar de todo. No puedo halagar. Tengo que estar siempre con el látigo para que no se relajen...».

A los dos días Alberto acaba de cerrar un contrato mediano con un cliente nuevo. Tiene buena pinta y posibilidades de crecimiento a medio plazo. ¿Cómo reaccionas? Demostración empírica del sistema de látigo. «Ayer tuvo bronca, se asustó, se puso las pilas y este es el resultado. Tengo que estar siempre atento para que no se relajen...».

Esta situación es común en las empresas que nos rodean. Un jefe latiguero que golpea a sus mandos intermedios que no producen y felicita a los que lo han hecho bien. Cree firmemente que él es la persona clave en el movimiento de los empleados.

Aquí viene los puntos claves para que entiendas mejor la anécdota y su secreto escondido...

- Alberto y José Luis son dos trabajadores normales.
- Erróneamente pensamos que cuando alguien mejora después de hacerlo fatal es debido a la bronca. También pensamos que la gente no mejora apenas después de recibir un halago por hacerlo genial.
- Si el refuerzo positivo es mejor que el castigo (comprobado en personas y animales), ¿por qué ha pasado esto?
- Lo que ha pasado aquí no tiene mucho que ver con el latigazo o el halago... Lo que ha pasado se conoce como «regresión a la media». El secreto es que quería que te dieras cuenta de lo que hemos explicado hace unas cuantas páginas... ¿lo recuerdas? De ahí la importancia de repetir, de volver a leer, de comprender con nuevos ejemplos...
- Es decir, algo fuera de lo normal es más probable que sea seguido por algo normal que por algo extraordinario.

- Alberto y José Luis son personas cuyo desempeño depende de miles de factores (entorno, suerte, talento…).
- Es más probable que, si ayer fue un día increíble, hoy sea un día normal y al contrario: si ayer fue un desastre, lo más probable es que hoy sea un día normal.

Es la repetición la que crea el hábito y facilita el aprendizaje.

EL PELIGROSO MUNDO DE LAS PALABRAS

Antes de irme para siempre de tu vida (hasta que vuelvas a coger este libro de nuevo para recordar todo lo que hayas olvidado), quiero que hablemos de las palabras. Hablar, leer y escribir. Todo palabras. Rodeados de palabras. Palabras que se dicen y no se escuchan[82].

¿Te has parado a pensar por qué es necesario seguir leyendo? Es la única fuente de conocimiento que compartimos los humanos. Lo único que quedará cuando se destruya todo y tengamos que reiniciar un mundo diferente.

> Leer es entrar en comunicación con los grandes pensadores de todos los tiempos, poder tener conversaciones con ellos a través del infinito. Es algo sorprendente imaginar como el autor, muerto hace siglos, escribía esas líneas sin saber que tú las leerías cientos de años después. Se crea un vínculo mágico y una conexión especial entre seres humanos por medio de la lectura. Se establece una charla informal con el autor, se navega en sus pensamientos,

Piensa ahora las veces que ha sucedido en tu vida. Las veces que has acusado a tu equipo de no trabajar lo suficiente por culpa de lo «majo y bueno» que eres con ellos. Piensa en las veces que has subido el tono y ellos han reaccionado a la bronca y tú te has sentido poderoso. Si has estado en la otra parte de la ecuación, no tengo que explicarte nada. Y sí, ahora estarás pensando que hay mucha gente que se escaquea, que son unos caraduras, que no trabajan lo suficiente. Pues te doy la razón, pero son los menos. Hoy en día el mercado les tiene cogida la matrícula desde hace tiempo y muchos de ellos ya engrosan las listas del INEM, así que tranquilo.

Leaders are readers[1].

---

82 Espero que todo lo que has leído no te haya resultado un ejercicio teórico por mi parte en el que tú no te sentías incluido. En mis clases siempre hay interactividad; el alumno no es un espectador pasivo que toma notas sino que interviene preguntando, argumentando o discutiendo conmigo, pero también con otros alumnos en grupo. Es la única forma de crear la posibilidad de pensar de manera individual y colectiva, no para llegar a puntos en común sino con el fin de poner a prueba tus ideas.

1 Los líderes son lectores.

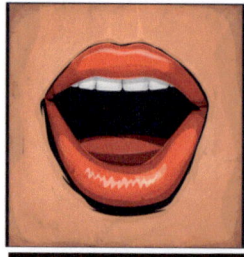

HABLAR

A hablar se mejora leyendo. Hablar para crear, construir, crear. Hablar no es decir almuerzo y que la comida desfile por tu boca salivando.

TÉCNICA SUCCESS

Todos utilizan la técnica SUCCESS (Simple, Unexpected, Credible, Concrete, Emotional, Strong) para sus historias. Es muy simple y se trata únicamente de seguir las letras lo que quiere decir el acrónimo.

Comunicar es vital para conseguir los objetivos de tu equipo, destacar tu valor como persona, alcanzar el éxito profesional o tener una buena relación de pareja. La próxima vez piensa en SUCCESS y en TAP TAP y tu historia se fijará en las mentes de tu audiencia. Y aporta toda la información necesaria para que la persona o el grupo de personas te escuchen o sepan lo mismo que tú para poder entenderte.

Si no sabes nada del autor del libro es interesante que busques información. Investiga a qué se dedica, cuál es su intención con el texto, sobre qué quiere convencer y las posiciones que defiende. Esto te dará un rango de pensamiento crítico espectacular.

No olvides que leer es rebeldía, es crítica, es aprendizaje. Mediante la lectura todo se vuelve debatible. La lectura despierta nuestra curiosidad. Leer es ver de otra manera. Leer despacio para poder paladear las palabras. Somos profesionales de hablar y dedicamos más tiempo a hacerlo que a leer. Y a pesar de que nos resulta más fácil leer que hablar no leemos. Es más fácil escuchar que hablar y no escuchamos. Porque la escucha requiere esfuerzo. Ya lo decía Plutarco[83]: es más importante escuchar que hablar. ¿Hace cuánto que no escuchas todas las palabras que te rodean?

¿Y qué pasa con las historias que cuentas? Siempre pensamos si estaremos impactando en las personas de la manera que queremos, pero no siempre es así. Yo he analizado muchos vídeos, presentaciones, explicaciones, clases magistrales, y en todos ellos he encontrado algo en común que explicaban Chip y Dan Heat en su maravilloso libro *Made to Stick*.

LLEGA EL MOMENTO DE ELEGIR... ¿QUIERES EVOLUCIONAR?

Ha llegado llega el momento de la verdad. Has pasado por muchas cosas a través de estas páginas, has aprendido mucho, ya conoces herramientas y técnicas para poder evolucionar, pero debes elegir si quieres pasar al siguiente nivel de actitud mental o te quedas como estabas. Tienes tiempo pese a las prisas con las que vives. Siempre podemos pararnos unos minutos y reflexionar en lugar de mirar el reloj y pensar que no tenemos tiempo. Si te paras a reflexionar es más probable que encuentres la solución a tu duda.

El problema está en que siempre podemos elegir, en cualquier circunstancia, y muchas veces no nos gusta hacerlo ya que mientras no hacemos nada todas las opciones son posibles.

---

83   Vuelvo a recordarte que casi todo está dicho o inventado ya.

Es lo mismo que pasa con el maldito gato de Schrödinger, un experimente típico de la física cuántica en el que se mete un gato vivo en una caja opaca y dentro hay un veneno que se activa por azar y no sabemos cuándo. Así que una vez cerrada la caja el gato está vivo y muerto. Ya sé que es un poco raro pero es así. Cuando abrimos la caja «decidimos» si el gato está vivo o está muerto. Así que mientras no escojas, todo es posible, pero no te quejes si algo no anda bien.

Limitarte a vivir la vida porque los sucesos escapan a tu control limita tu capacidad de elegir.

Elegir da miedo, paraliza... Exige esfuerzo, reflexión, estrategia y valor. Te animo a que te equivoques eligiendo. Si encima puedes equivocarte de manera rápida y barata mejor, aunque el aprendizaje quizás no sea tan intenso. Valora los riesgos pero tómalos.

Y no pienses que todo se ve más claro una vez pasado el momento, visto con perspectiva. No creas que una vez termine la película lo entenderás mejor. No somos capaces de ver cada situación de manera independiente, cada elección pasada de manera separada del resto. Los recuerdos distorsionan nuestra percepción, así que te invito a que midas el riesgo, analices, evalúes, seas consciente de todo lo que no ves y permanece oculto y saltes a elegir para poder mejorar tu toma de decisiones.

El mundo es como lo ves en tus pensamientos, es la imagen que has creado con todo lo que llevas dentro.

HERRAMIENTA PARA CAMBIAR UN PENSAMIENTO

Vamos a usar una herramienta para establecer un plan de acción para desarrollar un hábito que cree costumbre y diseñe nuevas autopistas en tus neuronas. Esto va únicamente de crear nuevos caminos que sustituyan a los antiguos, carreteras inexploradas que se conviertan en principales. Vamos a ver

TAP TAP

Aquí necesitarás de la interacción de otro ser humano, así que si no trabajas rodeado de personas o vives solo es buen momento para llamar a ese amigo al que hace tiempo que no ves, a tu hermano o al vecino de abajo que nunca te devolvió aquel tupper naranja. Una vez tengas a esa persona, tenéis que elegir quién de los dos será primero el TAP TAP y quién escuchará. El ejercicio consiste en transmitir una canción, lo más famosa posible, para que el escuchador la acierte. (La única canción no permitida es *We will rock you* de Queen). Y para la transmisión solo se puede usar la punta del dedo índice para recrear el ritmo de la canción. Cuando hayáis terminado u os hayáis desesperado, cambiáis de escuchador a TAP TAP. Es divertido porque es muy sencillo en tu cabeza pero resulta prácticamente imposible para el escuchador. El motivo es sencillo. El TAP TAP tiene toda la información y completa el ruido del dedo contra la mesa conforme a lo que tiene en su cabeza. El escuchador únicamente escucha una especie de código morse arrítmico.

La próxima vez que comuniques algo, piensa si estás dando la información suficiente para que te comprendan.

cómo es posible con el diseño de un plan de acción efectivo y real en tres pasos.

El primero de ellos consiste en definir un objetivo que queramos conseguir cuando aparezcan pensamientos no deseados, que se repetirán una y otra vez. El objetivo puede ser simplemente ser menos reactivo, tener mayor capacidad de empatía o no volver a meter la pata como las últimas veinte veces en las que un pensamiento no deseado e irreal nos hizo pasar un mal rato.

CREA TU HISTORIA DEL OBJETIVO

Escribe la historia de aventuras de tu objetivo, la descripción de los pasos, las situaciones vividas, los errores y cómo los puedes superar hasta llegar al destino final.

La segunda parte del plan de acción tiene que centrarse en el cambio de paso cerebral, en un clic que nos haga hacer en lugar de pensar en hacer. Vamos a comenzar con la parte básica, que sería el primer pensamiento que pase por nuestra cabeza, y vamos a trabajar con ese informe que no termino de querer enfrentar o esa sesión de bici estática que lleva dos semanas rogándonos que empecemos a atacar nuestro adorado michelin. Son cuatro pasos claros en la transición del pensamiento.

Vamos con el ejemplo del informe: tenemos un informe que me llevará un par de días. No lo he empezado, es jueves y no tengo ganas de trabajar el fin de semana. Llevo desde el lunes procrastinando la decisión de empezar cuando de repente entra alguno de estos pensamientos en tu cabeza: «me apetece mucho levantarme e ir a prepararme un buen café», «voy a la sala común un rato y así me tomo un café con Mario, que hace días que no le veo», «me vendría bien un té para concentrarme». Aquí aparece el primero de los pasos:

1. Identificación del pensamiento[84] para ver si realmente es algo importante o nuestra mente está tratando de distraernos de nuestra tarea. Podemos pasar ese pensamiento por una tubería especial llamada «realidad del pensamiento y aplicación práctica» para ver si tenemos que atender a su llamada. Después de la tubería podemos pasar a la segunda fase.

¿Has pensado alguna vez cuáles son tus frenos para no elegir? Normalmente estamos en una de estas opciones:
- Miedo al que dirán
- Miedo a lo desconocido
- Miedo a equivocarte

---

84   Con la práctica del *mindfulness* podemos atender al momento presente e identificar ese pensamiento.

2. Reclasificación del pensamiento y cambio estructural. Aquí podemos ver cómo es el pensamiento y que este no somos nosotros. No necesitamos el café para vivir y si llevamos unos días sin saludar a Mario tampoco se va a terminar la vida en la Tierra. No necesitas un té para activarte. Necesitas terminar el informe que lleva tiempo esperando. Puedes ver los pensamientos en su dimensión real si los escribes en un papel cuando aparezcan para su reclasificación. Y sobre todo no pienses que los pensamientos lo son todo. Quizás sea tomar café o sentir que nos pueden despedir, pero no llegues al modo catástrofe porque nada es todo o nada.

Cuando provocas el cambio estructural del pensamiento te das cuenta de que el pensamiento sobre el café nos ayuda a ver cómo superar nuestra ansiedad ante la fecha de entrega o la necesidad que tenemos de compartir con Mario nuestra frustración ante la falta de contundencia con este informe.

3. Cambio de foco del pensamiento. Podemos escribir en el papel los pensamientos erróneos, no paralizando su aparición o bloqueándolos; simplemente los dejamos pasar libres y sin juicio. Irán directos a la lista tal y como son. Cuando los tengas puedes completar al lado de cada pensamiento cómo cambiar el foco con un paseo, una lectura entretenida, comida sana, deporte. Ante un pensamiento erróneo, el cambio de foco te ayudará a conocer que lo importante es lo que hagas en la vida, no lo que pienses o lo que te haga sentir ese pensamiento.

Piensa en lo que has aprendido para poder tomar decisiones. Los sesgos, la inferencia, las proyecciones. El pasado nos enseña, pero no tiene que poseernos. Ten presente que aproximadamente la mitad de lo que creemos ver sobre el mundo está definido por la vista. Para el otro 50% entran en juego el olfato, las experiencias, los recuerdos, la heurística… Somos criaturas que infieren. Nuestros modelos del mundo distorsionan nuestra percepción porque somos inflexibles a la posibilidad de estar equivocados. Vivimos en un truco de mago que nos hace mirar hacia otro lado mientras cambia la carta de sitio.

Fase final del pensamiento. Sabemos que procrastinar es lo que más le gusta al cerebro vago y perezoso. Cambiaremos nuestras creencias para poder cambiar nosotros después. No olvides no juzgarte y no ser duro con tus pensamientos, ya que forman parte de ti y definen lo que eres. Existe un camino directo, un triángulo para la creación de hábitos. Después de conocer el objetivo, saber que existe el plan de acción y al final tenemos que tener claro la comprensión global del *trigger-behaviour-reward* para la creación del hábito.

OBJETIVO ANUAL GM (REGALO PARA TI Y SOLO PARA TI. DISFRÚTALO)

Para definir un objetivo utilizaremos la técnica SMART, acrónimo de Simple, Medible, Alcanzable, Realizable y Tiempo. Es decir, el objetivo debe ser simple, fácil, sencillo, entendible. No pienses en objetivos impresionantes. Poco a poco. El objetivo debe ser medible, cuantificable y con números concretos. La tercera parte de SMART debe ser alcanzable, tiene que ser realista. No debemos ver los imposibles porque van a ser eso, imposibles. Tiene que ser realista; debemos conocer lo que podemos hacer. La última parte es en tiempo. Tenemos que tener un calendario claro con fechas concretas y planificación.

El objetivo de este ejercicio es descubrir cómo te cuidas a ti mismo a día de hoy y ver qué cambios puedes incorporar en tu vida que te ayuden a cuidarte mejor y estar en *flow* con tu nueva mentalidad GM. Lo vamos a separar en la parte física, mental, emocional, social y espiritual.

Físico

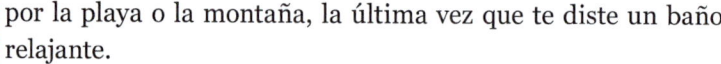

Es que podemos incluir la práctica continuada de ejercicio, recibir un masaje relajante de manera periódica, la alimentación, los paseos por la playa o la montaña, la última vez que te diste un baño relajante.

El cuerpo está conectado con la mente y la mente con el cuerpo. En nuestro cuerpo el genoma humano codifica unos 25.000 genes. Para que te caigas de la silla en estos momentos, quiero que sepas que en tu microbiota o flora intestinal el microbioma o genoma de la microbiota codifica tres millones de genes.

Házle más caso a tu estómago porque ahí puede estar la clave de muchas de las cosas que te suceden.

En esos metros de intestino, tripas y emociones tenemos aproximadamente 100 millones de neuronas que conectan el cerebro con el estómago.

Piensa en más cosas que puedan dar satisfacción a tu cuerpo, liberar tensiones y mejorar tus articulaciones (recuerda que son mucho más importantes de lo que crees).

¿Cómo te cuidas a nivel físico? ¿Cómo cuidas tu templo, el lugar donde vives, que te lleva a todas partes y te acompañará hasta que te mueras?

Growth Mindset

Mente

Podemos dedicar tiempo a cultivar nuestra mente, pasar tiempo con nosotros mismos o con nuestros seres queridos, meditar, respirar, ver alguna película intrascendente y divertida, leer una novela, aburrirnos sin agobiarnos.

En la interacción mente y cuerpo solemos dejar de lado el entrenamiento de la mente y nos centramos en el entrenamiento del cuerpo. Míralo como un todo. Observa la quietud de tu mente cuando aparece y calma la tempestad cuando se levante temporal.

Piensa en tu relación con tu mente, con tus pensamientos. Escucha tu mente para comprobar su grado de agitación, sus divagaciones. Comprueba qué es real y qué parte está producida por sus vaivenes.

¿Cómo cuidas tu mente, la parte donde se generan la mayoría de tus pensamientos y juicios, la parte que te recuerda quién eres y el único espacio donde no puede entrar nadie aparte de ti mismo?

Emoción

Podemos dedicar tiempo a cultivar nuestras emociones, ponerles nombre, investigarlas, pasar tiempo focalizados en nuestro hobby favorito, o buscar uno si no lo tenemos, escucharnos a nosotros mismos y a las personas que nos rodean, respirar y meditar.

Repasa lo que hemos comentado antes de las emociones; dedícate a ser un experto en detectarlas en ti y sobre todo en los demás. Esto es entrenar tu empatía. Curiosea las expresiones faciales de tu alrededor y trata de comportarte como deberías. Las emociones están presentes en tu vida personal, y también profesional, aunque te hayan dicho muchas veces que en el trabajo no se habla de emociones o que en la oficina no se viene a llorar. Somos seres compuestos de emociones y las personas que hay al otro lado del teléfono o enfrente de la pantalla del ordenador tienen las mismas emociones que tú y estas necesitan ser escuchadas.

Piensa en tu relación con tus emociones y cómo las gestionas. Escucha a tu cuerpo para saber si las tienes identificadas o están bloqueadas, si aparecen cuando es su momento o no aparecen nunca. Analiza su comportamiento y cómo afectan a tu vida.

¿Cómo te relacionas contigo mismo a nivel emocional?

¿Cómo te relacionas con otras personas?

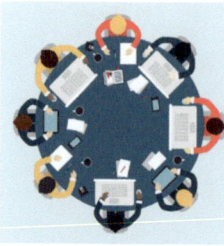

Formas parte de una comunidad, así que te animo a que aportes tu granito de arena; todo suma. Abraza, toca, ríe y comparte con ellos ya que tienen los mismos problemas que tú. Mira a tu alrededor el edificio que tengas más cerca o piensa en el que tienes enfrente de tu casa, si es que tienes la suerte de poder leerme en una playa o en un monte bajo un árbol. Cada una de las ventanas de esos edificios cuenta una historia de una persona como tú. Una pareja cenando. Un adolescente llorando por un desamor desgarrador. Un anciano solitario que mira al mundo desde su jaula. Una familia que cena junta en el salón. Un grupo de amigos que se ríe viendo una película. Un despacho donde un empleado no sabe cómo resolver su problema. Todas las ventanas cuentan algo. Escúchalas porque juntos somos más fuertes.

Social

Aquí incluimos reuniones de amigos, practicar algún deporte, quedar para ir a algún evento cultural o social, compartir una conversación con alguien importante, organizar esa cena especial con las personas que te quieren.

Piensa en las cosas que no estás haciendo para mejorar esas relaciones olvidadas que tienes o para mejorar las existentes. ¿De verdad merece la pena tener tanto orgullo y no llamar a esa persona de la que llevas años acordándote? Recuerda que eres tú la persona responsable de tus actos. Y no, nadie te va a llamar si no las llamas tú primero. Es así de injusto pero la vida no es justa. ¿Quién te había dicho semejante majadería? La vida es simple, no fácil y mucho menos justa.

Espíritu

Aquí incluimos todas las prácticas para mejorar tu lado espiritual. Ayudar en tu comunidad, ONG, práctica de religión, pasar más tiempo con personas mayores, aumentar tu compasión, darte baños de bosque donde conectes con la naturaleza y aprecies su grandeza. ¿Has pensado alguna vez el poco tiempo que tardará la naturaleza en regenerarse cuando nosotros nos hayamos ido del planeta? Si eres aficionado a los huertos como yo lo habrás comprobado por ti mismo. Yo siempre planto tomates y no hay un solo año en el que no aparezca sin haber sido llamado algún resultado de cosechas de años anteriores. Yo reutilizo la tierra de cultivo pero entre los momentos de siembra pueden pasar temporadas donde el tiesto no reciba nada de agua. Pero en su interior sigue existiendo vida. En el momento de la plantación de las semillas o plantas, el milagro de la vida vuelve a ocurrir y aparecen de la nada plantas de años anteriores. Es impresionante.

Piensa en más cosas que puedan darle satisfacción a tu espíritu y crear un ser más completo y consciente de su humanidad compartida, la huella profunda y duradera que vas a dejar a la siguiente generación y el impacto que eso producirá en ellos. Si nunca habías pensado en tu parte espiritual, ¿crees

Growth Mindset

que puede aportarte algo nuevo y beneficioso para tu espíritu, para tu propósito y visión trascendente?

He dejado para el final del libro y conscientemente he separado del resto de ejercicios y técnicas de los capítulos anteriores una de las mejores herramientas, si no la mejor que conozco para poder comenzar a cambiar, descubrirnos, conocernos y mejorar en nuestra vida. Una herramienta que es flexible, que puedes cambiar, rehacer y repetir las veces que quieras y siempre te ayudara. Quizás la conozcas. Te presento a IKIGAI[85].

¿Cómo te cuidas a nivel espiritual?

IKIGAI

La palabra japonesa Ikigai se compone de dos vocablos: *iki* (生き), que se refiere a vida, y *kai* (甲斐), que sin traducción tan clara vendría a ser «la realización de lo que uno espera y desea». Ikigai se podría traducir por «la razón por la que te levantas por la mañana».

En Japón es una de las herramientas más utilizadas (desde hace unos mil años en el periodo Heihan) para encontrar felicidad, motivación, ilusión y sobre todo propósito, algo muy de moda hoy en día. Todos tenemos un Ikigai, solo debemos encontrarlo. ¿No has sentido esos días en que te levantas por la mañana con ganas de comerte el mundo, con un propósito claro donde las horas vuelan y te sientes completo? Probablemente ese día conocías tu Ikigai. Pero, la búsqueda es larga, complicada, cambiante y profunda.

Ikigai nos otorga una mayor capacidad para integrar las experiencias vitales estresantes, experimentando menos sufrimiento y logrando manejar mejor la incertidumbre, nos permite afrontar las dificultades, superar los obstáculos y seguir

EJERCICIO: OBJETIVOS QUE VAS A ATACAR ESTE AÑO 20__

1.

2.

3.

4.

5.

---

85   Sí, ya sé que también existe como libro independiente en la estantería donde has podido encontrar el mío, pero en este caso te recomiendo que sigas las nociones básicas que aquí expresamos porque, como la mayoría de cosas que provienen del mundo oriental, sigue esta máxima maravillosa: simpleza en su compresión y complejidad en su maestría (*go, mindfulness, Ikigai, ikebana*, arte de cultivo y cuidado de bonsáis...). Así que te estoy ahorrando la compra de un libro haciéndote un resumen y maximizando el valor del mío al mismo tiempo. ¡¡*Happy book hour*!!

Ikigai no es algo trascendental y filosóficamente complejo. Simplemente es desconectar nuestro piloto automático y hacer las cosas por un motivo. Uno de sus secretos se encuentra en las pequeñas cosas, en lo cotidiano. Somos la suma de las pequeñas acciones que conforman nuestro día a día y el de las personas que nos rodean. Muchas pequeñas alegrías de la vida juntas darán como resultado final una vida más plena.

El Ikigai es cambiante. No eres la misma persona con treinta años que con sesenta. Aquí volvemos a un concepto que está muy presente en todas estas humildes líneas... cambio. Todo es cambio, todo es permanente cambio. Todo fluye. Las personas que te dicen que eres genial tal y como eres, que no cambies nunca, no saben realmente el mal que te están deseando...

perseverando al estar orientados a algo superior. Hay un viejo proverbio que dice:

«Quien tiene un porqué encontrará un cómo».

Quizás hayas tenido alguna experiencia en *coaching* donde habrás escuchado que tienes que conocer tu «para qué», ya que así obtendrás una meta, y los «porqués» solo servirán para proporcionarte excusas en caso de no avanzar. Yo creo que con el conocimiento de ti mismo que has desarrollado tras los ejercicios que acabas de hacer, las historias que acabas de leer y todo lo que has aprendido, estás en situación de enfrentarte a los porqués sin excusarte por los resultados.

El Ikigai se compone de cuatro aspectos fundamentales. Te darás cuenta de su capacidad de ser cambiante, ya que uno de los aspectos es el profesional. ¿Qué pasa entonces con las personas jubiladas?, ¿qué pasa con las personas que adoran su trabajo pero no encuentran el rumbo en su vida personal? Y, sobre todo, ¿qué pasa en Japón con la relación tan extrema que tienen con el trabajo? De hecho, cada vez más japoneses no incluyen el trabajo como parte de su Ikigai. En las últimas encuestas solo el 30% vinculaba ambos términos. Además más del 25% de los ciudadanos japoneses trabajan más de 80 horas extras al mes, y eso trae consecuencias trágicas en forma de muerte como el *karoshi* (morir por colapsar en el trabajo)[86].

Seguro que estarás pensando que el Ikigai no es para ti. Que tú no tienes ni idea de cuáles son los puntos clave para anclar tu Ikigai. Tranquilo, no eres el único. Más bien eres como la mayoría. Para comenzar a descubrir tu Ikigai debes conectar puntos de tu presente y tu pasado, teniendo en cuenta tu futuro y dejando volar la imaginación. Debemos seguir esforzándonos, no cejar en el empeño cuando aparezcan dificultades y esquivar los obstáculos de la mejor manera posible. De hecho, no saber qué hacer con tu vida es el comienzo perfecto para empezar tu Ikigai. Te propongo que en tus Ikigais incluyas la fecha y los guardes como si de una valiosa colección se tratara.

---

[86] Recientemente los ciudadanos japoneses protestaron por los días de fiesta que les concedieron por la abdicación del emperador Akihito en su hijo Naruhito.

Growth Mindset

No te preocupes si es difícil, no te sale como esperas o simplemente no te sale nada. Construye con la convicción de que aparecerá cuando empieces a preguntarte a ti mismo las cosas sin miedo ni vergüenza de las respuestas que surjan. En el camino de construir tu colección de Ikigais adquirirás experiencias y habilidades, desarrollarás recursos, conocerás gente increíble y sufrirás reveses importantes. Es parte de la vida.

Vamos a dar los primeros pasos para comenzar con tu Ikigai. Recuerda que es algo que está en constante movimiento, siempre fluyendo con el entorno y tu situación emocional. No lo dejes escondido en un cajón una vez lo hayas terminado. No lo olvides como una herramienta que haces para conocerte pero que no vuelves a consultar jamás. No es un punto fijo perdido en el espacio sino un punto en una recta continua.

Responde a las preguntas sobre los cuatro puntos con la mente abierta y sin juzgar ninguna de las respuestas. Pinta lo que necesites, haz una fotocopia del Ikigai o busca en Internet alguno en blanco para que puedas repetirlo las veces necesarias. No tengas pereza porque es un arma espectacular. Y no tengas miedo de los resultados porque deben ayudarte a crecer.

Pasión

¿Qué es lo que más te gusta hacer en la vida?, ¿cuáles son las cosas con las que disfrutas de verdad?, ¿qué estas haciendo cuando se te pasa el tiempo volando? Aquí normalmente la gente apunta sus hobbies, el tiempo de ocio, esos momentos que pasan cuidando su huerta, los ratos pintando un óleo al aire libre, haciendo deporte o yendo al cine. Piensa que la pasión podría fusionarse con tu profesión si eres capaz de obtener un producto por el que el mercado te pague.

Vocación

¿En qué eres bueno?, ¿qué cosas haces mejor que los demás?, ¿cuáles son las cosas que más fáciles te resultan en la vida? Seguro que de pequeño tenías una tendencia hacia algo, un saber hacer natural que exponías y trabajabas a la menor ocasión.

EL IKIGAI ES FLEXIBLE

Adóptalo como tú quieras. Yo te ofrezco uno neutral, donde todos los pesos son iguales, pero te reto a que hagas el tuyo propio en cada momento, dando más peso a la parte que sientas que es más importante en ese momento. Los cuatro puntos son:

- **Pasión:** Lo que nos gusta hacer
- **Vocación:** Lo que se nos da bien hacer
- **Profesión:** Lo que nos pagan por hacer
- **Misión:** Lo que hacemos nos trasciende y cambia el mundo.

En Japón se realizó el «estudio Ohsaki» en el que analizaron más de 40.000 personas mayores a lo largo de siete años. Murieron el 10% de los encuestados y otras 70.000 personas por parte de la Universidad Médica de Iwate. Lo que descubrieron fue que las personas con un Ikigai claro vivían más y mostraban mejor salud en general.

Hay versiones de Ikigai menos orientadas al propósito y que simplemente se refieren al momento presente, a lo que tenemos delante de los ojos. Desde la Universidad de Hong Kong se refieren a algo reducido, directamente conectado con lo que tienes delante, y para ello nos dan las siguientes pautas para completar nuestro Ikigai:

- Analiza lo que tienes justo delante de ti
- Recuerda el motivo de todo
- Responde a la pregunta: ¿por qué haces lo que haces?
- Ten paciencia, no lo vas a resolver a la primera
- No seas egoísta
- No es rígido, el Ikigai es muy frágil y cualquier situación inesperada del entorno puede cambiarlo todo
- Revísalo de manera periódica

En realidad no es muy diferente a lo que hemos venido diciendo pero sirve para completar alguna de las ideas básicas que hemos planteado para desarrollar un arma muy potente y que empujará tu felicidad y tu motivación al siguiente nivel.

Busca tu elemento en tu interior, saca el niño pequeño que quería ser médico, astronauta o diseñador de joyas porque quizás ahí puedas obtener alguna respuesta que te dirija a la siguiente estación.

Profesión

¿Cuál es tu experiencia profesional?, ¿por qué te pagan en tu trabajo?, ¿cuáles son las cosas que solamente tú haces bien?, ¿en qué áreas de tu trabajo eres imprescindible?, ¿eso que haces profesionalmente es tan especial?, ¿te puede sustituir una máquina? Aquí tendrás que ver las cosas por las que eres diferencial en el mercado profesional. No te conviertas en una *commodity*[87]; diferénciate del resto por tu valía profesional.

Misión

¿Cuáles son los problemas del mundo que te importan de verdad?, ¿en cuáles de ellos puedes actuar de manera directa aunque sea en una pequeña porción?, ¿qué cambiarías del mundo para que fuera un lugar mejor? El mundo estaba antes de que tú aparecieras y estará después de que desaparezcas. Piensa en trascender, en dejar los lugares que pises un poco mejor de como te los encuentres para que el siguiente pueda mejorar tu legado.

Responder a estas preguntas te permitirá completar un primer Ikigai de manera más o menos rápida. En Japón tienen otra técnica más lenta, más paciente... menos occidental. No tiene nada que ver con ingresos o trabajo la mayoría de las veces. Podemos incorporar nuestras respuestas en un listado con nuestros valores éticos para poder añadir de manera más directa la parte de propósito vital.

---

[87] Producto con demanda de mercado pero sin diferenciación clara ni cualitativa sobre el resto de productos. Suele tratarse de bienes físicos que involucran procesos más complejos y fundamentalmente son elegidos en base al precio.

PROCESO DE SUEÑO Y RUTINA MAÑANERA

Las personas con GM saben que hay que levantarse pronto para poder afrontar el día con la sensación de plenitud y amplitud necesarias para conseguir lo que se propongan.

Es importante para poder tener una buena rutina de mañana que nuestro descanso haya sido reparador, ya que es el momento de reset, de consolidación de memorias, de regeneración cerebral y muscular.

Recuerda la última vez que estuviste enfermo. Tu cuerpo te pedía dormir para poder regenerar los tejidos dañados por la enfermedad. Así que es plausible que sea una herramienta para la recuperación. Dormir no solo es necesario para la vida, es muy útil en muchos sentidos. El ritmo del día a día, las prisas, los estímulos visuales, luminosos y sonoros, el estrés y cientos de factores más inciden en la calidad de nuestro sueño. No lo podemos permitir. El sueño es un momento sagrado. Es cierto que las personas tenemos distintos ritmos y necesidades de sueño. Hay personas que necesitan dormir ocho horas y otras con cinco sienten que tienen suficiente. Que sepan las personas que duermen menos de siete horas que están equivocados. La ciencia ha demostrado que los adultos necesitamos dormir entre siete y nueve horas para una condición física y mental óptimas. El razonamiento, la resolución de problemas y las habilidades verbales son los primeros que sufren la falta de sueño. En lo que estamos de acuerdo todos los seres humanos es en nuestra preocupación por una posible perturbación de nuestro sueño. Niños pequeños, ruidos de los vecinos, insomnio por estrés, preocupaciones que nos asaltan entre las sábanas... Aquí voy a proponerte una serie de pautas para que tu sueño se convierta en un aliado GM:

El viaje interno de conocimiento personal que implica el Ikigai tiene que estar unido a un propósito superior a uno mismo. Debes dar para poder recibir. Esa máxima es básica, obligatoria e imprescindible. Si no estás de acuerdo, quizás deberías empezar de nuevo el libro y leerlo con más atención.

1. **No olvides los básicos.** Rutina higiénica antes de dormir: nada de cafeína a partir de media tarde, habitación fresca y oscura, no enciendas pantallas en la habitación y los móviles cargando fuera.

Estudios recientes demuestran que personas que duermen menos de lo recomendado durante la semana recuperan esas horas durmiendo dos horas más el fin de semana.

2. **Si eres un búho nocturno, cambia tu reloj interno.** Hay personas que se presentan como nocturnas, que dicen funcionar mejor de noche y que son más productivas cuando se esconde el sol. La ciencia ha demostrado que pueden cambiar su rutina para adaptarse al ritmo de 9 de la mañana a 5 de la tarde, cuando todos somos más productivos, ya que somos criaturas solares; nuestros ritmos circadianos están basados en la luz y la producción de melatonina y vitamina D. Cambiar a este nuevo ritmo circadiano requiere de compromiso y esfuerzo, lo mismo que llevamos comentando a lo largo de estas páginas.

3. **Céntrate en el sueño semanal, no en una noche concreta.** Piensa en el sueño como en la situación económica de un país. Un año puede haber déficit pero al siguiente debería ser equilibrado. Si tienes problemas de sueño a corto plazo, puedes maquillarlo de alguna manera y no es tan preocupante. No te estreses si duermes mal un par de noches seguidas. Por ejemplo, si no has dormido más que cuatro horas por culpa de un vuelo temprano, durante las seis noches siguientes duerme un poco más o toma pequeñas siestas. Por supuesto que si tienes un insomnio crónico deberás acudir a un especialista médico para resolverlo.

4. **Aprovecha el insomnio.** Si alguna vez has sufrido insomnio es una de las peores cosas que recordarás. La sensación de no poder dormir durante días consecutivos o incluso semanas, preguntándote cuándo, dónde y cómo volverá a aparecer.

Si pensamos que nos atacarán unos salvajes durante la noche, el cuerpo estará alerta y no podrá dormir. Pues nuestro cuerpo reacciona igual con el estrés que con los salvajes imaginarios. Te mantendrá despierto sin que puedas hacer nada. Pero no tiene por qué ser algo malo. La fase REM, la más profunda de todas, es cuando más soñamos y se consolidan las memorias. Quizás haya épocas en que todas las memorias sea mejor que no se consoliden, épocas de estrés que es mejor no conservar en nuestro interior y para ello el insomnio ayude.

Growth Mindset

> La mejor respuesta para evitar el insomnio es no hacer nada. No dormirse antes, no echarse la siesta. Si tratas de compensarlo en el día, tú mismo estarás creando el desorden del propio sueño.

Una solución cuando estemos en ese periodo de insomnio es escribir las preocupaciones que tenemos en un cuaderno para ayudarnos a visualizar y concretar. Una vez lo hayas escrito, coge un libro de ficción y lee hasta que no puedas permanecer despierto.

Y no tomes suplementos de melatonina para tratar de evitarlo. Acude a un especialista en caso de tener un problema.

Debemos observar el proceso del estrés ya que cuanto menos duermes más te preocupas por el sueño, cuanto más te preocupas más difícil es retornar a un sueño saludable. El insomnio aparece por una enfermedad, una preocupación, el estrés, una pérdida o un viaje. No debemos rumiar lo que nos preocupa en la cama; en cambio debemos comprender que el sueño es variable, incluso de un día para otro.

5. **Descansa el tiempo que tu edad requiere.** Un niño de dos años necesita catorce horas diarias de sueño, uno de nueve, doce, mientras que un adulto necesita ocho. Está demostrado que la falta de sueño en niños impide el correcto desarrollo del cerebro y las capacidades sociales, afectando a la amígdala y al córtex prefrontal. Los adolescentes que duermen menos de seis horas consumen más alcohol, tabaco y marihuana conforme a estudios realizados recientemente.

Las personas mayores de 65 siguen necesitando, pese a lo que piensen, dormir al menos siete horas, lidiando con la dificultad de dormir peor a medida que nos hacemos mayores. El sueño se vuelve más frágil y fragmentado, aunque no debemos asumir que los problemas de sueño son únicamente producto de la edad. Debemos observarnos y analizar sus motivos.

Cuando somos jóvenes podemos con todo y sentimos que no necesitamos dormir. Podemos abusar de nosotros mismos con fiestas interminables que terminan con nosotros entrando en el trabajo al día siguiente sin problemas. La capacidad de regeneración a esa edad es espectacular. Pero prueba a hacerlo a los cuarenta y me cuentas.

6. **A la gente no le gustas si no descansas con un buen sueño.** La privación de sueño incrementa la fatiga y la angustia pero muchas veces atribuimos nuestro estado mental al sueño. Perder un par de horas de sueño al día afectará a tu estado de ánimo, y por tanto a tu capacidad de empatía. Dormir restaura la mejora en la actividad de las regiones prefrontales. En la fase REM no hay apenas dopamina, que nos ayuda a equilibrar el balance emocional del día siguiente. Tener suficiente fase REM nos ayuda

¿Qué hacemos entonces cuando suena la alarma? Tenemos que ir a trabajar y es poco creíble pensar que nos vayamos a despertar de manera natural a tiempo. Hay bastantes teorías, sobre todo anglosajonas, que te animan a levantarte a las cinco a.m. Has leído bien. Las cinco de la madrugada toda la vida. Como hemos visto no parece muy saludable porque rompemos la fase REM, así que podemos pensar en las 6 o 6 y media[1].

---

[1] Si estás leyendo estas líneas desde España es un poco más complejo ya que nuestro horario solar no se corresponde con nuestro horario natural. Esto de «una hora menos en las Islas Canarias» debería ser lo normal ya que nuestro huso horario no debería coincidir con el de Berlín. Como estudiaste en el colegio, el meridiano de Greenwich pasa por el Reino Unido y por España. De hecho, hasta 1940 los relojes marcaban la misma hora en España y en Inglaterra. Nuestro país cambió su hora a la de Europa Central durante la Segunda Guerra Mundial en gran medida para agradar al señor bajito y con bigote, una medida que también tomaron otros países como el Reino Unido. Pero España, igual que Francia y al contrario que Inglaterra, mantuvo el horario de Berlín en 1945. Es algo que siempre está en las agendas de los políticos y nunca llega a realizarse. Curioso.

a mantener las emociones en estado óptimo. La fase más larga REM ocurre en las horas tempranas de la mañana, así que lo ideal sería poder levantarnos sin alarma. Este riesgo solo para valientes lo dejo a tu elección.

7. **La maravilla de la siesta.** En Google llaman *power nap* al espacio que dan a sus empleados para que se tomen una pequeña siesta en su jornada laboral. Les hace más productivos, cometen menos errores y tienen ideas más productivas. La siesta ideal dura entre 15 y 20 minutos. Lo siento. Debe ser un sueño ligero y corto para que no aparezca la somnolencia de un periodo REM.

La siesta es desestresante, antiinflamatoria y ayuda al sistema inmunitario.

8. **El mundo de los sueños.** Los sueños tienen una función, aunque quizás no sea lo que imaginas. No están para que los interpretes y seas mejor persona. Los sueños median en la fase REM para la consolidación de las memorias y la regulación del estado de ánimo. Son una especie de terapia de limpieza mental. Pero el sueño debe ser adecuado para que se produzcan todas las fases del mismo (cinco hasta llegar a la REM). No hay un consenso claro sobre si debemos recordar los sueños o no, pero los sueños expanden la mente y abren el corazón. No hay juicios, lo fantástico es normal y todo es posible. Es ellos crecen la creatividad y la empatía. A lo largo de la vida podemos soñar una media de cinco años; es mucho contenido para que no sea examinado de alguna manera. Cuando vayas a dormir simplemente repítete a ti mismo: «voy a recordar los sueños y voy a ser consciente de que estoy soñando». Cuando te despiertes trata de anotar todo lo que recuerdes. Estarás ayudando a potenciar tu memoria.

Así que te voy a proponer que te levantes sobre las 6:00 a.m. o por lo menos cuarenta minutos antes de lo que habitualmente lo hagas. ¿Qué te parece la idea? Prueba durante un par de semanas y vete viendo los resultados que obtienes y las mejoras que se producen en tu organismo.

Growth Mindset

La rutina que te propongo es la siguiente (como todo en este libro es de voluntario cumplimiento y puedes alterar lo que te parezca, solo es una idea):

- Lo primero es poner la alarma media hora antes de lo normal. Es importante que lo hagas de manera gradual pero constante. Es mejor avanzar un metro cada día que no cien metros de golpe en dos meses[88].

- Recuerda qué has soñado durante un par de minutos. Es una técnica para entrenar tu memoria y despertar partes de tu cerebro que sienten el calor y letargo de la almohada durante el resto del día. Activarás conexiones olvidadas.

- Si alguna vez te has despertado cerca de un perro, verás que se estira antes de activarse. Lo hace de manera natural y es un animal que utiliza su cuerpo mucho más que nosotros, así que algo de sabiduría tendrá en su relación con su cuerpo.

- Esta es una parte que no te va a gustar mucho pero que es importante. Consiste en hacerte la cama…[89] Hacerte la cama es una tarea sencilla, que no requiere más de dos minutos. Te activará ya que comienzas el día realizando una tarea sencilla y corta, como la mayoría de cosas con las que te enfrentas en el día a día. Te producirá una sensación de orgullo ante la tarea bien hecha. Hacerlo cada día producirá un hábito en ti de manera inconsciente que facilitará el resto de tus tareas sencillas, rutinarias y cortas de tu día a día.

Ponte tu canción favorita o crea una lista aleatoria de canciones que te produzcan buena energía, que te motiven, que te despierten, que te recuerden situaciones agradables y placenteras de alguna etapa de tu vida o momento concreto. Para empezar con chute de buen rollo, tan necesario para quitarnos la cara de vinagre con la que vivimos, personalmente me gustan mucho estos títulos: «Hoy puede ser un gran día» de Joan Manuel Serrat, «Firework» o «Roar» de Katie Perry, «Barbara Ann» de Beach Boys, «Crocodile Rock» de Elton John, «Jump» de Pointer Sisters o «Don´t stop me now» de Queen. Existen miles de temas perfectos para el «estirar tu cuerpo» durante un par de minutos.

---

88 Si te parece pronto la hora que te he propuesto, si crees que no eres capaz de levantarte antes, prueba a meterte 30 minutos antes a la cama, deja de ver la televisión como un borrego, sigue alguno de los consejos que acabas de leer y listo.

89 Aquí puedes poner cientos de excusas (recuerda que somos expertos en ellas) y decir que tu pareja sigue durmiendo en la cama, que no hace falta porque luego se vuelve a deshacer, no tiene sentido, la cama la hace la persona que colabora en la casa, etc. Si sigues con dudas te explico más claramente lo de la cama.

- Después de hacer la cama dedica unos minutos a respirar, practicando cualquier ejercicio de meditación que te siente bien o probando alguno nuevo. Entre cinco y diez minutos sería perfecto.

Cuando vuelvas a casa un día malo, de esos que te quitan cualquier esperanza de poder cambiar, mejorar, crecer, respirar, un día que no debería contar en el listado de días gastados porque todo ha sido complicación, dificultad, malas noticias... Creo que puedes visualizarte llegando a casa con ese ánimo, al entrar en tu cuarto verás tu cama, el lugar donde descansas, el lugar del *reset* mental perfecto. Nivel hotel de cinco estrellas que casi te da pena deshacer las sábanas de lo bien que está hecha la cama. Así te meterás en la cama y dormirás mucho mejor sabiendo que al día siguiente vuelve a salir el sol (si algún día no sale ya no tendrás que preocuparte por nada, así que tranquilo) y que todo pasa.

EPÍLOGO

Quiero cerrar con una serie de ideas que me siguen rondando la cabeza y que no han encontrado acomodo en el resto de páginas. O sí lo tenían pero yo no he sido capaz de ver su encaje. Puede que sean la base para otro libro ya que creo que todo lo que comienza a moverse tiene que seguir en constante movimiento creciente. O simplemente pueden ser párrafos que inspiren antes de terminar y consultar las soluciones.

La fortaleza mental empieza con el desarrollo constante de una conversación con uno mismo, sana, limpia y clara, en la que no tengamos miedo de decirnos lo que sentimos, en la que podamos tener un espacio psicológico seguro donde reconocer nuestras dudas, miedos o flaquezas. Un espacio donde podamos crecer sin vergüenza.

Aquí tienes el triángulo que tiene que regir tu nueva mentalidad de crecimiento. Ninguna de las tres patas es más importante que las otras y todas se equilibran de manera perfecta: Espíritu para trascender, corazón para compartir y mente para comprenderlo todo. Te invito a que no dejes más rastro a tu paso que una huella que ayude al siguiente a conseguir sus objetivos, que le permita seguir aprendiendo en el camino del autoconocimiento y le dé una visión más holística de todo lo que le rodea.

> Que todas las personas con las que te cruces a lo largo del día sean un poco mejores después de haber estado contigo gracias principalmente a tus modales, tus formas amables y tu sonrisa. Busca la

> sonrisa sincera dentro de tu interior. Es el camino más rápido para el éxito.

Siempre busca pronunciar estas palabras sonriendo en tus relaciones con los demás: «por favor» y «gracias». «Por favor» indica respeto por el otro, «gracias» significa agradecimiento.

Una vez le escuché decir al Cholo Simeone: «solo me preocupo por hacer bien las cosas que yo puedo hacer; sobre cómo actúa el otro es más complicado».

El error debe ser aceptado, pero aceptación no es igual que resignación pasiva. Aceptación conlleva aprendizaje, revisión de nuestras capacidades y propósito de mejora en un bucle constante que se repite cada día.

Si hablamos de éxito tenemos que eliminar de tu vocabulario la palabra «fracaso», salvo que estés en el mar y tu barco se rompa contra los escollos. Acudamos a la RAE a mirar cómo lo define. Y me da tres definiciones: «malogro, resultado adverso de una empresa o negocio; suceso lastimoso, inopinado y funesto y caída o ruina de algo con estrépito y rompimiento». En ese caso aceptamos la definición que más me gusta de fracaso, que literalmente significa romperse en mil pedazos. Me parece mucho más bonito dejarlo para esas ocasiones. Cuando cometas el siguiente error, tropiezo, fallo... llámalo por su nombre. Es la única forma en la que podrás aprender de ello.

Ganas, constancia, esfuerzo, perseverancia siempre; vale para todas las épocas. No debería ser algo que tengamos que rescatar del pasado. Pasa algo parecido con las buenas formas, la educación y la cortesía. Hemos entrado en la era de la paranoia sobre cualquier comportamiento, y creo que nos equivocamos buscando los pequeños fallos del sistema y pasando por alto las cosas importantes. Así que vuelve por favor a ser educado, extrae de este libro todo lo que necesites para ser una persona mejor. La vida no tiene más secreto que ese.

Ya hemos hablado antes de que tenemos que tener en cuenta el entorno, las circunstancias y la suerte, pero eso no depende de nosotros. La única forma de poder estar tranquilos ante un envite de la vida es haber puesto el 100% de lo que nos correspondía y esperar a que la moneda caiga de nuestro lado. Si no has ganado, agáchate a recoger la moneda y lánzala de nuevo hasta que ganes. Pero recuerda que el azar no tiene memoria, así que pueden salir diez, veinte o treinta caras seguidas hasta que salga la primera cruz. No dejes de lanzar la moneda porque en el siguiente lanzamiento puede estar el cambio que esperas.

Últimas palabras antes de decirnos adiós. No olvides que **lo principal para poder mirar a los demás con compasión es primero mirarse a uno mismo.** Profundizar durante toda la vida sin llegar a ninguna meta. No vivir solo hacia el exterior ni definirse en grupos periféricos donde nada importa. Para ello es importante que no dejes de invertir en formación y educación. Y no tiene por qué ser algo que te cueste más que el carnet de tu biblioteca más cercana. Si tienes la suerte de poseer capacidad financiera, no dudes en acercarte a la escuela de negocios o a la universidad que más pasión te despierte e inscribirte en uno de sus programas. Te cambiará la vida por completo. Una sociedad formada y educada es una sociedad que puede elegir, que sabe qué quiere y que no dejará de luchar para conseguirlo. Siempre de dentro hacia fuera otra vez. Porque estamos rodeados de estupidez e ignorancia y ellas son el enemigo. Desde aquí nos precipitamos a los errores y al sufrimiento.

Si todos nos comportáramos como buenas personas que piensan en el resto de la misma forma que sobre sí mismas, seríamos una sociedad espectacular. *Back to basics*... No hagas a los demás lo que no quieres que te hagan a ti. Simple. Porque la vida no es fácil, pero es simple. Rodéate de personas buenas y generarás cosas buenas en tu entorno. Pon de tu parte en la parte buena y se llenará de cosas buenas.

> Hay un partido exterior que tienes que jugar y tratar de ganar, pero lo más importante es tu partido interior. Esto es la conversación contigo mismo.

Fortaleza mental, concentración, serenidad, exprimiendo el desafío. Desarrolla la intuición sabiendo lo que sabes ya del cerebro. Piensa con el corazón escuchando a tu cerebro; creo que esa es la forma de pensar más profunda porque piensas que no piensas pero piensas en segundo plano de manera inconsciente. Deja que todo fluya de manera natural y repite constantemente para poder entrar en esa zona de intuición controlada. Repetir, entrenar, habituar al cuerpo hasta que el hábito se incorpore a nuestro día a día de manera automática. El entrenamiento es clave para cualquier disciplina. Así, cuando llegue el momento de mostrar lo que has entrenado, todo fluirá de manera automática. Ahora depende de ti. Te toca ponerte en marcha aunque no veas la meta, con exigencia y rigor mezclado con cariño y ternura hacia ti mismo y hacia los demás.

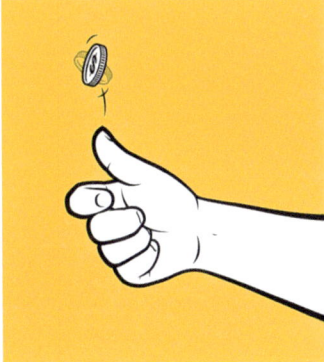

Es en la incertidumbre donde deberemos entrenarnos ya que es el estado habitual del hombre. No son la seguridad y la certeza. Ten por seguro que no hay nada seguro. No hay un solo momento de certeza en nuestras vidas. Si pensamos que es así, que tenemos áreas de nuestras vida que están 100% controladas, que no existe un resquicio para la duda o la sorpresa, quizás debas empezar el libro de nuevo.

Sigue creciendo y cambia todas las veces que sientas que debes cambiar. Estás en la obligación de hacerlo. Tú eres el único responsable de generarte oportunidades en tu vida.

Gracias por acompañarme en este viaje hacia tu nueva actitud mental de crecimiento. Espero que pueda servirte de guía, referencia, inspiración o como elemento movilizador. Ha sido un verdadero placer compartir este rato contigo.

ANEXOS

En este capítulo encontrarás:

- LISTADO DE PELÍCULAS GM
- FRASES DE CINE
- FRASES, FRASES, FRASES, FRASES...
- SOLUCIONES A LOS EJERCICIOS PROPUESTOS

Growth Mindset

LISTADO DE PELÍCULAS GM

Aquí puedes encontrar lecciones de *management*, resiliencia, esfuerzo, propósito... También películas divertidas para restar importancia a nuestros problemas, para conseguir evadirnos de nuestra mente circular, para potenciar la capacidad de estar enfocado. Películas que tus creencias nunca te habían dejado explorar y otras que quizás ni sabías que existían. No están todas las que son pero son todas las que están, así comienza la lista:

- *300*
- *12 hombres sin piedad*
- *12 monos*
- *28 días después*
- *Agárralo como puedas*
- *Airbag*
- *American psycho*
- *Apocalipse now*
- *Apollo 13*
- *Aterriza como puedas i*
- *Atracción fatal*
- *Atrapado en el tiempo*
- *Bailando con lobos*
- *Beautiful girls*
- *Begin again*
- *Big*
- *Blade runner*
- *Boyhood*
- *Braveheart*
- *Brubaker*
- *Buenas noches, buena suerte*
- *Buscando a Nemo*
- *Cadena perpetua*

Descárgate la lista completa de películas con ayuda de este bidi:

Sé que estarás pensando que las frasecitas buen rollo, ánimo a tope, *just do it,* no pegan en este libro. Tienes parte de razón porque cuando transmites ideas complejas en modo eslogan de pegatinas o camisetas se crea la ilusión de la comprensión del concepto por simple. Pierden fuerza por la repetición. A partir de aquí te equivocas porque compartir contigo las frases que me parecen útiles es un punto interesante y el truco consiste en considerar cada frase como campo base, como punto cero de exploración del concepto y provocación para profundizar en el concepto. De hecho estuve a punto de poner estas frases al principio para que no las tomes como conclusiones finales.

FRASES DE CINE

Nos vamos al cine para ver cómo consiguen motivarnos desde la pantalla. Este listado incluye referencias de películas con frases de aplicación fuera del mundo del celuloide. Te pongo algunas en modo de muestra:

«¿Por qué no nos quedamos aquí quietos un rato y vemos lo que pasa?»

La cosa

John Carpenter, director que creó a Michael Myers en *Halloween* también versionó la mítica película de terror psicológico *La Cosa*. En una estación en el Polo Norte una criatura alienígena se va cargando a todo el reparto. Kurt Russell, actor con pasado Disney con películas como *Mi cerebro es electrónico*, etc. interpreta a R.J. McReady que dice en un momento esta frase dejando que sea el azar el que resuelva la situación. Alguna vez la inacción puede ser la solución. Piensa en la cantidad de veces en la vida que la casualidad gano la partida. Nos empeñamos muchas veces en la proactividad cuando a veces no depende de nosotros. Prueba de vez en cuando a sentarte con paciencia a esperar acontecimientos.

«Hazlo o no lo hagas, pero no lo intentes».

El retorno del Jedi

Para mí es una de las frases más maravillosas que se han escrito nunca. Siempre tenemos la opción de decidir sobre lo que podemos hacer y lo que no podemos hacer. Si vamos dispuestos a hacerlo tenemos más boletos para conseguirlo que si únicamente vamos pensando en intentarlo, palabra que contempla el fallo de manera inherente, es más probable que nuestra meta sea no conseguirlo. Anticipar el fallo es algo muy cobarde y así tenemos la excusa perfecta: «lo intenté».

«Nadie olvida la verdad, solo aprendemos a mentir mejor».

Revolutionary road

Kate Winslet expresa la hipocresía de muchos matrimonios y parejas rotas pero que continúan por rutina, costumbre, miedo a estar solos o una hipoteca. No dejes que tu vida en pareja se convierta en una mentira que os creéis únicamente dos personas.

«Sigue nadando».

Buscando a Dory

El pez Dory es lo único que dice en toda la película pero es una buena alegoría de lo que nos espera como seres humanos. Seguir adelante, seguir ante la adversidad, no quedarte en el suelo derrotado porque entonces es cuando la vida se viene arriba y te dejará ahí tirado para siempre. Si te caes diez veces el único secreto es levantarte once.

«Siempre he confiado en la bondad de los desconocidos».

Un tranvía llamado deseo

Blanche Dubois invitaba a confiar en desconocidos en lugar del clásico «piensa mal y acertarás», «no te fíes ni de tu sombra»... El mundo sería un lugar mejor si empezamos a confiar los unos en los otros. Prueba a hacerlo la próxima vez que subas a un tren.

Puedes descargarte un montón de frases de cine con ayuda de este bidi:

FRASES, FRASES, FRASES, FRASES...

Ya que hemos hablado antes de la manía de meter frases y otorgar su autoría a personas erróneas la mayoría de las veces, aquí te incluyo una selección de esas frases para que busques si realmente son de las personas a las que se les atribuyen. Es un ejercicio buenísimo porque en el camino de descubrir la verdad, aprenderás de las frases, conocerás nuevos personajes que hasta ahora solo eran nombres en tu estantería de libros. Te animo a que investigues sobre las que te motiven y busques más de ese personaje, pese a que probablemente no haya dicho nada parecido en su vida. Fred Shapiro tiene un libro magnífico sobre las asignaciones erróneas de frases. Aquí no he realizado el trabajo de asignación; de hecho de algunas he preferido quitar a su supuesto autor porque mi intención es que tú mismo encuentres los errores de las frases que te motiven. Despertar la curiosidad por aprender; recuerda que es una de las claves para tu GM.

- «¿Cuánto tiempo debería intentarlo? Hasta que suceda». (Jim Rohn)
- «¿Cómo motivo a mis empleados y jugadores? ¡No lo hago! Ya vienen motivados de casa. Todo mi esfuerzo se centra en no desmotivarlos». (Knute Rockne, ex entrenador del equipo de fútbol americano Notre Dame)
- «¿Puedes imaginar un gran oculista que no está obsesionado con los ojos?».
- «He aprendido que cuando un proyecto complejo se ha llevado a cabo satisfactoriamente, ha sido gracias a un apasionado con una misión». (Peter Drucker)
- «Al prepararme para las batallas siempre me ha parecido que los planes son inútiles, pero el planeamiento es indispensable». (Dwight Eisenhower)
- «Algunas personas sueñan con grandes logros, mientras que otros no duermen cumpliéndolos».
- «Antes que cualquier otra cosa, estar preparado es el secreto del éxito». (Henry Ford)
- «Aprendió tantas cosas que no tuvo tiempo de pensar en ninguna de ellas». (Antonio Machado)
- «Aquí se dicen más verdades en los pasillos que en las reuniones». (Anónimo)

- «Bienaventurados los que se ríen de sí mismos porque nunca les faltará motivo de qué reírse».
- «Cambia antes que tengas que hacerlo». (Jack Welch)
- «Con mucha más frecuencia lamento las cosas que no he hecho, antes que las que sí he hecho». (Lucille Bell)
- «Conocimiento es saber que el tomate es una fruta, no una verdura. Sabiduría es no usarlo en una ensalada de frutas». (Anónimo)
- «Creo firmemente que un hombre solo da lo mejor de sí mismo cuando hace cosas en las que disfruta de verdad». (Jack Nicklaus)
- «Cuando un problema se vuelve irresoluble deja de ser un problema». (José Alcázar)
- «Dentro de veinte años, estarás más decepcionado por las cosas que no hiciste que por las que decidiste hacer. Así que suelta las amarras, empieza a navegar y aprovecha los vientos a tu favor. Explora. Sueña. Descubre». (Mark Twain)
- «El 95% de mis empleados cumplen con su deber. No crees reglas para controlar al otro 5% y trata a cada una de estas personas de manera individual. Es más caro pero más saludable». (Ed Catmull)
- «El éxito es aprender a ir de fracaso en fracaso sin desesperarse». (Winston Churchill)
- «El éxito es caer siete veces y levantarte ocho». (Proverbio japonés)
- «El éxito no es definitivo, el fracaso no es fatídico. Lo que cuenta es el valor para continuar». (Winston Churchill)
- «El genio comienza las grandes obras, pero solo el trabajo las acaba». (Petrus Jacobus Joubert)
- «El genio es 1% de inspiración y 99% de transpiración». (Thomas Edison)

Puedes descargarte un montón de frases con ayuda de este bidi:

SOLUCIONES A LOS EJERCICIOS PROPUESTOS

EXTRA 1.- Es en Estados Unidos donde se queman más banderas americanas. Tienen la obligación de tener la bandera en perfecto estado y el proceso de retirada de banderas se realiza a través del fuego.

EXTRA 2: Murió por una hemorragia nasal en la noche de bodas debido a la borrachera que llevaba. Se ahogó en su propia sangre.

Solución: Lo sé todo y encima sin dudas

1. Sí
2. Camberra
3. No tenían cuernos
4. El camello tiene dos jorobas
5. El tejón de la miel es el mamífero más agresivo
6. Sí
7. La estatura de Napoleón era de 169,5 cm más que la media de Francia, que era 1,64 cm en esa época y era más alto que Beethoven, Mozart o Nelson. Napoleón siempre estaba rodeado de la Guardia Real, que tenía una altura mínima de 1,75, por lo que el efecto óptico le hacía parecer más pequeño
8. Meryl Streep tiene el récord de nominaciones con 21 y tres Oscars. Katherine Hepburn tiene cuatro estatuillas

Solución: Sesgos Galileo y África

Solución a los ejercicios. Galileo y Ghandi tenían 77 y 78 años en el momento de su muerte y además al anclaje se une el sesgo mental de la época de Galileo, allá por 1500. La gente suele pensar que murió joven por la Inquisición o que simplemente porque hace 500 años la gente vivía muchos menos años.

El número de países de África es 54.

Solución: Hechos vs. opiniones

1. Positivo. 346 millones de dólares. El año pasado fue de 795 millones de dólares.
2. Con su marido Harry
3. Limpieza. Hay más de 1 millón de apellidos Wilson en USA
4. 32
5. Ponerse a limpiar las papeleras
6. 9 plantas, al lado del Edificio El Dorado.

7. Están en New York. Reducción de EBITDA. 6 am marzo (el frío es una opinión). Despachos alta dirección última planta. James Wilson usa teléfono.

8. James Wilson (su nombre está en el nombre de la empresa) es CEO o presidente. Habla con un accionista preocupado por teléfono. La empresa está cerca del cierre. Tarda mucho en subir porque hay decenas de plantas y el ascensor es lento. Las mejores vistas son las de su despacho. Es bueno en su trabajo, quizás la estrategia la lleva otro directivo con el que tiene conflictos.

Únicos hechos del enunciado
Están en New York. Reducción de EBITDA. 6 am marzo (el frío es una opinión). Despachos alta dirección última planta. James Wilson usa teléfono.

Resto de opiniones del enunciado
James Wilson (su nombre está en el nombre de la empresa) es CEO o Presidente. Habla con un accionista preocupado por teléfono. La empresa está cerca del cierre. Tarda mucho en subir porque hay decenas de plantas y el ascensor es lento. Las mejores vistas son las de su despacho. Es bueno en su trabajo, quizás la estrategia la lleva otro directivo con el que tiene conflictos. Pero las soluciones que te he propuesto podrían ser infinitas. Esta es una versión. Crea la tuya si quieres.

Solución: Ejercicio Out of the box
Una de las opciones óptimas es darle las llaves al amigo para que lleve a la anciana mientras tú te quedas con la persona de tus sueños.

Solución: Ejercicio Guardianes del laberinto
Lo que debemos preguntar es: ¿qué diría tu compañero si le preguntara cuál es la puerta de la salvación?... o ¿qué puerta elegiría tu compañero para salvarse?

Si le preguntamos al que siempre dice la verdad, nos dirá la primera, ya que sabe que el otro miente y nos diría la puerta de la muerte...

Si le preguntamos al que siempre miente, nos dirá también que la primera, ya que sabe que su compañero nos diría la dos, pero él siempre miente...

Hay que elegir la contraria a la que nos digan siempre.

....

Solución: Ejercicio Niño pequeño

Hoy es 1 de enero. Ayer fue 31 de diciembre y el niño cumplió 11 años. Así que el 30 de diciembre tenía 10 años. Este año cumplirá 12 años, por lo que el año que viene cumplirá 13 años.

....

Solución: Ejercicio Plátano

Los mayores comedores de plátanos del mundo son los monos. Haz como ellos. Dale la vuelta al plátano y ábrelo por el lado contrario de cómo lo pelas siempre. Es mucho más sencillo y con un simple pellizco podrás abrirlo sin tener que usar un cuchillo o los dientes como si fueras un salvaje. En estos momentos puedes reírte o recrearte en esta imagen de Bansky, que tiene mucho de premonitoria tal y como vamos.

....

Solución: La Vela Dunker

Usar la caja para pegarla a la pared con chinchetas y encender la vela dentro.

BIBLIOGRAFÍA

- *¿Qué se le puede pedir a la vida?*, Javier Urra
- *21 Lessons for the Century*, Yuval Noah Harari
- *Adapt*, Tim Harford
- *Antifragile*, Nassim Nicholas Taleb
- *Apología de Sócrates*, Platón
- *Así habló Zaratustra*, Nietzsche
- *Blockchain evolution*, Don Tapscott
- *Cambia el chip*, Chip Heath
- *Cartas de Epicuro*
- *Cisne negro*, Nassim Nicholas Taleb
- *Coaching for leadership*, VV.AA.
- *Con el corazón abierto*, Dalai Lama
- *Con ganas, ganas*, Santiago Álvarez de Mon
- *Controle su destino*, Anthony Robbins
- *Crítica de la razón pura*, Kant
- *Decídete*, Chip Heath
- *Diálogos de Platón*, Platón
- *Diálogos de Séneca*
- *Egoísmo sano*, Rachel F. Heller
- *El algoritmo de la felicidad*, Mo Gawdat
- *El arte de la estrategia*, Carl von Clausewitz
- *El arte de la guerra*, Sun Tzu
- *El arte de sobrevivir*, Arthur Schopenhauer
- *El camino a la realidad*, Roger Penrose
- *El código del samurái*, Inazo Nitobe
- *El discurso del método*, Descartes
- *El elemento*, Ken Robinson
- *El espíritu de las leyes*, Montesquieu

- El hombre en busca del sentido, Viktor Frankl
- El líder extraordinario, John H. Zenger
- El mundo sin nosotros, Alan Weisman
- El poder de la autoestima, Nathaniel Branden
- El poder del ahora, Ekhart Tolle
- El poder del Tao, Lou Marinoff
- El Príncipe, Maquiavelo
- Empieza con el por qué, Simon Sinek
- Ética a Nicómaco, Platón
- Flow, Miahlyi Csikszentmihalyi
- Freakonomics, Stephen J. Dubner y Steven Levitt
- Gen, Siddhartha Mukherjee
- Getting things done, David Allen
- Happiness, Will Ferguson
- High performance habits, Brendon Burchard
- Hired, Gary K. Evans
- Historia del tiempo, Stephen Hawking
- Inteligencia emocional, Daniel Goleman
- Investigación sobre el entendimiento humano, David Hume
- La auténtica felicidad, Martin Seligman
- La economía del bien común, Christian Felber
- La Ilíada, Homero
- La libertad primera y última, Krishnamurti
- La riqueza de las naciones, Adam Smith
- Las cinco invitaciones, Frank Ostaseski
- Lean thinking, Daniel T. Jones
- Lecciones de terapia de conducta, Miguel Ángel Vallejo Pareja y Mª Isabel Comeche Moreno
- Leviatán, Thomas Hobbes
- Los 7 hábitos de la gente altamente efectiva, Stephen Covey
- Los líderes comen al final, Simon Sinek

Growth Mindset

- MACHINE PLATFORM CROWD, ANDREW MCAFEE Y ERIK BRYNJOLFSSON
- MADE TO STICK, CHIP HEATH Y DAN HEAT
- MEDITACIONES, MARCO AURELIO
- MEDITATION AND MINDFULNESS, ANDY PUDDICOMBE
- MINDFULNESS Y EQUILIBRIO EMOCIONAL, CULLEN MARGARET Y GONZALO BRITO PONS
- MOMENTOS MÁGICOS, CHIP HEATH Y DAN HEATH
- NUDGE, RICHARD THALER Y CASS SUNSTEIN
- OBTENGA EL SÍ, ROBER FISHER Y WILLIAM URY
- PIENSA, ES GRATIS, JOAQUÍN LORENTE
- PODER SIN LÍMITES, ANTHONY ROBBINS
- PREDICTABLY IRRATIONAL, DAN ARIELY
- PREPARING TO DIE, ANDREW HOLECEK
- PRESENTACIÓN ZEN, GARR REYNOLDS
- PRESENTING TO WIN, JERRY WEISSMAN
- SAPIENS, YUVAL NOAH HARARI
- STRENGTHS FINDER, DONALD O. CLIFTON Y MARCUS BUCKINGHAM
- SUPERE EL NO, WILLIAM URY
- TAO TE CHING, LAO-TSE
- TEORÍA U, OTTO C. SCHARMER
- THE 100 YEARS LIFE, ANDREW SCOTT
- THE CRAVING MIND, JUDSON A. BREWER
- THE OBSTACLE IS THE WAY, RYAN HOLIDAY
- THE QUESTION OF HAPPINESS, TAL BEN-SHAHAR
- THINKING FAST AND SLOW, DANIEL KAHNEMAN
- TOWARD A PSYCHOLOGY OF BEING, ABRAHAM MASLOW
- TRIGGERS, MARSHALL GOLDSMITH
- TUS ZONAS ERRÓNEAS, WAYNE DYER
- WHAT GOT YOU HERE, WONT GET YOU THERE, MARSHALL GOLDSMITH
- PSYCHOLOGY TODAY, MAY-JUN 2019